Código Bruño

W0281890

PROGRAMA DE MEJORA

ESO

ÁMBITO LINGÜÍSTICO Y SOCIAL NIVEL I

Ana María del Pino Solana
Dolores Gómez Regalón

Bruño

Estructura de la unidad

Actividades iniciales que enlazan con los contenidos de la unidad y que se plantean a partir de una fotografía.

LENGUA

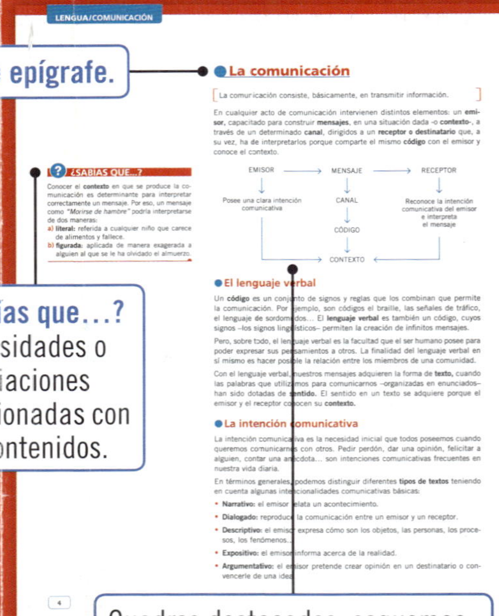

Título de epígrafe.

¿Sabías que…? Curiosidades o ampliaciones relacionadas con los contenidos.

Cuadros destacados, esquemas, mapas conceptuales… para facilitar el aprendizaje.

LITERATURA

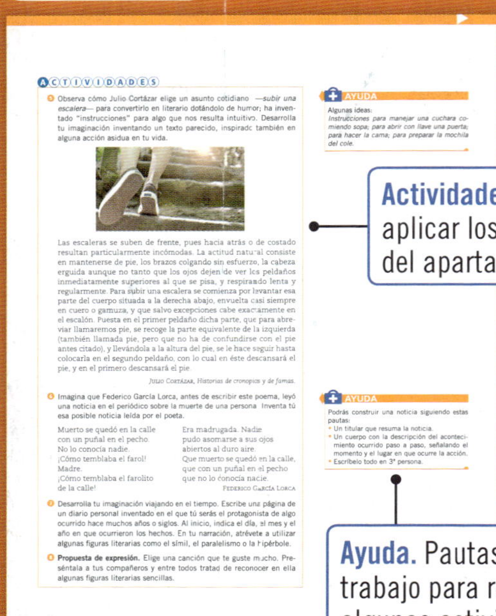

Actividades para aplicar los contenidos del apartado.

Ayuda. Pautas de trabajo para realizar algunas actividades.

GEOGRAFÍA E HISTORIA

Gráficos y mapas.

Recuerda. Contenidos fundamentales de otros cursos.

TIC. Actividades de investigación en Internet.

Estructura de las secciones finales

SECCIONES FINALES

Aplica lo aprendido. Es una página en la que se incluyen actividades clasificadas por materias para aplicar los contenidos de la unidad.

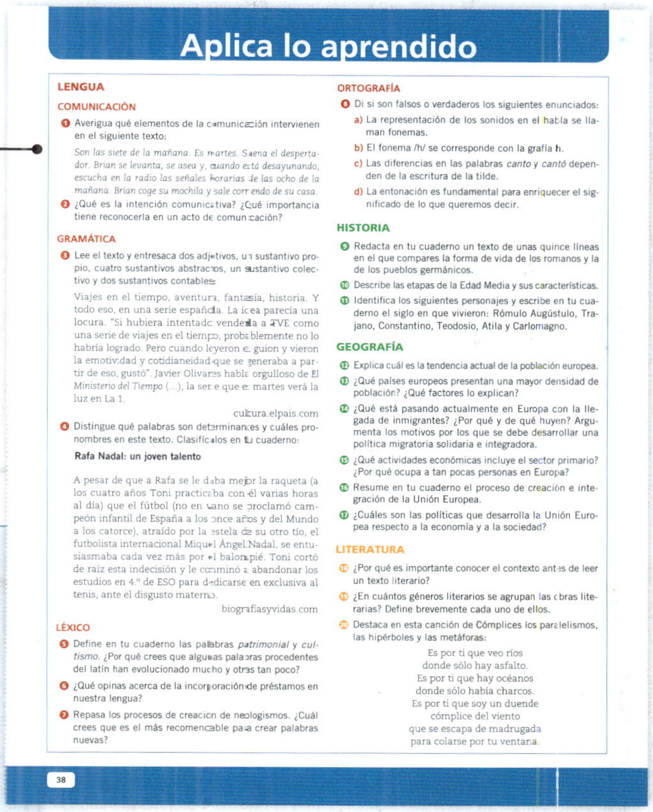

Aplica lo aprendido

LENGUA

COMUNICACIÓN

1. Averigua qué elementos de la comunicación intervienen en el siguiente texto:

Son las siete de la mañana. Es martes. Suena el despertador. Brian se levanta, se asea y, cuando está desayunando, escucha en la radio las señales horarias de las ocho de la mañana. Brian coge su mochila y sale corriendo de su casa.

2. ¿Qué es la intención comunicativa? ¿Qué importancia tiene reconocerla en un acto de comunicación?

GRAMÁTICA

3. Lee el texto y entresaca dos adjetivos, un sustantivo propio, cuatro sustantivos abstractos, un sustantivo colectivo y dos sustantivos contables.

Viajes en el tiempo, aventura, fantasía, historia. Y todo eso, en una serie española. La idea parecía una locura. "Si hubiera intentado venderla a TVE como una serie de viajes en el tiempo, probablemente no lo habría logrado. Pero cuando leyeron el guion y vieron la emotividad y cotidianeidad que se generaba a partir de eso, gustó". Javier Olivares habla orgulloso de *El Ministerio del Tiempo* (...), la serie que el martes verá la luz en La 1.

cultura.elpais.com

4. Distingue qué palabras son determinantes y cuáles pronombres en este texto. Clasifícalos en tu cuaderno:

Rafa Nadal: un joven talento

A pesar de que a Rafa se le daba mejor la raqueta (a los cuatro años Toni practicaba con él varias horas al día) que el fútbol (no en vano se proclamó campeón infantil de España a los once años y del Mundo a los catorce), atraído por la estela de su otro tío, el futbolista internacional Miguel Ángel Nadal, se entusiasmaba cada vez más por el balompié. Toni cortó de raíz esta indecisión y le conminó a abandonar los estudios en 4.º de ESO para dedicarse en exclusiva al tenis, ante el disgusto materno.

biografiasyvidas.com

LÉXICO

5. Define en tu cuaderno las palabras *patrimonial* y *cultismo*. ¿Por qué crees que algunas palabras procedentes del latín han evolucionado mucho y otras tan poco?
6. ¿Qué opinas acerca de la incorporación de préstamos en nuestra lengua?
7. Repasa los procesos de creación de neologismos. ¿Cuál crees que es el más recomendable para crear palabras nuevas?

ORTOGRAFÍA

8. Di si son falsos o verdaderos los siguientes enunciados:
   a) La representación de los sonidos en el habla se llaman fonemas.
   b) El fonema /h/ se corresponde con la grafía h.
   c) Las diferencias en las palabras *canto* y *cantó* dependen de la escritura de la tilde.
   d) La entonación es fundamental para enriquecer el significado de lo que queremos decir.

HISTORIA

9. Redacta en tu cuaderno un texto de unas quince líneas en el que compares la forma de vida de los romanos y la de los pueblos germánicos.
10. Describe las etapas de la Edad Media y sus características.
11. Identifica los siguientes personajes y escribe en tu cuaderno el siglo en que vivieron: Rómulo Augústulo, Trajano, Constantino, Teodosio, Atila y Carlomagno.

GEOGRAFÍA

12. Explica cuál es la tendencia actual de la población europea.
13. ¿Qué países europeos presentan una mayor densidad de población? ¿Qué factores lo explican?
14. ¿Qué está pasando actualmente en Europa con la llegada de inmigrantes? ¿Por qué y de qué huyen? Argumenta los motivos por los que se debe desarrollar una política migratoria solidaria e integradora.
15. ¿Qué actividades económicas incluye el sector primario? ¿Por qué ocupa a tan pocas personas en Europa?
16. Resume en tu cuaderno el proceso de creación e integración de la Unión Europea.
17. ¿Cuáles son las políticas que desarrolla la Unión Europea respecto a la economía y a la sociedad?

LITERATURA

18. ¿Por qué es importante conocer el contexto antes de leer un texto literario?
19. ¿En cuántos géneros literarios se agrupan las obras literarias? Define brevemente cada uno de ellos.
20. Destaca en esta canción de Cómplices los paralelismos, las hipérboles y las metáforas:

Es por ti que veo ríos
donde sólo hay asfalto.
Es por ti que hay océanos
donde sólo había charcos.
Es por ti que soy un duende
cómplice del viento
que se escapa de madrugada
para colarse por tu ventana.

38

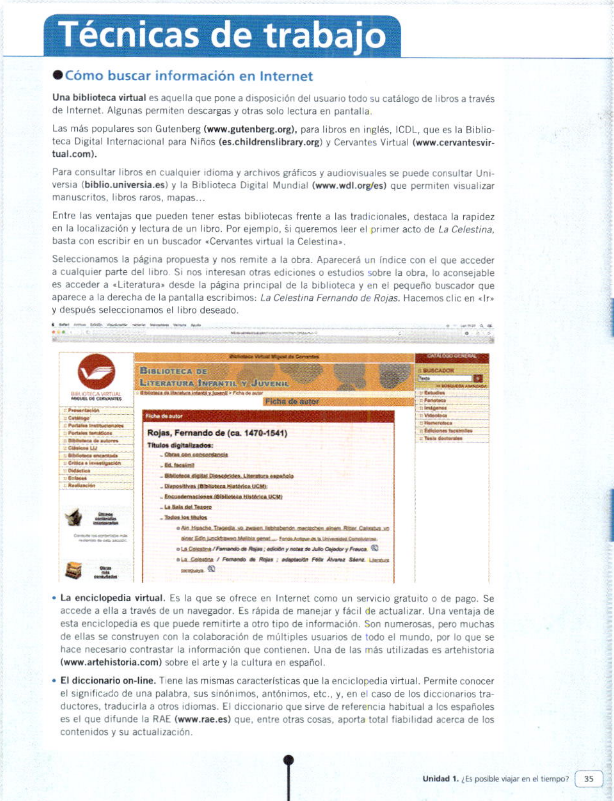

Técnicas de trabajo

Cómo buscar información en Internet

Una biblioteca virtual es aquella que pone a disposición del usuario todo su catálogo de libros a través de Internet. Algunas permiten descargas y otras solo lectura en pantalla.

Las más populares son Gutenberg **(www.gutenberg.org)**, para libros en inglés, ICDL, que es la Biblioteca Digital Internacional para Niños **(es.childrenslibrary.org)** y Cervantes Virtual **(www.cervantesvirtual.com)**.

Para consultar libros en cualquier idioma y archivos gráficos y audiovisuales se puede consultar Universia **(biblio.universia.es)** y la Biblioteca Digital Mundial **(www.wdl.org/es)** que permiten visualizar manuscritos, libros raros, mapas…

Entre las ventajas que pueden tener estas bibliotecas frente a las tradicionales, destaca la rapidez en la localización y lectura de un libro. Por ejemplo, si queremos leer el primer acto de *La Celestina*, basta con escribir en un buscador «Cervantes virtual la Celestina».

Seleccionamos la página propuesta y nos remite a la obra. Aparecerá un índice con el que acceder a cualquier parte del libro. Si nos interesan otras ediciones o estudios sobre la obra, lo aconsejable es acceder a «Literatura» desde la página principal de la biblioteca y en el pequeño buscador que aparece a la derecha de la pantalla escribimos: *La Celestina Fernando de Rojas*. Hacemos clic en «Ir» y después seleccionamos el libro deseado.

- **La enciclopedia virtual.** Es la que se ofrece en Internet como un servicio gratuito o de pago. Se accede a ella a través de un navegador. Es rápida de manejar y fácil de actualizar. Una ventaja de esta enciclopedia es que puede remitirte a otro tipo de información. Son numerosas, pero muchas de ellas se construyen con la colaboración de múltiples usuarios de todo el mundo, por lo que se hace necesario contrastar la información que contienen. Una de las más utilizadas es artehistoria **(www.artehistoria.com)** sobre el arte y la cultura en español.
- **El diccionario on-line.** Tiene las mismas características que la enciclopedia virtual. Permite conocer el significado de una palabra, sus sinónimos, antónimos, etc., y, en el caso de los diccionarios traductores, traducirla a otros idiomas. El diccionario que sirve de referencia habitual a los españoles es el que difunde la RAE **(www.rae.es)** que, entre otras cosas, aporta total fiabilidad acerca de los contenidos y su actualización.

Unidad 1. ¿Es posible viajar en el tiempo? 35

Propuestas de **Técnicas de trabajo** que facilitan el aprendizaje cotidiano del alumnado y el desarrollo, entre otras competencias, de la de aprender a aprender.

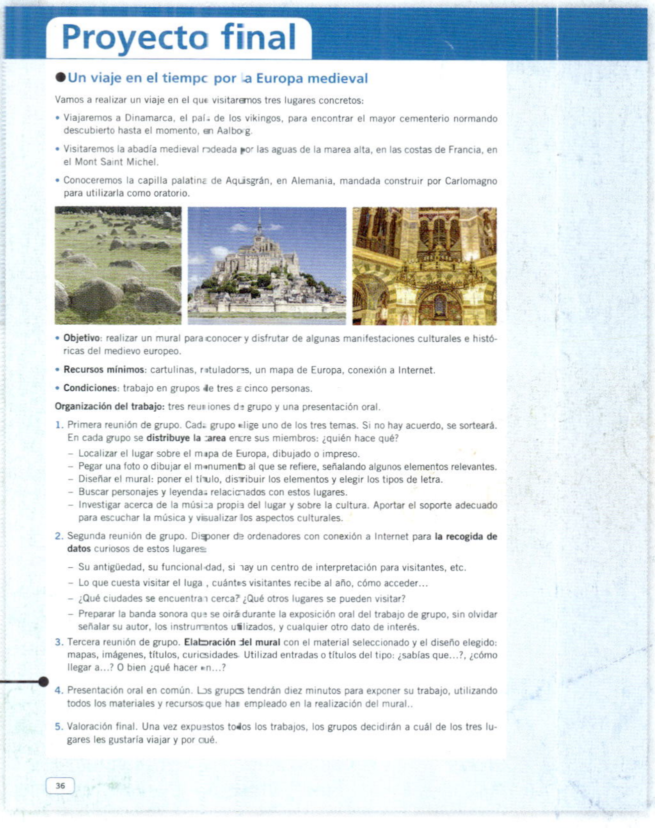

Proyecto final

Un viaje en el tiempo por la Europa medieval

Vamos a realizar un viaje en el que visitaremos tres lugares concretos:

- Viajaremos a Dinamarca, el país de los vikingos, para encontrar el mayor cementerio normando descubierto hasta el momento, en Aalborg.
- Visitaremos la abadía medieval rodeada por las aguas de la marea alta, en las costas de Francia, en el Mont Saint Michel.
- Conoceremos la capilla palatina de Aquisgrán, en Alemania, mandada construir por Carlomagno para utilizarla como oratorio.

- **Objetivo:** realizar un mural para conocer y disfrutar de algunas manifestaciones culturales e históricas del medievo europeo.
- **Recursos mínimos:** cartulinas, rotuladores, un mapa de Europa, conexión a Internet.
- **Condiciones:** trabajo en grupos de tres a cinco personas.

Organización del trabajo: tres reuniones de grupo y una presentación oral.

1. Primera reunión de grupo. Cada grupo elige uno de los tres temas. Si no hay acuerdo, se sorteará. En cada grupo se **distribuye la tarea** entre sus miembros: ¿quién hace qué?
   - Localizar el lugar sobre el mapa de Europa, dibujado o impreso.
   - Pegar una foto o dibujar el monumento al que se refiere, señalando algunos elementos relevantes.
   - Diseñar el mural: poner el título, distribuir los elementos y elegir los tipos de letra.
   - Buscar personajes y leyendas relacionados con estos lugares.
   - Investigar acerca de la música propia del lugar y sobre la cultura. Aportar el soporte adecuado para escuchar la música y visualizar los aspectos culturales.
2. Segunda reunión de grupo. Disponer de ordenadores con conexión a Internet para **la recogida de datos** curiosos de estos lugares:
   - Su antigüedad, su funcionalidad, si hay un centro de interpretación para visitantes, etc.
   - Lo que cuesta visitar el lugar, cuántos visitantes recibe al año, cómo acceder…
   - ¿Qué ciudades se encuentran cerca? ¿Qué otros lugares se pueden visitar?
   - Preparar la banda sonora que se oirá durante la exposición oral del trabajo de grupo, sin olvidar señalar su autor, los instrumentos utilizados, y cualquier otro dato de interés.
3. Tercera reunión de grupo. **Elaboración del mural** con el material seleccionado y el diseño elegido: mapas, imágenes, títulos, curiosidades. Utilizad entradas o títulos del tipo: ¿sabías que…?, ¿cómo llegar a…? O bien ¿qué hacer en…?
4. Presentación oral en común. Los grupos tendrán diez minutos para exponer su trabajo, utilizando todos los materiales y recursos que han empleado en la realización del mural.
5. Valoración final. Una vez expuestos todos los trabajos, los grupos decidirán a cuál de los tres lugares les gustaría viajar y por qué.

36

Propuestas para elaborar un **proyecto** relacionado con los contenidos de la unidad. Estos proyectos se plantean para realizar en equipo y desarrollar diferentes competencias.

Índice de contenidos

1 ¿Es posible viajar en el tiempo?

Para empezar

1. Observa la imagen del vikingo, ¿has oído hablar de ellos? Si es así, ¿qué sabes de ellos?
2. ¿Has visto alguna película o serie medieval donde apareciesen vikingos?, ¿cuáles?, ¿qué opinión te merecen?, ¿a quién se la recomendarías?
3. ¿A qué siglos crees que pertenecen los vikingos?
4. Poned en común las conclusiones.

Propuestas lúdicas

5. En ocasiones, los conflictos y las luchas armadas de la Edad Media son llevados al cine y a la televisión.

   Vamos a representar películas; para ello haced dos equipos en clase y, por turnos, una persona de cada equipo debe representar, ante su propio equipo sin hablar y sin escribir, una película o serie ambientada en el medievo.

   El equipo que más aciertos tenga, será el ganador.

Mark Twain

Escritor norteamericano del siglo XIX (1835-1910) conocido por sus novelas *Las aventuras de Tom Sawyer* y *Las aventuras de Huckleberry Finn*, en las que presenta un mundo infantil idealizado pero a la vez pícaro, con cierto sentido del humor. Es autor también de *El príncipe y el mendigo* y *Un yanqui en la corte del rey Arturo.*

Un viaje al pasado

Fue en el castillo de Warwick donde conocí al curioso extranjero del cual me propongo hablar.

Me atrajo por tres motivos: por su cándida simplicidad, por lo maravillosamente familiarizado que estaba con las armaduras antiguas y por lo descansado que era hacerle compañía, ya que él llevaba toda la conversación.

Nos encontramos juntos, como nos sucede siempre a la gente modesta, en la cola de la manada de turistas que visitaba el castillo, e inmediatamente comenzó a decir cosas que me interesaron en extremo. Mientras hablaba, en voz baja, aladamente, agradablemente, parecía irse desprendiendo en forma imperceptible de este tiempo y de este mundo, para posarse en alguna era remota y en algún olvidado país. Me rodeó gradualmente de una atmósfera extraña, tanto, que me parecía moverme entre fantasmas y espectros, y polvo y sombras de una antigüedad, vetusta a más no poder, de la cual hablaba como si fuera una reliquia. Del mismo modo que yo hubiera hablado de mis amigos o enemigos personales, o de los más familiares de mis vecinos, hablaba él de sir Lanzarote del Lago, de sir Bors de Ganis, de sir Galaad y de los demás grandes hombres de la Tabla Redonda… ¡Y cuán viejo, indeciblemente viejo, y arrugado, y seco, y polvoriento, fue haciéndose, a medida que seguía hablando!…

Se volvió hacia mí y me dijo, igual que si hablase del tiempo o de cualquier otro vulgar asunto:

—Usted habrá oído hablar de la transmigración de las almas, ¿verdad? ¿Y de la transposición de las épocas y de los cuerpos?

Le contesté que jamás había oído tratar de ello. Le interesaba tan poco nuestra conversación –igual que ocurre a todo el mundo cuando se habla del tiempo o de otro tema por el estilo– que ni se fijó en mi respuesta. Hubo un corto instante de silencio, inmediatamente interrumpido por la voz zumbadora del **cicerone**[1]:

—Esto es un antiguo **plaquín**[2] del siglo VI, del tiempo del rey Arturo y de la Tabla Redonda. Se dice que perteneció al caballero sir Sagramor el Deseoso. Observen ustedes el agujero redondo a nivel de la tetilla izquierda. No se puede atribuir a ninguna arma de la época. Se supone que se debe a una bala, quizá disparada por un soldado del tiempo de **Cromwell**[3].

[1] **Cicerone:** guía turístico.

[2] **Plaquín:** túnica de los caballeros medievales, sin mangas, que se ciñe al talle con un cinturón.

[3] **Cromwell:** líder político y militar inglés del siglo XVII.

¿SABÍAS QUE…?

Las palabras en desuso se llaman *arcaísmos*, porque la realidad a la que representan ya no existe, como ocurre con *plaquín*.

Mi reciente amigo sonrió... no con una sonrisa moderna, sino como debía de sonreírse la gente hace centenares y centenares de años, y murmuró, aparentemente, para sí mismo:

—¡Bendito sea Dios! Yo vi cómo le hacían ese agujero...

Después de una pausa, añadió:

—Lo hice yo mismo.

Cuando me repuse de la sorpresa eléctrica de esta observación, el que la hizo ya se había ido.

Durante toda la tarde permanecí sentado al lado de la chimenea, en la sala de armas de castillo, sumido en un ensueño sobre los tiempos antiguos, mientras el agua de la lluvia daba contra las ventanas, y el viento silbaba por los aleros y los recodos. De vez en cuando, abría el maravilloso libro de **sir Thomas Malory**[4] y leía algún fragmento de sus prodigios y aventuras, aspirando la fragancia de aquellos nombres olvidados, y me sumía de nuevo en mi ensueño. Cuando ya estaba cerca de la medianoche, leí la historia que copio a continuación, como testimonio de que cuento la verdad.

DE CÓMO SIR LANZAROTE MATÓ A DOS GIGANTES Y LIBERTÓ UN CASTILLO [...].

MARK TWAIN: *Un yanqui en la corte del rey Arturo*. Anaya.

[4] **Sir Thomas Malory:** escritor inglés del siglo XV, autor de *La muerte de Arturo*, novela inspirada en este rey y los caballeros de la Tabla Redonda.

ACTIVIDADES

1. Fíjate en el comienzo del texto. Puedes extraer del primer párrafo una información valiosa para interpretarlo correctamente:
   - ¿Dónde ocurrieron los hechos?
   - ¿Quién los relata?
   - ¿Qué personajes los vivieron?
2. Observa cómo el narrador caracteriza al extranjero. Extrae del texto algunas expresiones que configuran su personalidad.
3. ¿Qué sensaciones provoca este extranjero en el personaje que cuenta la historia?
4. En el fragmento se alude a otros personajes como *Lanzarote del Lago, el rey Arturo*... ¿Qué conoces de ellos?
5. Recoge esta información y, teniendo en cuenta cuándo ocurren algunos hechos, redacta en tu cuaderno una interpretación personal del texto:
   - El protagonista visita Warwick en el siglo XIX (el tiempo del narrador coincide con el del autor) y allí conoce a un extranjero.
   - El guía muestra un plaquín de la época del rey Arturo.
   - El plaquín tiene un agujero hecho con un arma de los tiempos de Cromwell.
   - El extranjero dice que fue él quien hizo el agujero. ¿Cómo es posible?

   Habrás descubierto el misterio, que es el hilo argumental de la novela de Twain, *Un yanqui en la corte del rey Arturo*. El texto que acabas de leer es solo su comienzo.
6. **Opina.** Organizad en clase una tertulia y participad en ella dando vuestra opinión personal acerca de qué es mejor: ¿viajar al pasado o viajar al futuro?

AYUDA

Por ejemplo: *Lo maravillosamente familiarizado que estaba con las armaduras antiguas.*

AYUDA

Por ejemplo: *Me rodeó gradualmente de una atmósfera extraña.*

¿SABÍAS QUE...?

Una **tertulia** es una reunión de personas que se juntan para hablar sobre cualquier tema.

La comunicación

La comunicación consiste, básicamente, en transmitir información.

En cualquier acto de comunicación intervienen distintos elementos: un **emisor,** capacitado para construir **mensajes**, en una situación dada -o **contexto**-, a través de un determinado **canal**, dirigidos a un **receptor o destinatario** que, a su vez, ha de interpretarlos porque comparte el mismo **código** con el emisor y conoce el contexto.

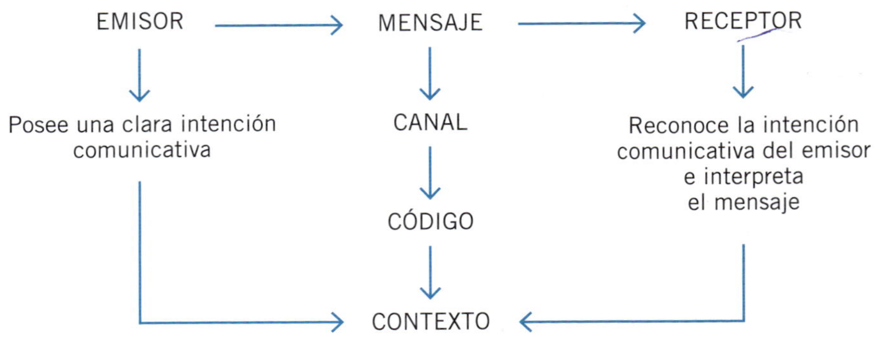

El lenguaje verbal

Un **código** es un conjunto de signos y reglas que los combinan que permite la comunicación. Por ejemplo, son códigos el braille, las señales de tráfico, el lenguaje de sordomudos... El **lenguaje verbal** es también un código, cuyos signos –los signos lingüísticos– permiten la creación de infinitos mensajes.

Pero, sobre todo, el lenguaje verbal es la facultad que el ser humano posee para poder expresar sus pensamientos a otros. La finalidad del lenguaje verbal en sí mismo es hacer posible la relación entre los miembros de una comunidad.

Con el lenguaje verbal, nuestros mensajes adquieren la forma de **texto,** cuando las palabras que utilizamos para comunicarnos –organizadas en enunciados– han sido dotadas de **sentido.** El sentido en un texto se adquiere porque el emisor y el receptor conocen su **contexto.**

La intención comunicativa

La intención comunicativa es la necesidad inicial que todos poseemos cuando queremos comunicarnos con otros. Pedir perdón, dar una opinión, felicitar a alguien, contar una anécdota... son intenciones comunicativas frecuentes en nuestra vida diaria.

En términos generales, podemos distinguir diferentes **tipos de textos** teniendo en cuenta algunas intencionalidades comunicativas básicas:

- **Narrativo:** el emisor relata un acontecimiento.
- **Dialogado:** reproduce la comunicación entre un emisor y un receptor.
- **Descriptivo:** el emisor expresa cómo son los objetos, las personas, los procesos, los fenómenos...
- **Expositivo:** el emisor informa acerca de la realidad.
- **Argumentativo:** el emisor pretende crear opinión en un destinatario o convencerle de una idea.

¿SABÍAS QUE...?

Conocer el **contexto** en que se produce la comunicación es determinante para interpretar correctamente un mensaje. Por eso, un mensaje como *"Morirse de hambre"* podría interpretarse de dos maneras:

a) **literal:** referida a cualquier niño que carece de alimentos y fallece.
b) **figurada:** aplicada de manera exagerada a alguien al que se le ha olvidado el almuerzo.

ACTIVIDADES

1 Analiza los elementos que intervienen en estos actos de comunicación:

a) En una competición de atletismo, un juez se dispone a efectuar un disparo para dar la salida. Los atletas están ya preparados en su puesto. Se oye el disparo y los deportistas inician la carrera.

b) Los viajeros esperan en el andén; algunos se despiden de sus familiares. Suena un silbato y el andén, en pocos segundos, se queda vacío.

c) El semáforo está en rojo; los coches se detienen y cruzan los peatones.

2 Los signos que constituyen el código lingüístico son las palabras, pero en la comunicación cotidiana se utilizan otros signos. ¿Conoces el significado de estos?:

3 Averigua posibles contextos para que estos mensajes tengan sentido:

- *Nos vemos en el banco dentro de cinco minutos.*
- *¡No está el horno para bollos!*
- *La operación fue difícil pero acabó estupendamente.*
- *Esta es la estación que más me gusta.*
- *A Luis le han roto todos los esquemas.*

4 Lee con atención estos dos textos. El primero es una noticia periodística; el segundo, un fragmento enciclopédico. Ambos hablan de Marte, pero sus autores los han escrito con distintas intenciones comunicativas. ¿Cuáles son?

La NASA confirma que hay agua líquida en Marte

Madrid (EP).- La NASA ha obtenido evidencias de la presencia de agua salada en Marte. Concretamente, ha confirmado que este líquido es el causante de los conocidos como surcos lineales (RSL), presentes en las laderas de los cráteres en las estaciones más cálidas del planeta.

Este hallazgo, publicado por Nature Geoscience y anunciado en rueda de prensa por el director de ciencia planetaria de la NASA, Jim Green, se ha producido a través de las observaciones realizadas con el orbitador MRO de la NASA.

(lavanguardia.com)

Marte es el cuarto planeta del Sistema Solar más cercano al Sol. Llamado así por el dios de la guerra de la mitología romana, Marte; recibe a veces el apodo de planeta rojo debido a la apariencia rojiza que le confiere el óxido de hierro que domina su superficie. Tiene una atmósfera delgada formada por dióxido de carbono, y dos satélites: Fobos y Deimos. Forma parte de los llamados planetas telúricos (de naturaleza rocosa, como la Tierra) y es el planeta interior más alejado del Sol. Es, en muchos aspectos, el más parecido a la Tierra.

(es.wikipedia.org)

AYUDA

Nos vemos en el banco dentro de cinco minutos.

Contexto A: *Dos amigos se citan en el banco del parque donde se ven habitualmente.*

Contexto B: *Dos adultos se citan en una entidad bancaria para solucionar unos trámites.*

¿SABÍAS QUE...?

Muchos de los textos que leemos son heterogéneos, es decir, en ellos se combinan distintas tipologías textuales. Por ejemplo, la narración suele ir acompañada de descripciones y diálogos.

Las palabras (I)

La **palabra** es una unidad lingüística dotada de significado que en la escritura aparece como elemento independiente: *viaje, héroe, la, tiempo, con, lejos, estar...* Pueden ser de distinta **categoría gramatical:** sustantivos, adjetivos, determinantes, pronombres, verbos, adverbios, preposiciones y conjunciones. Unas palabras se agrupan con otras para crear **enunciados** que nos sirven para comunicarnos con otras personas.

¿SABÍAS QUE...?

Los sustantivos **heterónimos** son aquellos con formas diferentes para designar cada sexo y género: *padre y madre; yerno y nuera; vaca y toro.* Los sustantivos **epicenos** solo tienen una forma y un género para designar a los dos sexos *(persona, víctima, criatura).*

El sustantivo

Es la palabra que designa objetos *(lápiz, cuaderno),* personas *(María, hermana),* lugares *(Ecuador, parque),* animales *(gato, lobo)* e ideas *(bondad, alegría).*

Según el concepto que designa, el sustantivo puede ser:

- **Común:** denomina a una realidad de manera general *(hombre).*
- **Propio:** denomina a una persona o lugar de manera individual *(Antonio).*

El sustantivo común puede ser:

- **Concreto:** lo designado se puede percibir por los sentidos *(piedra).*
- **Abstracto:** no se puede percibir por los sentidos *(belleza).*
- **Individual:** se refiere a una sola realidad *(pino).*
- **Colectivo:** se refiere a un conjunto de realidades de la misma clase *(pinar).*
- **Contable:** se puede cuantificar *(un libro; tres libros).*
- **Incontable:** no se puede cuantificar *(mercurio, agua, sangre).*

Los sustantivos pueden tener género masculino *(árbol, enfermero, conde),* género femenino *(calle, enfermera, condesa);* número singular *(parque, flor),* número plural *(parques, flores).* Y suelen ir acompañados de determinantes y de adjetivos, con los que concuerda en género y/o en número *(el árbol frondoso; la calle estrecha; los parques naturales; las flores olorosas)* porque son **palabras variables.**

¿SABÍAS QUE...?

La elección entre un adjetivo especificativo y otro explicativo puede cambiar el significado literal de lo que se quiere expresar *(Vimos a un hombre pobre* o *Vimos a un pobre hombre).*

El adjetivo

Es la palabra que designa cualidades del sustantivo *(los árboles **frondosos**)* o lo distingue dentro de un grupo *(el árbol **perenne**, el árbol **caduco**).* El adjetivo suele acompañar al nombre y concuerda con él *(el perro **guardián;** los perros **guardianes**)* y por su uso puede ser:

- **Especificativo:** expresa una cualidad del sustantivo para diferenciarlo de otros sustantivos *(el árbol **seco, caduco, frondoso**).*
- **Explicativo:** expresa una cualidad ya existente en el sustantivo y no lo distingue del resto de sustantivos *(los **antiguos** compañeros).*

El adjetivo puede medir la cualidad aplicada al sustantivo si se expresa en diferentes grados:

- **Positivo:** el adjetivo expresa la cualidad tal cual *(el árbol **alto**).*
- **Comparativo:** se compara la cualidad con otra realidad *(este árbol es **más alto** que ese otro; es **menos alto** que ese otro; es **tan alto** como ese otro).*
- **Grado superlativo:** se aumenta el grado de la cualidad *(este árbol es **grandísimo;** este árbol es **muy grande**).*

ACTIVIDADES

1 Lee este texto y selecciona un sustantivo de cada clase para completar la tabla en tu cuaderno.

Las mansas aguas del río Don se deslizaban por aquel agradable distrito inglés, bañando unas riberas cerca de las cuales crecía en otro tiempo una extensa selva que cubría la mayor parte de los valles y colinas que se sucedían entre Sheffield y la hermosa ciudad de Doncaster. Los restos de aquel espeso bosque todavía pueden descubrirse en la actualidad en algunas de las haciendas que poseen las más opulentas y nobles familias de Inglaterra. Los acontecimientos que vamos a narrar seguidamente tuvieron lugar a finales del reinado de Ricardo I, Corazón de León, cuando sus afligidos y desconsoladas súbditos tenían mayores esperanzas y deseos de verlo regresar a su patria, después del largo cautiverio sufrido tras la Cruzada en que tomó parte.

WALTER SCOTT: *Ivanhoe*. Bruguera.

concreto	abstracto	individual	colectivo	contable	incontable

2 Escribe los adjetivos que aparecen en el primer enunciado del texto. Observa su concordancia con los sustantivos a los que acompañan y explica por qué son especificativos o explicativos.

3 Enriquece tu vocabulario con sustantivos variados para demostrar tu conocimiento. En tu cuaderno, sustituye en estos enunciados la palabra *cosa* por otra con un significado más específico e idóneo en su contexto.

- La caída del Imperio romano fue una cosa que transformó el mundo.
- El carpintero recoge sus cosas en una caja de madera.
- María ha alcanzado todas las cosas que se propuso en este curso.
- La verdad es una cosa necesaria para las buenas relaciones.
- Ha dejado todas sus cosas guardadas en el armario.

4 Lee esta curiosa *carta al director;* entresaca las palabras cuyo género manipula el autor y reflexiona sobre por qué lo hace. La fecha en la que se publicó esta carta puede darte alguna pista.

Un "periodisto" nada sexista

El violinisto entró en la sala y los/las espectadores/as aplaudieron al unísono. A continuación, el trompetisto intervino con un gran solo. El avezado periodisto que estaba en el concierto/la función se giró sobre sí mismo para ver mejor a los asistentes, entre los que estaban numerosos/as académicos/as. Antes de finalizar el espectáculo salió a redactar la crónica/el informe según le habían aconsejado, con un lenguaje nada sexista; pero había adquirido una mala costumbre, tener encima de la mesa un diccionario de la RAE. Comprobó que el signo @ era femenino (arroba), no neutro, y la única salida que se le ocurrió para resolver sus problemas era solicitar al informático del periódico que le pusiese un contador de palabras por género; así sabría si su texto llevaba el 50% de las palabras de uno y otro género/a.

FEDERICO ROMÁN. *El País*. Madrid, 8 de marzo de 2012

¿SABÍAS QUE...?

Los nombres propios referidos a las personas se llaman **antropónimos;** por ejemplo, en el texto que has leído, *Ricardo I, Corazón de León.*

Y los referidos a lugares se llaman **topónimos:** *Don, Sheffield, Doncaster, Inglaterra.*

¿SABÍAS QUE...?

Una **carta al director** es un breve texto que escribe un ciudadano para ser publicado en un periódico porque trata sobre un tema de interés general y de actualidad.

El determinante

Es la palabra que siempre acompaña al sustantivo para precisar su significado *(**el** amigo, **mi** amigo, **ese** amigo, **dos** amigos, **qué** amigo).*

El determinante concuerda con el sustantivo en género y número *(este libro; esta noticia; mi amiga, mis amigas...).* Suele preceder al sustantivo *(**mis** amigos);* a veces, puede ir colocado detrás *(amigo **mío**).* Un sustantivo puede llevar también dos determinantes *(**todos mis** amigos, **los** amigos **míos**).*

Clases de determinantes

- **Artículos determinados.** Identifican a un sustantivo ya reconocido por el emisor y el receptor: *el, la, lo, los, las.*
- **Artículos indeterminados.** Presentan a un sustantivo nuevo en el discurso: *un, una, unos, unas.*
- **Posesivos.** Expresan a quién pertenece el sustantivo: *mi, tu, su, mis, tus, sus; mío, tuyo, suyo, mía, tuya, suya* (y plurales); *nuestro, vuestro, suyo, nuestra, vuestra, suya* (y plurales).
- **Demostrativos.** Ubican al sustantivo en un espacio concreto con respecto al emisor: *este, esta, estos, estas; ese, esa, esos, esas; aquel, aquella...*
- **Cuantificadores.** Expresan una cantidad numeral o una cantidad definida o indefinida: *un, dos..., cien, mil...; mucho, todo, bastante, demasiado, algún...* (y plurales).
- **Interrogativos y exclamativos.** Se utilizan en enunciados en los que el emisor pregunta a un receptor o expresa su emoción: *qué, cuánto, cuánta, cuántos...*

El pronombre

Es la palabra que sustituye a un sustantivo ya nombrado en un enunciado *(Este libro es **mi libro** = Este libro es **mío**).* A veces, lleva determinante *(Este libro es **el mío**).* También puede ir unido a los verbos *(Tráe**melo**).*

Clases de pronombres

- **Personales.** Representan a los participantes de un acto de comunicación: *yo, tú, usted, él, ella, nosotros/as, vosotros/as, ustedes, ellos, ellas, me, te, se, le, la, lo, nos, os, los, las, les, conmigo, contigo, consigo...*
- **Demostrativos.** Sustituyen a un sustantivo relacionado con el espacio en que se encuentra: *este, esta, esto, estas, estos, ese, esa, eso, esas, esos, aquel, aquella, aquello, aquellos, aquellas.*
- **Posesivos.** Sustituyen a un sustantivo en relación al grado de posesión con respecto al emisor: *mío, mía, tuyo, tuya, nuestro, nuestra, vuestro, vuestra, suyo, suya, míos, mías, tuyos, tuyas, nuestros, nuestras, vuestros, vuestras, suyos, suyas.*
- **Cuantificadores.** Sustituyen a un sustantivo expresando a la vez una cantidad numeral o una cantidad definida o indefinida: *uno, dos, tres...; varios, mucho, mucha, muchos, muchas, alguno, alguna, algunos, algunas, otro, otra, otros, otras, todo, toda, todos, todas, cierto, ciertos, cierta, ciertas...*
- **Interrogativos y exclamativos.** Sustituyen a un sustantivo sobre el que se pregunta o se manifiesta una emoción: *qué, quién, quiénes, cuánto, cuánta, cuántas, cuántos, cuál, cuáles.*
- **Relativos.** Sustituyen a un sustantivo que ya se ha nombrado en el enunciado: *que, el cual, la cual, lo cual, los cuales, las cuales, quien, quienes.*

¿SABÍAS QUE...?

Existe un artículo determinado, ***lo,*** que solo sirve para sustantivar adjetivos:
***Lo** cortés no quita **lo** valiente.*
***Lo** bueno si breve dos veces bueno.*

RECUERDA

Algunos **pronombres** se confunden con determinantes porque coinciden en su forma. El determinante siempre acompaña a un sustantivo y el pronombre lo sustituye:
*Me gusta **este** chico.*
*Me gusta **este**.*

Practica

ACTIVIDADES

5 Localiza en este texto los determinantes para clasificarlos después. Escribe en tu cuaderno los sustantivos a los que acompañan y comprueba su concordancia.

¿Qué es Excálibur?

Es la espada del rey Arturo. Su leyenda está relacionada con este rey y con los Caballeros de la Tabla Redonda. La magia envuelve a esta misteriosa espada porque según anunció el mago Merlín, solamente quien consiguiera retirar la espada, incrustada durante siglos en una roca, sería rey. Arturo realizó esta hazaña y arrodillado ante la piedra, extrajo de ella la hoja con gran facilidad y, por ello, fue proclamado rey. Arturo juró solemnemente ser un rey leal para sus súbditos, y defender la verdad y la justicia todos los días de su vida.

6 Mejora la expresión de este texto sustituyendo en tu cuaderno algunos sustantivos por pronombres:

El imperio de los **hunos** se desmembró y se extinguió tras la muerte de **Atila**. Los **hunos** fueron un pueblo nómada de cazadores y ganaderos; de los **hunos** no se conservan registros escritos propios, por lo que los datos que conocemos de los **hunos** provienen sobre todo de fuentes romanas. A pesar de todo, **Atila** se convirtió en una figura legendaria de la historia de Europa, y en gran parte de la Europa Occidental se recuerda a **Atila** como el paradigma de la crueldad, la destrucción y la rapiña. Algunos historiadores en cambio, han retratado a **Atila** como un rey grande y noble, y algunas obras literarias escandinavas incluyen a **Atila** entre sus personajes principales.

(adaptado de wikipedia.org)

¿Qué valor estilístico aporta el uso de los pronombres a la hora de escribir un texto?

7 Podrías confundir algunos pronombres con determinantes porque tienen las mismas formas. Distingue en estos enunciados cuáles son pronombres y cuáles son determinantes, y explica en tu cuaderno por qué:

- *Esa no es la causa por la que esa mañana discutieron.*
- *Aquel que no escucha al otro, no aprende nada.*
- *Si estos libros son vuestros, colocadlos junto a los otros en aquel estante.*
- *Muchos creen que son muchas las razones para solucionar la pobreza.*
- *Todas las virtudes son buenas pero hay una que es excepcional. la humildad.*
- *¿Qué hacemos este fin de semana?, ¿a qué amigos llamamos?*

8 Cambia en tu cuaderno los grupos de palabras destacados por otros que expresen lo mismo:

- Montar en la lanzadera fue *lo más divertido* de ayer.
- *Lo malo* de todos los días es tener que madrugar.
- Llegar puntual a todos los sitios es *lo correcto*.
- No te pongas en *lo peor*.

¿SABÍAS QUE...?

El artículo **el** se usa ante palabras femeninas cuando estas comienzan por "a" y "ha" tónicas: el agua, el águila, el hambre. El masculino afecta también al uso de **un**, **algún** y **ningún**, pero no a otros determinantes. Así, son correctas: *un hacha, ningún águila, algún aula; esa hacha, esta águila, nuestra aula.*

El léxico castellano

El **léxico** es el conjunto de **palabras** que constituyen una lengua. Todas las palabras están recogidas en los **diccionarios,** libros que ofrecen información acerca de sus significados y de otras cuestiones gramaticales.

¿SABÍAS QUE...?

Las palabras son como las personas: *nacen* (palabras nuevas o neologismos), *se reproducen* (derivan unas de otras dentro de una familia) y *mueren* (dejan de usarse porque ya no existe la realidad que designan; se llaman arcaísmos).

El origen de nuestras palabras

La mayoría de nuestras palabras proceden del **latín**, pero otras provienen de lenguas de diferentes culturas que poblaron la Península Ibérica antes de la llegada de los romanos (vascos, íberos, celtas...) o después (germanos, árabes...). Además, a lo largo de la historia, las relaciones que nuestro país ha tenido con otros países y las modas extranjeras han dado lugar a la incorporación de palabras originarias de otras lenguas.

Nuestro léxico actual es muy rico. Básicamente, forman parte de nuestro corpus léxico las siguientes palabras:

- **Patrimoniales.** Son las que constituyen la mayoría de las palabras de nuestro vocabulario. Se han formado a partir de su origen latino y han cambiado mucho con el paso del tiempo (filius > *hijo*; facere > *hacer*; pacem > *paz*; noctem > *noche*; acquam > *agua*...).
- **Cultismos.** Son las palabras procedentes del latín que apenas han cambiado con el paso del tiempo (articulum > *artículo*, curriculum > *currículo, currículum*; collocare > *colocar*...).
- **Préstamos.** Son las palabras que hemos ido adoptando de una lengua extranjera. Los préstamos pueden ser necesarios *(aguacate, café, kétchup...)* o innecesarios porque ya existía una palabra castellana para nombrar la misma realidad: *password* (contraseña), *boutique* (tienda), *kit* (surtido)...

Además, poco a poco, se van incorporando en los diccionarios palabras de nueva creación. Estas palabras se llaman **neologismos** y han nacido para designar realidades nuevas. Los neologismos se pueden crear de diferentes maneras:

- Transformando una palabra extranjera en española y adaptándola a nuestra ortografía y morfología: *escáner, líder, cliquear, tuitear...*

- Creando siglas *(ONG, SIDA)*; muchas de ellas se convierten en palabras debido a su uso frecuente *(oenegé, sida)*.
- Añadiendo significados nuevos a palabras ya existentes en nuestra lengua *(ratón, ventana, navegar, chatear)*.
- Formando una nueva palabra a partir de recursos morfológicos de nuestra propia lengua, que dan lugar a la **derivación** o a la **composición** *(mileurista, escuchante, todoterreno, crioconservación)*.

ACTIVIDADES

1. Descubre qué palabras patrimoniales han derivado de las siguientes palabras latinas: *lacrima, amicus, farina, discipulus y oculum.*

2. Observa cómo de una palabra latina hoy tenemos dos palabras. Averigua en los pares de palabras cuál es la patrimonial y cuál es el cultismo:

   Collocare: *colocar y colgar.*
   Frigidus: *frío y frígido.*
   Integrus: *íntegro y entero.*
   Delicatus: *delgado y delicado.*
   Auricula: *aurícula y oreja.*

3. Consulta en el diccionario de la Real Academia la procedencia de estas palabras antiquísimas pero frecuentes en el español actual: *chabola, colmena, chatarra, estancar, camisa, barranco, cencerro.*

4. Viaja en el tiempo con las palabras consultando en el diccionario su origen y ordénalas de la más antigua a la más moderna:

   tanque – adalid – guerra – braga – escopeta

Celta (antes de la llegada del latín 218 a.C.)	**Germano** (tras la caída del Imperio Romano, 476)	**Árabe** (a partir del 711, inicio de la conquista musulmana de la Península Ibérica)	**Italiano** (Renacimiento, s. XVI)	**Inglés** (Primera Guerra Mundial, 1914)

5. Averigua cómo se han formado estos neologismos recientes: *ovni, bit, led, airbag, GPS, chatear.*

6. Observa las palabras que designan la vestidura de un héroe caballeresco medieval: son arcaísmos porque ya no se usan. Inventa en tu cuaderno neologismos para la vestidura de un héroe actual.

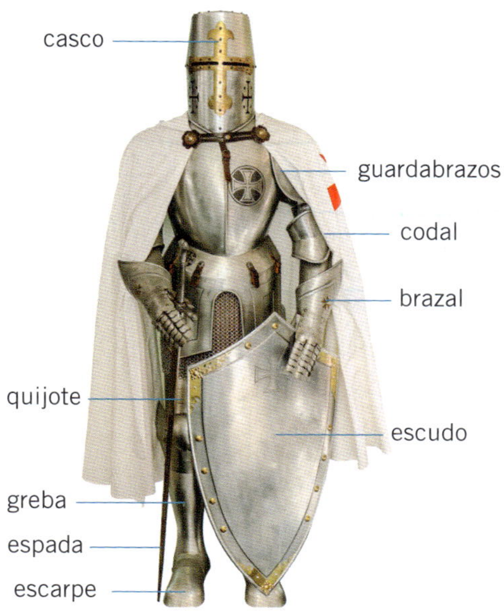

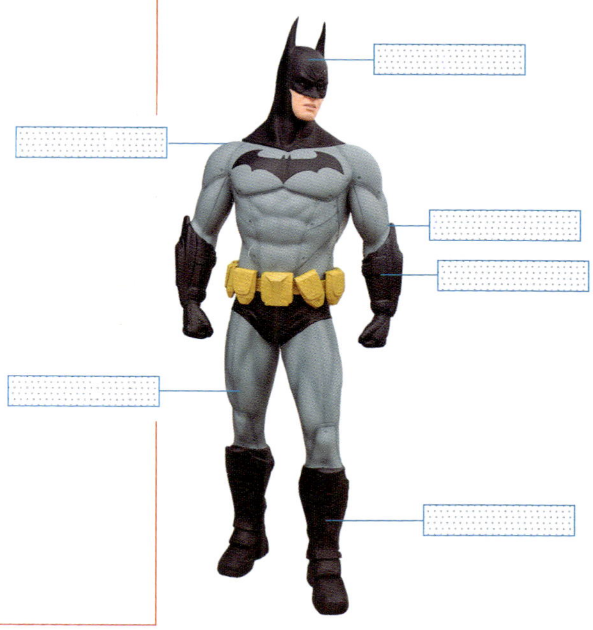

AYUDA

Colgar es la patrimonial porque ha cambiado mucho. Colocar es el cultismo.

AYUDA

En el diccionario de la RAE encontrarás, tras la entrada de la palabra, el origen de la misma. Por ejemplo: **chabola** (del vasco *txabola*).

¿SABÍAS QUE...?

Algunos rasgos fónicos, como el *seseo* (pronunciación de **/s/** por **/z/**) y el *yeísmo* (pronunciación de **/y/** por **/ll/**) están reconocidos en la lengua oral dialectal y son muy frecuentes en algunos puntos de la geografía española.

Fonemas y grafías

La fonología se encarga del estudio de los **fonemas,** que son la representación de los sonidos que producimos en un acto de comunicación oral. Estos sonidos se representan en la escritura con **grafías** o **letras,** cuyo uso regula la ortografía.

Correspondencia entre fonemas y grafías

El *alfabeto* es el conjunto de grafías que representan los fonemas de una lengua, pero en castellano no existe una correspondencia exacta:

Fonemas con más de una grafía	
Fonema	**Letras**
/k/	casa, queso, kilo
/z/	zumo, cena
/x/	jarra, jota, gira, gente
/b/	barco, vena
/r̄/	ramo, perro
/i/	indio, rey

- A algunos sonidos les corresponde más de una grafía (observa el cuadro).
- La **h** es una grafía a la que no le corresponde ningún sonido, lo mismo que a la **u** en las sílabas *que, qui, gue, gui.*
- Contamos con dos sonidos a los que les corresponde una grafía doble (dígrafo) que son **ch** y **ll**.

La sílaba

La **sílaba** es una agrupación de sonidos a partir de una vocal. Una palabra puede estar constituida por una sílaba *(mar)* o más (bisílaba: *mares,* trisílaba: *marino,* polisílaba: *marinero, marejadilla...).*

La sílaba de una palabra puede ser **tónica** (en cuya vocal recae la intensidad del acento: *mer-**ca**-do; **fá**-cil; co-ra-**zón**; ca-ra-**col***) o átona. Si la palabra debe llevar tilde por las normas ortográficas, esta se pondrá sobre la vocal de la sílaba tónica.

La entonación

La **entonación** es la melodía que acompaña a cada enunciado. Según la línea melódica, se distinguen tres tipos de entonación: **enunciativa** (se afirma o se niega), **interrogativa** (se pregunta) y **exclamativa** (se manifiesta una expresión viva de indignación, afecto, sorpresa...).

Enunciativa: *Los **pre**mios Goya se emitirán en di**rec**to.* TONO NORMAL

Interrogativa: *¿**Qué** habrá ocurrido en la **ca**lle?* TONO NORMAL

Exclamativa: *¡**Qué** frío tan espantoso!* TONO NORMAL

ACTIVIDADES

1. Explica en tu cuaderno dónde reside la gracia de este chiste:

   —Padre, quiero comprarme ese cochazo que anuncian en la tele, que es espectacular. Turboinyección, ABS, GPS, faros elípticos, luces de xenon…

   —¡Ay, hijo, que te has equivocado!, ¡esto es un confesionario y no un concesionario!

   Escribe otro chiste en el que aparezca una confusión similar.

2. Escribe en tu cuaderno tu nombre y apellidos sustituyendo cada grafía por su fonema correspondiente. Pon al principio y al final de cada palabra una barra (/) para indicar que son sonidos y no letras. Por ejemplo: *Carola Velázquez /karóla belázkez/*

   ¿Qué opinas acerca de la posibilidad de escribir tal y como se pronuncia?

3. ¿Cuáles crees que son las grafías que te pueden plantear problemas ortográficos? Escribe enunciados en los que aparezcan palabras de dudosa ortografía.

4. Lee el siguiente cuento de Juan Ramón Jiménez (1881-1958), poeta español y Premio Nobel de Literatura en 1956 que destacó también en la narración lírica.

   El destinado

   Está en su cuarto vistiéndose, con los minutos contados, para un entierro.

   Entre pantalón y zapatos, corbata y chaleco, le sientan y le sientan pensamientos jenerales, con una exijencia mayor que la otra prisa. Pero ha visto en una puerta un clavo a medio salir, derecho, brillante, justo, perfecto; atractivo de clavar, innecesario de clavar. Y tiene a mano la percha de su americana, martillo de madera tan a propósito para clavar el clavo tentador. Deja el entierro, demora los pensamientos jenerales, coje la percha y se pone a clavar con esmero lento el clavo.

   JUAN RAMÓN JIMÉNEZ: *Historias y cuentos*. Seix Barral.

   ¿Has encontrado en él algunas irregularidades ortográficas? Investiga acerca de lo que él opinaba sobre la grafía **g**.

5. Silabea en voz alta las siguientes palabras. Después escríbelas en tu cuaderno separando con guiones cada una de sus sílabas. Indica cómo se llaman por su número de sílabas y señala la sílaba tónica: *dignidad, recuerdo, secretismo, íntimo, lectores, valor, inquietud, testimonio, polideportivo, ánima.*

6. Escribe en tu cuaderno un texto breve en el que aparezcan dos oraciones de entonación enunciativa, una interrogativa y otra exclamativa.

7. **Propuesta de expresión.** Entre toda la clase jugad a enunciar, de uno en uno, palabras que se distingan por un solo fonema. Pierde el primero que repita una palabra ya enunciada o que se diferencie de la anterior por más de un fonema. Por ejemplo: *mira, mora, dora, dota, rota, rosa…*

TIC

Para investigar lo que Juan Ramón Jiménez opinaba sobre la **grafía *g*,** utiliza la siguiente guía de búsqueda:

- Juan Ramón Jiménez ante la reforma ortográfica.
- La grafía **g** y Juan Ramón Jiménez.

¿SABÍAS QUE…?

La tilde nos ayuda en la escritura a distinguir palabras con significados muy diferentes, por ejemplo, no es lo mismo ***sá**bana* que *sa**ba**na,* ni ***cán**tara* que *can**ta**ra* o *canta**rá**.*

El anfiteatro Flavio de Roma, conocido como Coliseo.

La civilización romana

Hacia el año **753 a. C.** surgió la ciudad de **Roma**.

Tres fueron las etapas de esta civilización:

- **Monarquía etrusca** (753 a. C.-509 a. C.). Roma estaba gobernada por un rey y el grupo social dominante eran los **patricios.**
- **República** (509 a. C.-27 a. C.). En esta etapa se produjo la **unificación territorial** de la península itálica y la **expansión** de Roma por el **Mediterráneo.** Las instituciones más importantes fueron: el **Senado,** las **magistraturas** y los **comicios.** Posteriormente, apareció el **tribuno de la plebe** para defender los intereses de los plebeyos, que eran la mayoría de la población.
- **Imperio** (27 a. C.-476). El emperador acumulaba todos los poderes. Prosiguió la **expansión territorial de Roma,** alcanzando su máxima extensión en tiempos del emperador Trajano, y se consiguió una relativa **paz interior** *(pax romana).* La organización del Imperio en provincias era muy compleja y obligaba a los ciudadanos a pagar impuestos a la Hacienda pública. El Imperio contaba también con un poderoso **ejército.**

RECUERDA

Los plebeyos vivían en las *insulae* que eran bloques de pisos, similares a los actuales.
En cambio, la clase más adinerada, los patricios, vivía en las *domus,* que eran viviendas unifamiliares. Estas se construían con el hipocausto, que era un sistema de calefacción.

¿SABÍAS QUE...?

En el año 313, el emperador Constantino decretó la libertad religiosa a los cristianos. Unos años más, tarde, en el 380 concretamente, el emperador Teodosio declaró el cristianismo la religión oficial del Imperio romano.

La vida en Roma

Los romanos destacaron como **urbanistas** y **arquitectos**. Las ciudades seguían un modelo urbanístico con dos calles principales: **cardo** y **decumano**. En el centro de las mismas estaba el **foro** (plaza), donde se situaban los edificios principales, como templos (para adorar a sus dioses), basílicas (donde se administraba justicia y se realizaban intercambios comerciales) y mercados. Las ciudades contaban con cloacas y sistema de alcantarillado.

En ellas, podían disfrutar de los espectáculos públicos que se desarrollaban en circos (carreras de cuadrigas), anfiteatros (luchas entre gladiadores y con fieras) y teatros (representaciones de comedias y tragedias), tomar baños en las termas, etc.

Los romanos eran también grandes **ingenieros**, por lo que construyeron enormes obras públicas, como puentes (para salvar desniveles), acueductos (para transportar agua hasta las ciudades) y calzadas (carreteras que comunicaban todo el Imperio), que facilitaban el traslado del ejército y de mercancías. De hecho, la red de calzadas fue fundamental para el desarrollo del comercio.

Construyeron, también, columnas y arcos de triunfo para conmemorar grandes victorias bélicas.

Cuando el Imperio romano de Occidente sucumbió a las invasiones germánicas, en el año 476, se produjo un cierto **retroceso sociopolítico** y **económico**.

Acueducto de Segovia. Los romanos construyeron acueductos para surtir de agua a las ciudades.

La decadencia de Roma (siglo III)

Las causas de la desaparición del Imperio romano de Occidente fueron:

- Las **sucesivas y violentas invasiones** germánicas y de los hunos.
- Las **luchas internas entre los germanos** que ya se habían asentado en el Imperio de forma pacífica.
- La **crisis económica del Imperio,** al cesar la conquista de nuevos territorios.
- La **debilidad política** de los sucesivos emperadores.

Las invasiones fueron procesos largos, que duraron siglos:

- **Las invasiones pacíficas:** desde el siglo III los pueblos germánicos, que vivían al norte del Rin y Danubio, se adentraron en el Imperio de forma pacífica como aliados.

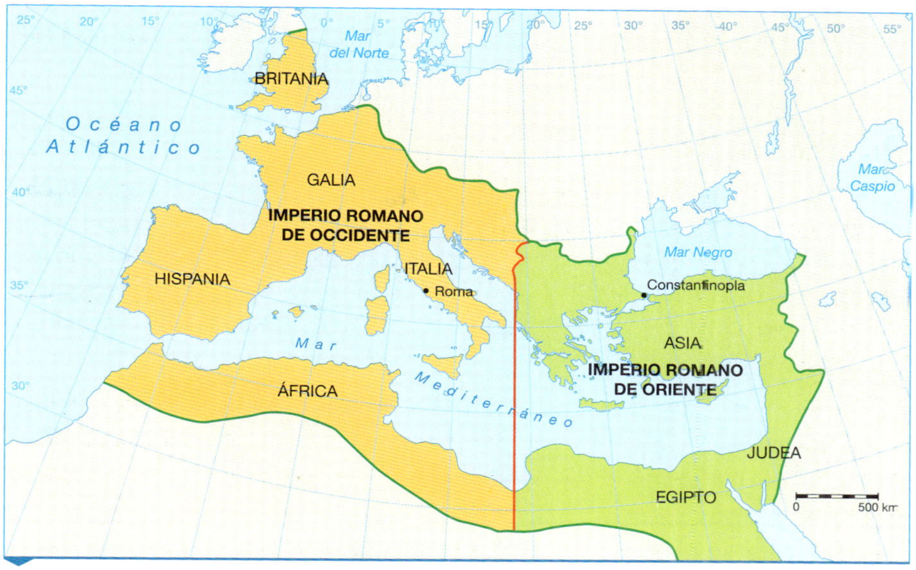

A la muerte de Teodosio en el año 395, el Imperio romano se dividió en dos: el Imperio romano de Occidente y el Imperio romano de Oriente.

- **Las invasiones violentas:** la ciudad de Roma fue atacada en varias ocasiones, hasta que, en el año 476, Odoacro, rey de los **hérulos**, saqueó y destruyó la ciudad de Roma.

Rómulo Augústulo se convirtió en el último emperador romano. Se produjo, así, la **desaparición del Imperio romano de Occidente.**

El Imperio romano de Oriente, con capital en Constantinopla, antigua Bizancio, resistió a las invasiones hasta el año 1453, cuando los turcos tomaron la ciudad. Esta parte del Imperio fue conocida como **Imperio bizantino.**

¿SABÍAS QUE...?

Atila fue rey de los **hunos,** pueblo procedente de Asia, que invadió el Imperio romano de Occidente; logró penetrar en Italia y saquear muchas de sus ciudades.

Cuenta la leyenda que allá por donde pasaba Othar, el caballo de Atila, no crecía la hierba.

¿SABÍAS QUE...?

La ciudad de **Bizancio** pasó a llamarse **Constantinopla** por orden del emperador Constantino en el año 324.

ACTIVIDADES

1. Busca información sobre las *domus* romanas, haz un dibujo en tu cuaderno y escribe las estancias que tenían y su función.
2. ¿Qué profesiones eran necesarias en el Imperio romano para construir los edificios e infraestructuras que necesitaban?

Los pueblos germánicos

¿Quiénes eran los pueblos germánicos?

¿SABÍAS QUE...?

Los pueblos germánicos eran politeístas, y sus dioses representaban a las fuerzas de la naturaleza, como el viento, el rayo...

Los **germánicos,** también llamados bárbaros, son los pueblos que vivían fuera de las fronteras o *limes* del Imperio romano de Occidente, al otro lado del Rin y del Danubio.

Entre estos pueblos sobresalieron suevos, vándalos, godos (visigodos y ostrogodos), lombardos, anglos, sajones, hérulos, etc.

Durante el gobierno de Trajano (98-117 d. C.), el Imperio romano adquirió su máxima extensión. Al otro lado del *limes,* se situaban los pueblos germánicos.

Los pueblos germánicos poseían rasgos culturales, sociales y políticos comunes.

Se agrupaban en **clanes** y **tribus** y se dedicaban a la **agricultura** y **ganadería.** Eran **seminómadas** y abandonaban la zona que habitaban cuando los recursos escaseaban. Por este motivo, sus asentamientos eran pocos duraderos; vivían en aldeas con viviendas sencillas construidas en piedra, madera y vegetales.

Eran, también, grandes artesanos del cuero y la madera, pero estos materiales, al ser perecederos, apenas se conservan. Sus técnicas de trabajo eran artesanales, por lo que producían para el propio consumo, así que no desarrollaron el comercio.

No conocían la escritura, y, antes de las invasiones, sus normas o leyes se pasaban oralmente de una generación a otra. En caso de conflicto, acudían a las costumbres, es decir al **derecho consuetudinario.**

El sistema político era la **monarquía electiva**. La institución más importante para organizar la vida política era la **asamblea de guerreros** que elegía al rey del clan o tribu, administraba justicia, declaraba la guerra y pactaba la paz.

A partir del **siglo III** los pueblos germánicos empezaron a atacar las fronteras del Imperio romano de Occidente.

La Edad Media

¿A qué llamamos Edad Media?

Se conoce como **Edad Media** al período comprendido entre la caída del Imperio romano, en el año 476, y el descubrimiento de América, en 1492.

Su nombre se debe a la dificultad que tuvieron los historiadores del siglo XVII para encontrar fuentes escritas que permitieran conocer lo que sucedió en estos diez siglos que van entre la Edad Antigua y la Edad Moderna.

Etapas de la Edad Media

Entre los siglos V y XV Europa pasó por momentos diferentes.

Se distinguen tres etapas:

- **Alta Edad Media.** Comprende desde finales del siglo V al XI. Tras la caída del Imperio romano de Occidente se produjo una **ruralización**, así como **las invasiones de los pueblos germánicos** que vivían al otro lado del Rin y Danubio. A partir del siglo IX, llegaron al continente oleadas de otros pueblos: vikingos, magiares y sarracenos.
- **Plena Edad Media.** Durante los siglos XI y XIII se desarrolló el **feudalismo**. El poder de los señores feudales garantizaba la seguridad, pero mantenía el sometimiento al vasallaje y la pobreza. También se produjo un **resurgimiento urbano**.
- **Baja Edad Media.** En los siglos XIV y XV se produjo en Europa un período de crisis que afectó a todos los ámbitos: agrario, social y demográfico. Comenzó a superarse a comienzos del siglo XV.

RECUERDA

- La **prehistoria** se inicia con la aparición del ser humano.
- La **Edad Antigua** empezó con la invención de la escritura.
- La **Edad Media** se inició con la caída del Imperio romano de Occidente en el año 476.
- La **Edad Moderna** empezó con el descubrimiento de América en 1492.
- La **Edad Contemporánea** comenzó con la Revolución francesa en 1789.

ACTIVIDADES

3. Escribe en tu cuaderno un resumen de diez líneas en el que reflejes las principales características de la vida de los pueblos germánicos.
4. Algunos autores señalan el final de la Edad Media en el año 1440, fecha en la que Gutenberg inventó la imprenta. Otros consideran que la fecha que marca el final de la Edad Media es el descubrimiento de América, en 1492.
   - Dividid la clase en dos grupos y que cada uno defienda una postura.
   - Sentaos unos frente a otros y exponed los motivos de cada posición.
   - Escribid los argumentos a favor de cada postura.
   - Extraed alguna conclusión común.

AYUDA

Para desarrollar un debate con orden hay que cumplir unas normas. Las normas del debate son:

- Respetar el turno de palabra.
- Escuchar.
- Respetar las opiniones del orador que no piensa como yo.

Europa entre los siglos v-x

Tras la caída del Imperio romano de Occidente, los pueblos germánicos fueron organizándose en pequeños **reinos**.

Las invasiones bárbaras del siglo v afectaron al Imperio romano de Occidente.

¿SABÍAS QUE...?

A principios del siglo vi, uno de estos pueblos germánicos, los **visigodos,** se establecieron en la península ibérica y fundaron un reino con capital en Toledo.
Este reino sobrevivió hasta que se produjo la conquista musulmana en la batalla de Guadalete, en el año 711.

Panorama social

- La llegada de los pueblos germánicos supuso una **ruralización**, es decir, una vuelta al campo, por lo que la vida urbana casi desapareció.
- Se produjo un **descenso de la población,** debido a la escasez de alimentos y al descenso de la producción.
- Las **guerras** acabaron con muchas vidas. Para protegerse, los campesinos buscaron la ayuda de grandes propietarios, a los que entregaban su propiedad, a cambio de trabajo.

Situación económica

- Desapareció el **comercio,** pues no había excedentes con los que comerciar. Sin embargo, se mantuvieron los intercambios de objetos de lujo, como la seda, las especias o el marfil que llegaban desde Oriente (India y China).
- Las principales actividades económicas eran la **agricultura** y **ganadería de subsistencia.** La artesanía prácticamente desapareció.

Organización política

- Los nuevos reyes germánicos consideraban su **reino como una propiedad personal.** Sin embargo, tenían dificultades para mantenerlo unido, ya que los descendientes se lo disputaban y dividían con frecuencia.
- El poder del rey se basaba en la fuerza del **ejército,** por lo que dependía de los nobles que aportaban su lucha armada, y del **poder de la Iglesia.**

Carlomagno (finales siglo VIII-principios IX)

Entre los distintos reinos germánicos destacó el de los **francos**, que se convirtió en el **Imperio carolingio** gobernado por **Carlomagno.** Su objetivo era **restaurar el antiguo Imperio romano de Occidente** y **consolidar** el **cristianismo** en Europa. La capital del Imperio estaba en **Aquisgrán.**

A Carlomagno le sucedió su hijo Luis *el Piadoso* (año 814), y empezó un período de inestabilidad. A su muerte, sus hijos se repartieron el Imperio carolingio en el **Tratado de Verdún (843).**

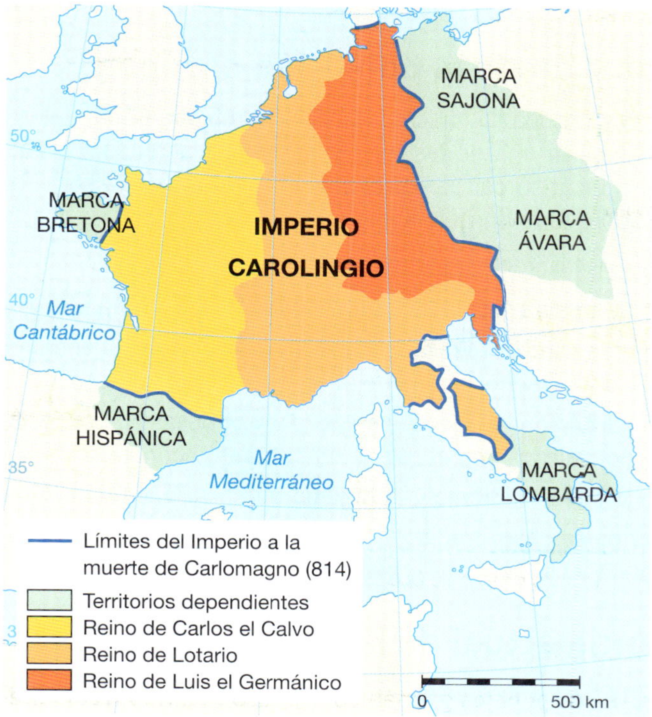

¿SABÍAS QUE...?

El 25 de diciembre del año 800, Carlomagno, monarca del Imperio carolingio, se hizo coronar emperador por el Papa León III en la Basílica de San Pedro.

Nuevas oleadas de pueblos invasores (siglos IX y X)

Tras la división del Imperio carolingio, los europeos sufrieron nuevas invasiones, en este caso de los **normandos** (vikingos), los **magiares** (húngaros) y los **sarracenos** (piratas musulmanes).

ACTIVIDADES

5 Haz un resumen acerca de la llegada de los pueblos germánicos a Europa en el que respondas a las siguientes cuestiones:
- ¿Qué significa que se produjo una ruralización?
- ¿Qué hicieron los campesinos europeos ante las invasiones?
- ¿Cómo se organizaron políticamente los reinos germánicos?

6 Responde a las preguntas sobre la coronación de Carlomagno:
- ¿Dónde se produjeron los hechos?
- ¿Qué interés crees que tenía Carlomagno en que fuera el Papa quien le coronara emperador? Razona la respuesta.
- ¿Cómo fragmentó Luis el Piadoso el Imperio carolingio?

7 Observa la imagen y escribe en tu cuaderno a qué pueblo invasor de los siglos IX y X se refiere.

Europa y la Unión Europea

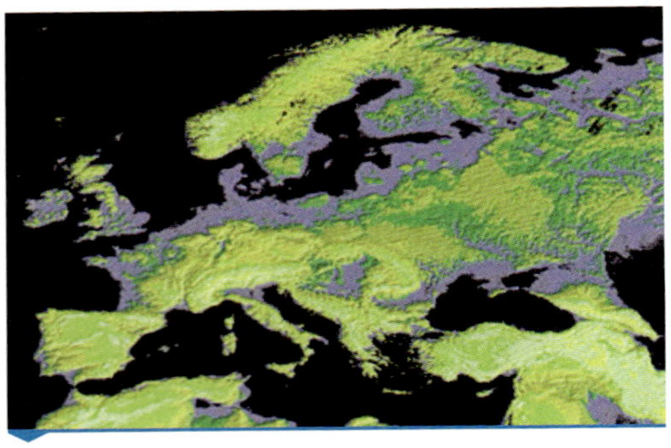

Europa vista desde el espacio. Fotografía realizada por la NASA.

El continente europeo está formado por cincuenta países, de los cuales Rusia es el más grande, y se encuentra repartido entre Asia y Europa.

A pesar de que **Europa** es el **segundo continente más pequeño** del mundo, ha tenido mucho peso a lo largo de la Historia, y también en la actualidad, debido a su influencia económica y política.

La mayor parte del continente europeo se encuentra en la **zona climática templada,** entre el trópico de Cáncer y el Círculo Polar Ártico.

La evolución de la población europea

La población de Europa ha ido creciendo de forma paulatina, hasta convertirse, en la actualidad, en una de las regiones más pobladas del planeta. Este crecimiento se intensificó con la Revolución industrial, en la segunda mitad del siglo XVIII, y sobre todo durante el siglo XIX.

Los **factores** que favorecieron este crecimiento fueron:

- El empleo de **nuevas técnicas agrícolas** que permitió una **mayor producción**.
- La **máquina de vapor de Watt,** aplicada a los transportes, como el ferrocarril, que facilitó el comercio a larga distancia.
- El uso del **carbón** como **fuente de energía** y el desarrollo de la **industria metalúrgica** que trajeron una etapa de **crecimiento económico.**
- El desarrollo de la **medicina** y la **higiene** que hizo disminuir la mortalidad.

No todos los países han crecido de la misma manera. Esto ha dependido de factores económicos, políticos e históricos.

Tendencia actual de la población europea

En la actualidad, muchos países europeos están **perdiendo población**, debido al **envejecimiento,** la **alta esperanza de vida** y el **descenso de la natalidad.**

- La **natalidad** ha **descendido** debido a varios **factores**:
  - Las dificultades para encontrar empleo y la extensión del tiempo dedicado a los estudios retrasan la decisión de tener hijos.
  - La incorporación de la mujer al mundo laboral.
  - La aparición y el uso generalizado de medios anticonceptivos.
  - Los problemas económicos y sociales.
- La **mortalidad** también es **baja,** debido a las mejoras en la alimentación, higiene y sanidad.

Actualmente, la población europea tiende al envejecimiento.

RECUERDA

- **Tasa de natalidad:** se obtiene dividiendo el número de nacimientos registrados a lo largo de un año en un lugar determinado entre la población total de ese lugar; el resultado se multiplica por mil y se expresa en ‰.
- **Tasa de mortalidad:** se obtiene dividiendo el número de fallecimientos registrados a lo largo de un año en un lugar determinado entre la población total de ese lugar; el resultado se multiplica por mil y se expresa en ‰.
- **Tasa de crecimiento natural:** es la diferencia entre la tasa de natalidad y la de mortalidad. Se expresa en %.
- **Esperanza de vida:** indica el número de años que se espera que viva una persona.

Distribución de la población europea

Europa es un continente muy poblado. En la actualidad viven más de 700 millones de personas (508 millones en la Unión Europea) distribuidas de forma irregular.

- **Zonas con una densidad de población muy elevada:** se encuentran fundamentalmente en el centro de Europa.
- **Zonas con una densidad de población baja:** se localizan en los países del norte de Europa, las zonas montañosas y las regiones áridas.

Las bajas temperaturas que existen en el norte de Europa provocan vacíos de población.

La distribución de la población europea, y en general, de todo el planeta, responde a una serie de condicionantes físicos que favorecen o, por el contrario, dificultan el desarrollo de la vida humana: relieve, clima, fertilidad del suelo, recursos naturales, etc.

ACTIVIDADES

1. Observa el modelo de evolución de la población de la gráfica, ¿en qué fase está Europa actualmente? Justifica tu respuesta

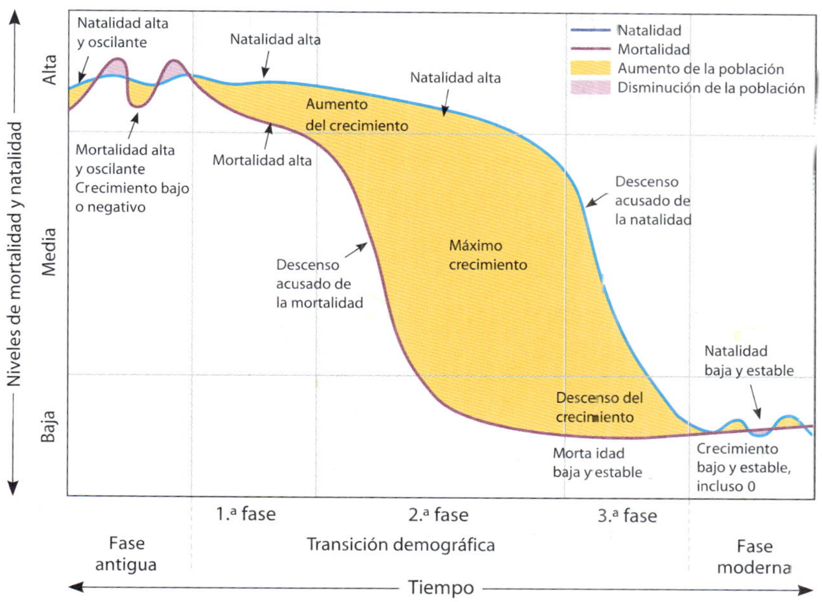

RECUERDA

La **densidad de población** indica cuántos habitantes ocupan un territorio específico.
Su fórmula es:

$$\text{Densidad de población} = \frac{\text{Población}}{\text{Superficie (km}^2\text{)}} = \text{Habitantes/km}^2$$

¿SABÍAS QUE...?

La densidad de población media de Europa es de unos 70 hab./km^2.

Población extranjera en Europa	
Alemania	7696413
España	5072680
Reino Unido	4929279
Italia	4387721
Francia	4089051
Bélgica	1253902
Austria	7997038
Grecia	862381
Países Bajos	714552
Suecia	659374

FUENTE: IEE, 2013.

RECUERDA

- **Crecimiento real de la población:** analiza el crecimiento total de la población que se produce debido, por una parte, al crecimiento vegetativo, y por otra, al aumento o descenso de la población que provocan los movimientos migratorios. La suma de ambos factores dará la cifra del crecimiento real.
- **Saldo migratorio:** es la diferencia entre el número de emigrantes y el de inmigrantes en un determinado lugar y en un período de tiempo concreto.

Movimientos migratorios en Europa

Europa es y ha sido **destino** habitual de **inmigrantes**. Actualmente, los países y áreas de origen de los inmigrantes son:

- **Oriente Medio:** se trata de refugiados que huyen de la guerra de Siria y del conflicto de Afganistán, a través de Turquía y Grecia.
- **Norte de África:** la población huye del fundamentalismo islámico, de las guerras centroafricanas y del hambre. Los inmigrantes utilizan dos vías:
  - Desde las costas de Libia hasta Italia.
  - Desde Marruecos hasta Melilla y Andalucía o Canarias.
- **América del Sur:** tradicionalmente, los inmigrantes llegan a Europa buscando unas mejores condiciones económicas y de calidad de vida.

FUENTE: *ABC,* Internacional, agosto 2015. Estas son las rutas que los refugiados usan, actualmente, para llegar a Europa.

Los países europeos que reciben un mayor número de inmigrantes son:

- **Alemania:** recibe a minorías musulmanas de origen turco.
- **Reino Unido y Francia:** a ambos países llega mucha población extranjera de sus antiguas colonias de Asia y África.
- **España:** llega población de origen hispanoamericano, por su afinidad lingüística y cultural.

La inmigración tiene los siguientes **efectos sobre Europa:**

- **Crecimiento de la población:** los inmigrantes suelen ser jóvenes, en edad de procrear, por lo que suelen tener hijos..
- **Aumento de la población activa:** los inmigrantes llegan a Europa para trabajar.
- **Multiculturalidad**: la inmigración ha contribuido a que Europa tenga una sociedad con una gran diversidad cultural.

ACTIVIDADES

2 Lee atentamente el texto y contesta las preguntas en tu cuaderno:

Dentro de la marea de refugiados que llegan a Europa hay miles de menores que viajan sin padres y que se dirigen a Austria y Alemania. En lo que va de año, Berlín ha recibido a más de 1 000 menores refugiados no acompañados.

En Suecia, los centros de acogida calculan que cada semana llegan 700 niños no acompañados, en condiciones siempre desesperadas. Todas las entidades que trabajan para ayudarles coinciden en que se trata del grupo más vulnerable entre los refugiados, víctimas de abusos y de las redes de traficantes de personas, para las que tal vez acaban incluso trabajando.

Los menores no acompañados son, en su gran mayoría, varones de entre 15 y 18 años, y viajan con amigos o hermanos. Son la parte menos visible de la tragedia de los refugiados, puesto que se mezclan con otras familias y se confunden en la muchedumbre. La mayoría de ellos no desea que las autoridades les registren como menores. Quieren moverse rápidamente y temen que vayan a retrasarles el viaje.

Algunos tuvieron incluso que pagarse la travesía a Europa trabajando para los traficantes de personas.

El viaje de estos chicos perdura también en suelo europeo. Al llegar a Grecia, duermen en campamentos desbordados, o en calles y parques públicos, sin tener acceso suficiente a agua, alimentos y servicios básicos. La situación en las islas griegas se ha deteriorado. Hay miles de personas y la violencia aumenta, y los chicos están atrapados en todo esto, tanto los que viajan solos como los que tienen familia.

[...] En muchos casos estos menores emigran con el permiso de los padres. Son adolescentes que para los padres ya son casi adultos, y que, frente a la situación de violencia que viven en sus países, les apoyan en su decisión de emigrar. Se trata de una decisión sumamente dolorosa para ellos. El fenómeno está desbordando las capacidades de alojamiento de los países ricos, y, si Europa no reacciona rápidamente, estos menores acabarán acampando en polideportivos o en estaciones de trenes y autobuses de las ricas ciudades del norte de Europa.

UNICEF insta a Europa a actuar de forma rápida para alojar a estos jóvenes y garantizarles asistencia sanitaria y educativa. [...] Ninguno de estos menores que viaja solo o con amigos desea emprender el viaje, son el producto de la guerra y de la crisis que se vive en su país de origen.

La imagen de la tragedia es una foto: unos chicos que sujetan un cartel que dice: «*Por favor, parad la guerra, y no nos tendréis en Europa*».

LUCA CONSTANTINI: Madrid, 9 septiembre de 2015. *El País* (Adaptación).

- ¿De qué trata el texto? Ponle título y resume cada párrafo con una frase.
- ¿Por qué razones la gente emigra a otros países?
- Investiga si España ha sido alguna vez un país de emigrantes. ¿Cuándo y por qué?

¿SABÍAS QUE...?

Un total de 133 000 niños han pedido asilo en la Unión Europea entre enero y julio de 2015 (una media de 19 000 niños al mes), según los últimos datos de Eurostat.
Esto significa que uno de cada cuatro demandantes de asilo es un niño.

RECUERDA

- **Renta per cápita:** es el total de la producción anual de un país (PIB/número de habitantes).
- **Producto Interior Bruto (PIB):** es una medida económica que indica el valor de los bienes y servicios producidos en un territorio durante un período determinado. Indica, por tanto, la capacidad de un territorio para financiar, entre otros, los gastos en educación, sanidad, etc., lo cual afecta seriamente a los niveles de calidad de vida.

La economía europea

La economía europea tiene un papel protagonista en el conjunto mundial. La **renta per cápita media** de los ciudadanos europeos es el doble que la media mundial.

Los **sectores económicos** son los siguientes:

- **Sector primario**: solo el 5 % de la población europea trabaja en las actividades relacionadas con el sector primario: agricultura, ganadería, pesca, explotación forestal y minería. Representa el 2 % del valor total del PIB de Europa.
  - En la **agricultura** destaca el cultivo de cereales, como trigo, cebada y maíz. También sobresalen productos hortofrutícolas, como tomates, patatas, naranjas y manzanas.
  - En la **ganadería** hay que destacar la cría de ganado bovino, ovino y porcino.
  - La **pesca** ha reducido de forma progresiva sus capturas debido al agotamiento de los **caladeros**. Esto ha provocado que se desarrollen técnicas de **acuicultura,** que constituyen ya el 20 % de la producción total.
- **Sector secundario**. Se incluye la **industria** y la **construcción.** Da trabajo al 27 % de la población activa europea y representa el 35 % del PIB. La industria es de tres tipos:
  - **Industria de base:** siderúrgica y metalúrgica.
  - **Industria de bienes de equipo:** maquinaria, herramientas, etc.
  - **Industria de bienes de consumo:** alimentaria, farmacéutica, del automóvil, textil, electrónica...
- **Sector terciario**. Europa obtiene de este sector la mayor parte de su riqueza. Ocupa al 68 % de la población trabajadora europea y supone casi el 70 % de su PIB.
  - El **comercio:** Europa es el primer exportador de servicios y mercancías del mundo. Esto se ha visto favorecido por la libre circulación de mercancías entre países de la Unión Europea. Europa realiza los intercambios comerciales, sobre todo, con EEUU, Rusia y China.
  - El **transporte** de personas y mercancías: genera en Europa el 10 % del PIB.
  - El **turismo:** Europa constituye el destino preferido de los turistas de todo el mundo. Esta actividad económica está en continuo crecimiento.

Población ocupada en los diferentes sectores económicos

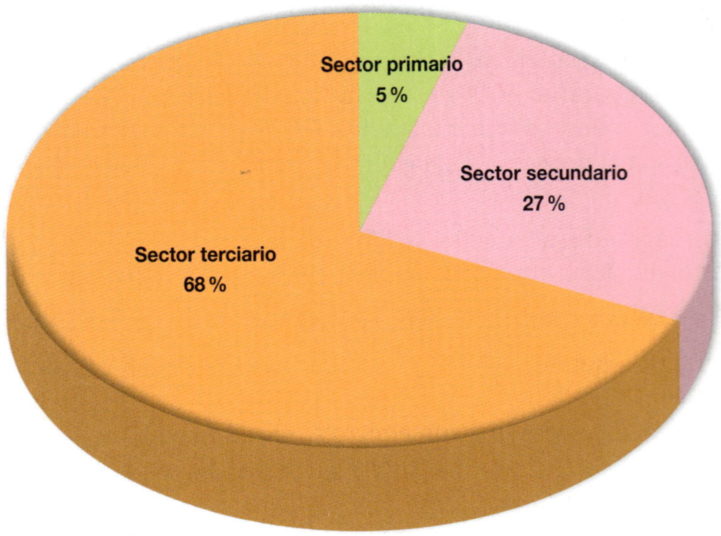

El proceso de integración de la Unión Europea

El proyecto de la **Comunidad Económica Europea (CEE),** actual **Unión Europea (UE),** comenzó en **1957,** y ha proporcionado estabilidad política y crecimiento económico a los países que lo integran.

En la actualidad, la UE constituye un bloque de 28 países.

Mapa de la Unión Europea

El proceso de construcción y adhesión de los países a la Unión Europea ha sido el siguiente:

1957	Alemania, Francia, Italia, Bélgica, Países Bajos y Luxemburgo.
1973	Dinamarca, Irlanda y Reino Unido.
1981	Grecia.
1986	España y Portugal.
1995	Austria, Finlandia y Suecia.
2004	Chipre, República Checa, Estonia, Letonia, Lituania, Hungría, Malta, Polonia, Eslovaquia y Eslovenia.
2007	Bulgaria y Rumanía.
2013	Croacia.

ACTIVIDADES

3 Comenta brevemente en tu cuaderno el gráfico de la población ocupada en los sectores económicos de Europa.

4 Realizad, por parejas, un mapa de Europa que contenga la siguiente información:

- Las fechas de las adhesiones de los 28 países miembros.
- Los países que se adhirieron a la Unión Europea en cada fecha.
- Ocho colores distintos para los grupos de países, teniendo en cuenta las adhesiones por fechas.

RECUERDA

En 1957 seis países firmaron el **Tratado de Roma,** por el que fundaron la Comunidad Económica Europea (CEE): Alemania, Francia, Italia, Bélgica, Países Bajos y Luxemburgo.

A partir de esa fecha, otros países se fueron incorporando a la CEE.

En 1992, los miembros de la CEE firmaron el **Tratado de Maastricht,** por el que la CEE pasó a llamarse Unión Europea (UE).

TIC

El portal de la Unión Europea:
http://europa.eu/index_es.htm

¿SABÍAS QUE...?

El € es la moneda común de la UE, y es una de las divisas clave en el conjunto mundial. Pertenecen a la eurozona 18 países.

TIC

Políticas de la Unión Europea:
http://europa.eu/pol/index_es.htm

Políticas de la Unión Europea

- **Política económica:** ante la reciente crisis económica, la Unión Europea trata de conseguir los siguientes objetivos económicos:
  - Conseguir una mejor calidad de vida de los trabajadores del campo, respetando el medioambiente rural y marino y garantizando la obtención de productos competitivos y suficientes para toda la población.
  - Promover la innovación tecnológica de la industria para poder competir con otros productores mundiales, mejorando la formación profesional.
  - Reducir el consumo energético y favorecer la producción de energías renovables respetuosas con el medioambiente.
  - Desarrollar políticas de coordinación financiera entre los bancos de los distintos países y el Banco Central y la Comisión Europea (órganos de gobierno europeo).
  - Descongestionar el transporte, disminuir los niveles de contaminación y mejorar la seguridad vial entre los distintos países de la Unión Europea.
  - Ofrecer destinos turísticos adaptados al perfil de los consumidores que permitan competir a la Unión Europea con destinos de fuera de la Unión.

Sede de la Comisión Europea, Bruselas.

- **Política social:** los 28 países de la Unión Europea tienen diferentes niveles de riqueza y bienestar, y el paro afecta a más de 27 millones de personas.

  Para resolver estas desigualdades, las instituciones de la Unión Europea se plantean lo siguiente para el futuro:
  - Combatir el paro, especialmente el que afecta a los más jóvenes.
  - Fomentar la formación, evitar el abandono escolar y mejorar la enseñanza universitaria.
  - Reducir los 20 millones de personas que están en riesgo de pobreza y exclusión social.

ACTIVIDADES

5 Por grupos, indagad en el portal de la Unión Europea acerca de los siguientes aspectos:

- ¿Cuántos millones de habitantes hay en Europa?
- ¿Aumenta o disminuye la población europea?
- ¿Entre qué valores está la tasa de natalidad?
- ¿Qué valores tiene la tasa de mortalidad europea?
- ¿Aumenta o disminuye la mortalidad? Justifícalo.
- ¿Cómo es la esperanza de vida? ¿Por qué?

A continuación, haced la puesta en común y comparad los resultados.

6 Observa los gráficos de barras de la población y de la superficie en miles de km^2 de la Unión Europea y contesta en tu cuaderno:

- ¿Qué países tienen mayor población? ¿Cuáles tienen menos?
- Los países con mayor población, ¿son los más grandes en extensión?
- ¿Cuánta población tiene en total la Unión Europea?
- ¿Qué país tiene mayor superficie en km^2? ¿Cuál tiene menos?

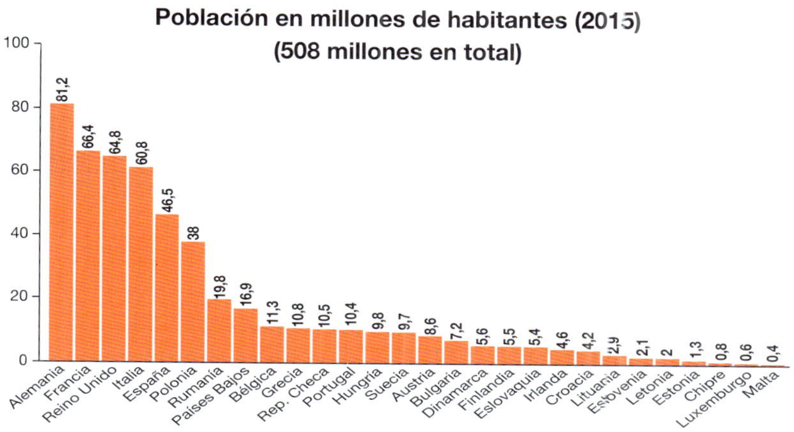

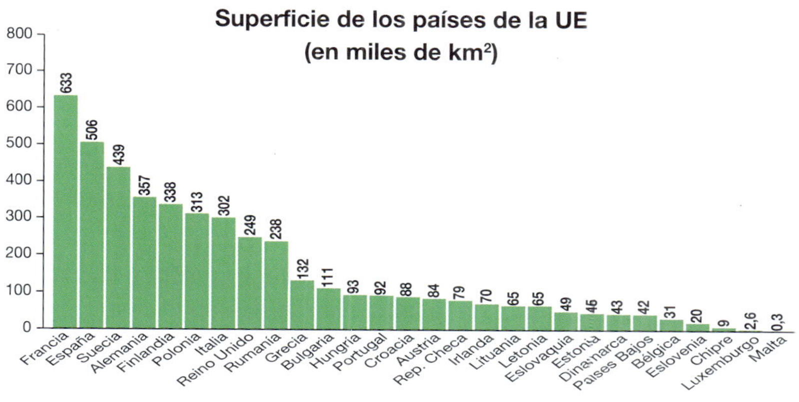

7 Averigua cuáles son las instituciones de la Unión Europea, donde se encuentran y cuáles son las funciones de cada una de ellas. Puedes consultar estas páginas de Internet:

http://europa.eu/index_es.htm

http://europa.eu/publications/slide-presentations/sl des/pdf/eu_in_slides_es.pdf

¿Qué es la literatura?

La literatura (...) es un tesoro infinito de sensaciones, de experiencias y vidas que están a nuestra disposición. Gracias a los libros nuestro espíritu puede romper los límites del espacio y del tiempo, de manera que podemos vivir al mismo tiempo en nuestra propia habitación y en las playas de Troya, en las calles de Nueva York, en las llanuras heladas del Polo Norte, y podemos conocer a amigos tan fieles y tan íntimos como los que no siempre tenemos a nuestro lado pero que vivieron hace cincuenta años o veinticinco siglos. La literatura nos enseña a mirar dentro de nosotros y mucho más lejos del alcance de nuestra mirada. Es una ventana y también un espejo. Quiero decir: es necesaria.

ANTONIO MUÑOZ MOLINA: *La disciplina de la imaginación*. APE.

Óscar Wilde, dramaturgo y novelista inglés, decía sobre la literatura: *"No existen más que dos reglas para escribir: tener algo que decir y decirlo".*

La **literatura** suele definirse como el conjunto de obras escritas pertenecientes a una lengua, a una cultura o a una nación. De ahí que se utilicen designaciones del tipo *literatura inglesa o literatura clásica.* Sin embargo, como habrás podido comprobar tras la lectura del texto de Muñoz Molina, la literatura es *algo más.*

El contexto histórico, social y cultural

Un texto literario ha de entenderse como un acto de comunicación, en el que el **contexto** adquiere especial relevancia. Para interpretar correctamente un texto literario han de tenerse en cuenta estas condiciones:

- Las **circunstancias históricas** que caracterizan el tiempo en que vivió el autor. No se entendería *El Lazarillo* sin conocer la decadencia económica de la segunda mitad del siglo XVI.
- Las **relaciones sociales** propias de la época del escritor y vividas por él. Por ejemplo, no se comprendería la crítica social que aparece en *El Quijote* si no lo ubicáramos en la España de principios del siglo XVII.
- Las **características culturales** transmitidas como valores de una sociedad concreta que pueden cambiar con el paso del tiempo. Así, si no conociéramos aspectos como la difusión oral en la Edad Media, no entenderíamos por qué la historia de *El Cid* está escrita en verso.

En algunos periodos de la historia de la literatura, además, las **ideas filosóficas** y el **avance de la ciencia** también han condicionado el producto literario, como ocurrió en el siglo XIX con las novelas realistas de Benito Pérez Galdós o de Emilia Pardo Bazán y con los cuentos de Leopoldo Alas, *Clarín*.

Jorge Luis Borges, escritor argentino, decía sobre los libros: *"De los diversos instrumentos inventados por el hombre, el más asombroso es el libro; todos los demás son extensiones de su cuerpo... Sólo el libro es una extensión de la imaginación y la memoria".*

ACTIVIDADES

1. Relee el texto inicial y trata de relacionar estos tres enunciados con uno de los textos literarios propuestos: *La literatura es un tesoro infinito de:*

   a) *Sensaciones* b) *Experiencias* c) *Vidas*

Abril venía, lleno
todo de flores amarillas;
amarillo el arroyo,
amarillo el vallado, la colina,
el cementerio de los niños,
el huerto aquel donde el amor vivía.
El sol unjía de amarillo el mundo,
con sus luces caídas;
¡ay, por los lirios áureos,
el agua de oro, tibia;
las amarillas mariposas
sobre las rosas amarillas!

(JUAN RAMÓN JIMÉNEZ, *Poemas májicos y dolientes*)

Me gustas cuando dices tonterías,
cuando metes la pata, cuando mientes,
cuando te vas de compras con tu madre
y llego tarde al cine por tu culpa.
Me gustas más cuando es mi
cumpleaños
y me cubres de besos y de tartas,
o cuando eres feliz y se te nota,
o cuando eres genial con una frase
que lo resume todo, o cuando ríes
(tu risa es una ducha en el infierno),
o cuando me perdonas un olvido.

(LUIS ALBERTO DE CUENCA, *El hacha y la rosa*)

Pero a Daniel, el Mochuelo, le bullían muchas dudas en la cabeza a este respecto. Él creía saber cuanto puede saber un hombre. Leía de corrido, escribía para entenderse y conocía y sabía aplicar las cuatro reglas. Bien mirado, pocas cosas más cabían en un cerebro normalmente desarrollado. No obstante, en la ciudad, los estudios de Bachillerato constaban, según decían, de siete años y, después los estudios superiores, en la Universidad, de otros tantos años, por lo menos. ¿Podría existir algo en el mundo cuyo conocimiento exigiera catorce años de esfuerzo, tres más de los que ahora contaba Daniel? Seguramente, en la ciudad se pierde mucho el tiempo —pensaba el Mochuelo— y, a fin de cuentas, habrá quién, al cabo de catorce años de estudio no acierte a distinguir un rendajo de un jilguero o una boñiga de un cagajón. La vida era así de rara, absurda y caprichosa.

(MIGUEL DELIBES, *El camino*)

2. Muñoz Molina ha utilizado dos metáforas para definir la literatura: "La literatura es una *ventana* y también un *espejo*". ¿Qué crees que quiere expresar el escritor?

3. **Propuesta de expresión**. Organizaos por grupos para elaborar unos carteles con el título *La literatura es...* Decoradlos con fotografías recortadas de revistas que aludan a una definición, elegida entre las siguientes: es un "espejo", es una "ventana", es entretenimiento, es ficción, es fuente de conocimientos, es arte, es un viaje en el tiempo... u otras que se os ocurran. Después, explicad al resto de la clase las sugerencias de vuestro trabajo.

4. **Opina.** Teniendo en cuenta tu experiencia lectora, elige uno de estos temas para dar una opinión personal al respecto: a) El libro es un invento para viajar en el tiempo; b) La literatura es necesaria para el hombre.

AYUDA

La **metáfora** sustituye algo real por una imagen sugerente; por ejemplo, el "ojo" de la cerradura es un agujero. Con esta idea, intenta imaginar en qué medida una ventana o un espejo pueden sugerir realidades abstractas como el concepto de literatura.

El lenguaje literario

¿SABÍAS QUE...?

La **poesía** es el texto literario más elaborado pues a la subjetividad, la riqueza léxica, la imaginación y el lenguaje figurado se suma la búsqueda de la musicalidad y del ritmo.

Cualquier tipo de texto (unas instrucciones, una carta, un diario...) podría ser literario. Todo depende de que quien lo escriba dote a su escrito de los rasgos propios de la lengua literaria.

El escritor utiliza el lenguaje de una forma especial con una **intencionalidad estética:** *llamar la atención del receptor sobre lo que quiere expresar.*

RASGOS DE LA LENGUA LITERARIA

SUBJETIVIDAD

El escritor expresa ideas y sensaciones muy personales, y experiencias que pueden haber sido vividas o no por él.

RIQUEZA LÉXICA

El escritor usa un vocabulario muy rico, llamativo y, a veces, fuera de lo común.

IMAGINACIÓN

A través de las palabras el escritor sugiere al lector otros mundos y se recrea en ambientes que, a veces, no se corresponden con la realidad.

FIGURAS LITERARIAS

El escritor se aleja del lenguaje habitual jugando con el significado de las palabras, con el ritmo, evocando ideas sugerentes. Para ello, hace uso de figuras literarias o recursos expresivos que intensifican, alteran o adornan el mensaje.

AYUDA

En el Anexo de la página 222 puedes consultar las figuras literarias más frecuentes y ejemplos de cada una de ellas.

Las **figuras literarias** más frecuentes son: el símil, la metáfora, la anáfora, el paralelismo sintáctico, la hipérbole, el hipérbaton y la antítesis.

Nuestras vidas son los ríos
que van a dar a la mar
que es el morir
(Jorge Manrique)

Érase un hombre a una nariz pegado,
érase una nariz superlativa.
(Francisco de Quevedo)

¡Los suspiros son aire y van al aire!
¡Las lágrimas son agua y van al mar!
(Gustavo Adolfo Bécquer)

La intención comunicativa del escritor y el lenguaje que utiliza para ello es lo que diferencia a un texto literario de otro que no lo es.

ACTIVIDADES

5 Observa cómo Julio Cortázar elige un asunto cotidiano *—subir una escalera—* para convertirlo en literario dotándolo de humor; ha inventado "instrucciones" para algo que nos resulta intuitivo. Desarrolla tu imaginación inventando en tu cuaderno un texto parecido, inspirado también en alguna acción asidua en tu vida.

Las escaleras se suben de frente, pues hacia atrás o de costado resultan particularmente incómodas. La actitud natural consiste en mantenerse de pie, los brazos colgando sin esfuerzo, la cabeza erguida aunque no tanto que los ojos dejen de ver los peldaños inmediatamente superiores al que se pisa, y respirando lenta y regularmente. Para subir una escalera se comienza por levantar esa parte del cuerpo situada a la derecha abajo, envuelta casi siempre en cuero o gamuza, y que salvo excepciones cabe exactamente en el escalón. Puesta en el primer peldaño dicha parte, que para abreviar llamaremos pie, se recoge la parte equivalente de la izquierda (también llamada pie, pero que no ha de confundirse con el pie antes citado), y llevándola a la altura del pie, se le hace seguir hasta colocarla en el segundo peldaño, con lo cual en éste descansará el pie, y en el primero descansará el pie.

JULIO CORTÁZAR: *Historias de cronopios y de famas.*

6 Imagina que Federico García Lorca, antes de escribir este poema, leyó una noticia en el periódico sobre la muerte de una persona. Inventa tú esa posible noticia leída por el poeta.

Muerto se quedó en la calle
con un puñal en el pecho.
No lo conocía nadie.
¡Cómo temblaba el farol!
Madre.
¡Cómo temblaba el farolito
de la calle!

Era madrugada. Nadie
pudo asomarse a sus ojos
abiertos al duro aire.
Que muerto se quedó en la calle,
que con un puñal en el pecho
que no lo conocía nadie.

FEDERICO GARCÍA LORCA

7 Desarrolla tu imaginación viajando en el tiempo. Escribe una página de un diario personal inventado en el que tú serás el protagonista de algo ocurrido hace muchos años o siglos. Al inicio, indica el día, el mes y el año en que ocurrieron los hechos. En tu narración, atrévete a utilizar algunas figuras literarias como el símil, el paralelismo o la hipérbole.

8 **Propuesta de expresión.** Elige una canción que te guste mucho. Preséntala a tus compañeros y entre todos tratad de reconocer en ella algunas figuras literarias sencillas.

AYUDA

Algunas ideas:
Instrucciones para manejar una cuchara comiendo sopa; para abrir con llave una puerta; para hacer la cama; para preparar la mochila del cole.

AYUDA

Podrás construir una noticia siguiendo estas pautas:
- Un titular que resuma la noticia.
- Un cuerpo con la descripción del acontecimiento ocurrido paso a paso, señalando el momento y el lugar en que ocurre la acción.
- Escríbelo todo en 3.ª persona.

Viajar en el tiempo con la literatura

Desde que las personas han sentido la necesidad de contar, de manifestar sus ideas y expresar sus emociones por escrito podemos decir que se inicia una historia literaria dentro de una cultura y de una lengua.

Los textos literarios más antiguos en castellano son el *Auto de los Reyes Magos,* una brevísima obrita de teatro religioso, y el *Cantar de Mio Cid*, un largo poema épico que narra las hazañas de este héroe durante la Reconquista.

A partir de entonces, la literatura española ha sido riquísima en su viaje por el tiempo. He aquí algunas obras y autores relevantes para aproximarte a nuestro gran patrimonio literario.

El conde Lucanor, de don Juan Manuel y *Libro de Buen Amor,* del Arcipreste de Hila	S. XIII y XIV. Edad Media
La Celestina, de Fernando de Rojas	S. XV. Transición al Renacimiento
El lazarillo de Tormes, anónimo	S. XVI. Renacimiento
La poesía de Garcilaso de la Vega y San Juan de la Cruz	S. XVI. Renacimiento
Don Quijote de la Mancha, de Miguel de Cervantes	S. XVII. Inicios del Barroco
La poesía de Góngora y Quevedo	S. XVII. Barroco
El teatro de Lope de Vega y Calderón de la Barca	S. XVII. Barroco
El sí de las niñas, de L. Fernández de Moratín	S. XVIII. Ilustración
Las rimas y leyendas, de Gustavo Adolfo Bécquer	S. XIX. Romanticismo
Las novelas de Benito Pérez Galdós y los cuentos de Leopoldo Alas, *Clarín*	S. XIX. Realismo
La poesía de Rubén Darío y de Antonio Machado	S. XIX-XX. Modernismo
Platero y yo, de Juan Ramón Jiménez	S. XX. Modernismo
Las novelas de Pío Baroja	S. XX. Generación del 98
La poesía de Federico García Lorca	S. XX. Generación del 27

Pío Baroja (1872-1956) fue uno de los integrantes de la llamada Generación del 98.

A partir de la Guerra Civil (1936-1939), existen numerosas tendencias literarias en las que destacan autores como Camilo José Cela, Miguel Delibes o Antonio Buero Vallejo.

Los géneros literarios

La escritura de textos literarios se manifiesta bajo diferentes formas de expresión que responden a la intencionalidad comunicativa del escritor. Estas diferentes formas de expresión se organizan en diferentes **géneros:**

- **Narrativo,** si el escritor nos cuenta una historia.
- **Lírico**, si el autor expresa sentimientos.
- **Dramático,** si el autor deja que sus personajes nos cuenten una historia y expresen sus sentimientos con la intención de que se represente en un escenario.

¿SABÍAS QUE...?

En ocasiones los límites entre un género literario y otro se cruzan. Por ejemplo, un texto escrito en poesía puede ser narrativo, el *Poema de Mio Cid*, o un texto en prosa puede tener tintes líricos, como *Platero y yo,* de Juan Ramón Jiménez.

ACTIVIDADES

9 Lee con atención estos textos poéticos. Están escritos en épocas muy diferentes; sin embargo, la intención que comunican sus autores se parece bastante. ¿Cuál es la temática de los tres textos? ¿A qué etapa literaria o estilo pertenece cada poema? ¿Por qué crees que se parecen tanto, si son tan lejanos en el tiempo?

Juventud, divino tesoro,
¡ya te vas para no volver!
Cuando quiero llorar, no lloro…
y a veces lloro sin querer.

RUBÉN DARÍO,
Cantos de vida y esperanza, 1905.

¿Qué es nuestra vida
más que un breve día do
apenas sale el sol cuando
se pierde en las tinieblas
de la noche fría?

ANÓNIMO, *Epístola moral a Fabio*, siglo XVII.

Pues si vemos lo presente
cómo en un punto se es ido
y acabado,
si juzgamos sabiamente,
daremos lo no venido
por pasado.
No se engañe nadie, no,
pensando que ha de durar
lo que espera
más que duró lo que vio,
pues que todo ha de pasar
por tal manera.

JORGE MANRIQUE,
Coplas a la muerte de su padre, siglo XV.

10 **Propuesta de expresión.** Convierte una anécdota personal en un texto literario. Escríbela en tu cuaderno y elige un género literario teniendo en cuenta estas breves recomendaciones:

- Para escribir un **texto narrativo,** te centrarás en el acontecimiento que ocurre organizado en un tiempo lineal (lo que ocurre antes, durante y después) y en el espacio en el que tienen lugar los hechos. Elige su protagonista y recuerda escribir sobre él en tercera persona.
- Para escribir un **texto lírico,** has de fijarte más en los sentimientos que en la acción, expresarlos en primera persona y darle forma poética, con verso y, a ser posible, con rima. Añade una entonación especial con admiraciones, interrogaciones…
- Para escribir un **texto dramático,** centrarás tu atención en los personajes que intervienen para que sean ellos los que cuenten los hechos. Deberás indicar sus nombres, para que el lector sepa quién habla y actúa en ese momento. Incluye algunas acotaciones o indicaciones entre paréntesis sobre las posibles entradas o salidas de los personajes.

11 **Opina.** ¡Seguramente conoces más de la literatura de lo que te imaginas! Agrúpate con un par de compañeros y compartid cuentos, poemas, fragmentos narrativos, obras de teatro…, que te han leído o has leído tú mismo. Vuestro profesor o profesora os ayudará a ubicarlos en el tiempo.

Aplica lo aprendido

LENGUA

COMUNICACIÓN

1. Averigua qué elementos de la comunicación intervienen en el siguiente texto:

   Son las siete de la mañana. Es martes. Suena el despertador. Brian se levanta, se asea y, cuando está desayunando, escucha en la radio las señales horarias de las ocho de la mañana. Brian coge su mochila y sale corriendo de su casa.

2. ¿Qué es la intención comunicativa? ¿Qué importancia tiene reconocerla en un acto de comunicación?

GRAMÁTICA

3. Lee el texto y entresaca dos adjetivos, un sustantivo propio, cuatro sustantivos abstractos, un sustantivo colectivo y dos sustantivos contables:

   Viajes en el tiempo, aventura, fantasía, historia. Y todo eso, en una serie española. La idea parecía una locura. "Si hubiera intentado venderla a TVE como una serie de viajes en el tiempo, probablemente no lo habría logrado. Pero cuando leyeron el guion y vieron la emotividad y cotidianeidad que se generaba a partir de eso, gustó". Javier Olivares habla orgulloso de *El Ministerio del Tiempo* (...), la serie que el martes verá la luz en La 1.

   cultura.elpais.com

4. Distingue qué palabras son determinantes y cuáles pronombres en este texto. Clasifícalos en tu cuaderno:

   Rafa Nadal: un joven talento

   A pesar de que a Rafa se le daba mejor la raqueta (a los cuatro años Toni practicaba con él varias horas al día) que el fútbol (no en vano se proclamó campeón infantil de España a los once años y del Mundo a los catorce), atraído por la estela de su otro tío, el futbolista internacional Miquel Ángel Nadal, se entusiasmaba cada vez más por el balompié. Toni cortó de raíz esta indecisión y le conminó a abandonar los estudios en 4.° de ESO para dedicarse en exclusiva al tenis, ante el disgusto materno.

   biografíasyvidas.com

LÉXICO

5. Define en tu cuaderno las palabras *patrimonial* y *cultismo.* ¿Por qué crees que algunas palabras procedentes del latín han evolucionado mucho y otras tan poco?

6. ¿Qué opinas acerca de la incorporación de préstamos en nuestra lengua?

7. Repasa los procesos de creación de neologismos. ¿Cuál crees que es el más recomendable para crear palabras nuevas?

ORTOGRAFÍA

8. Di si son falsos o verdaderos los siguientes enunciados:
   - **a)** La representación de los sonidos en el habla se llaman fonemas.
   - **b)** El fonema /h/ se corresponde con la grafía **h**.
   - **c)** Las diferencias en las palabras *canto* y *cantó* dependen de la escritura de la tilde.
   - **d)** La entonación es fundamental para enriquecer el significado de lo que queremos decir.

HISTORIA

9. Redacta en tu cuaderno un texto de unas quince líneas en el que compares la forma de vida de los romanos y la de los pueblos germánicos.

10. Describe las etapas de la Edad Media y sus características.

11. Identifica los siguientes personajes y escribe en tu cuaderno el siglo en que vivieron: Rómulo Augústulo, Trajano, Constantino, Teodosio, Atila y Carlomagno.

GEOGRAFÍA

12. Explica cuál es la tendencia actual de la población europea.

13. ¿Qué países europeos presentan una mayor densidad de población? ¿Qué factores lo explican?

14. ¿Qué está pasando actualmente en Europa con la llegada de inmigrantes? ¿Por qué y de qué huyen? Argumenta los motivos por los que se debe desarrollar una política migratoria solidaria e integradora.

15. ¿Qué actividades económicas incluye el sector primario? ¿Por qué ocupa a tan pocas personas en Europa?

16. Resume en tu cuaderno el proceso de creación e integración de la Unión Europea.

17. ¿Cuáles son las políticas que desarrolla la Unión Europea respecto a la economía y a la sociedad?

LITERATURA

18. ¿Por qué es importante conocer el contexto antes de leer un texto literario?

19. ¿En cuántos géneros literarios se agrupan las obras literarias? Define brevemente cada uno de ellos.

20. Destaca en esta canción de Cómplices los paralelismos, las hipérboles y las metáforas:

    Es por ti que veo ríos
    donde sólo hay asfalto.
    Es por ti que hay océanos
    donde sólo había charcos.
    Es por ti que soy un duende
    cómplice del viento
    que se escapa de madrugada
    para colarse por tu ventana.

Técnicas de trabajo

Cómo buscar información en Internet

Una biblioteca virtual es aquella que pone a disposición del usuario todo su catálogo de libros a través de Internet. Algunas permiten descargas y otras solo lectura en pantalla.

Las más populares son Gutenberg **(www.gutenberg.org),** para libros en inglés, ICDL, que es la Biblioteca Digital Internacional para Niños **(es.childrenslibrary.org)** y Cervantes Virtual **(www.cervantesvirtual.com).**

Para consultar libros en cualquier idioma y archivos gráficos y audiovisuales se puede consultar Universia **(biblio.universia.es)** y la Biblioteca Digital Mundial **(www.wdl.org/es)** que permiten visualizar manuscritos, libros raros, mapas...

Entre las ventajas que pueden tener estas bibliotecas frente a las tradicionales, destaca la rapidez en la localización y lectura de un libro. Por ejemplo, si queremos leer el primer acto de *La Celestina,* basta con escribir en un buscador «Cervantes virtual la Celestina».

Seleccionamos la página propuesta y nos remite a la obra. Aparecerá un índice con el que acceder a cualquier parte del libro. Si nos interesan otras ediciones o estudios sobre la obra, lo aconsejable es acceder a «Literatura» desde la página principal de la biblioteca y en el pequeño buscador que aparece a la derecha de la pantalla escribimos: *La Celestina Fernando de Rojas.* Hacemos clic en «Ir» y después seleccionamos el libro deseado.

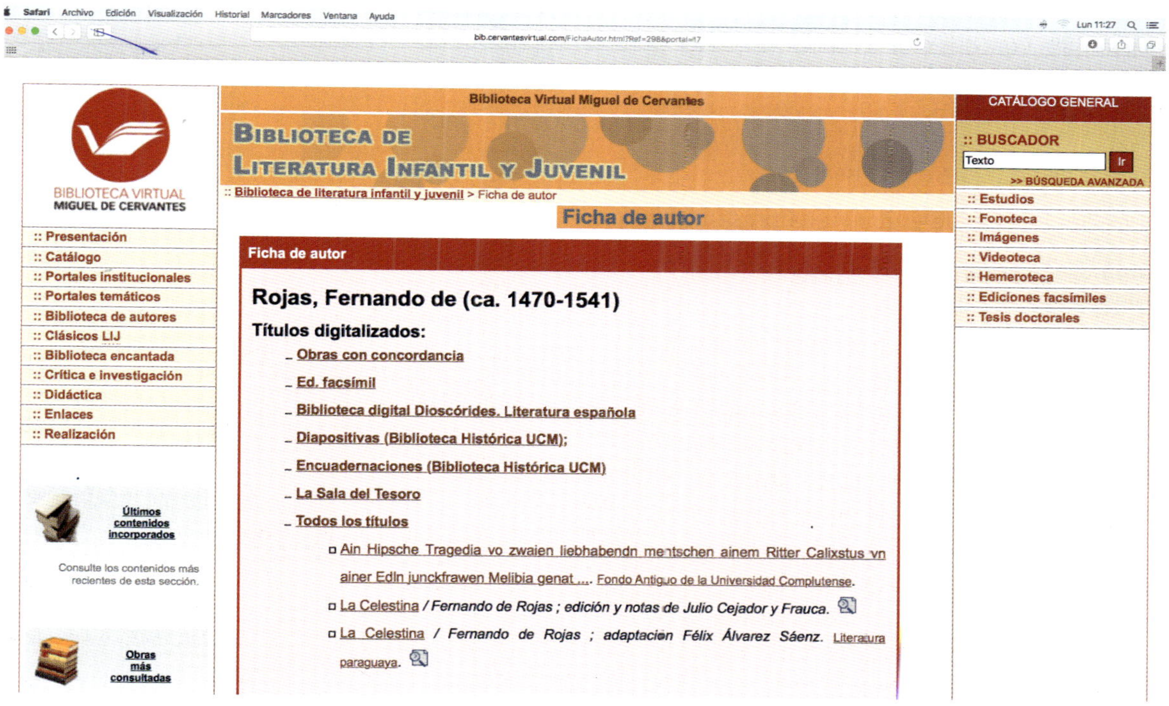

- **La enciclopedia virtual.** Es la que se ofrece en Internet como un servicio gratuito o de pago. Se accede a ella a través de un navegador. Es rápida de manejar y fácil de actualizar. Una ventaja de esta enciclopedia es que puede remitirte a otro tipo de información. Son numerosas, pero muchas de ellas se construyen con la colaboración de múltiples usuarios de todo el mundo, por lo que se hace necesario contrastar la información que contienen. Una de las más utilizadas es artehistoria **(www.artehistoria.com)** sobre el arte y la cultura en español.
- **El diccionario on-line.** Tiene las mismas características que la enciclopedia virtual. Permite conocer el significado de una palabra, sus sinónimos, antónimos, etc., y, en el caso de los diccionarios traductores, traducirla a otros idiomas. El diccionario que sirve de referencia habitual a los españoles es el que difunde la RAE **(www.rae.es)** que, entre otras cosas, aporta total fiabilidad acerca de los contenidos y su actualización.

Proyecto final

Un viaje en el tiempo por la Europa medieval

Vamos a realizar un viaje en el que visitaremos tres lugares concretos:

- Viajaremos a Dinamarca, el país de los vikingos, para encontrar el mayor cementerio normando descubierto hasta el momento, en Aalborg.
- Visitaremos la abadía medieval rodeada por las aguas de la marea alta, en las costas de Francia, en el Mont Saint Michel.
- Conoceremos la capilla palatina de Aquisgrán, en Alemania, mandada construir por Carlomagno para utilizarla como oratorio.

- **Objetivo**: realizar un mural para conocer y disfrutar de algunas manifestaciones culturales e históricas del medievo europeo.
- **Recursos mínimos**: cartulinas, rotuladores, un mapa de Europa, conexión a Internet.
- **Condiciones**: trabajo en grupos de tres a cinco personas.

Organización del trabajo: tres reuniones de grupo y una presentación oral.

1. Primera reunión de grupo. Cada grupo elige uno de los tres temas. Si no hay acuerdo, se sorteará. En cada grupo se **distribuye la tarea** entre sus miembros: ¿quién hace qué?
   - Localizar el lugar sobre el mapa de Europa, dibujado o impreso.
   - Pegar una foto o dibujar el monumento al que se refiere, señalando algunos elementos relevantes.
   - Diseñar el mural: poner el título, distribuir los elementos y elegir los tipos de letra.
   - Buscar personajes y leyendas relacionados con estos lugares.
   - Investigar acerca de la música propia del lugar y sobre la cultura. Aportar el soporte adecuado para escuchar la música y visualizar los aspectos culturales.
2. Segunda reunión de grupo. Disponer de ordenadores con conexión a Internet para **la recogida de datos** curiosos de estos lugares:
   - Su antigüedad, su funcionalidad, si hay un centro de interpretación para visitantes, etc.
   - Lo que cuesta visitar el lugar, cuántos visitantes recibe al año, cómo acceder...
   - ¿Qué ciudades se encuentran cerca? ¿Qué otros lugares se pueden visitar?
   - Preparar la banda sonora que se oirá durante la exposición oral del trabajo de grupo, sin olvidar señalar su autor, los instrumentos utilizados, y cualquier otro dato de interés.
3. Tercera reunión de grupo. **Elaboración del mural** con el material seleccionado y el diseño elegido: mapas, imágenes, títulos, curiosidades. Utilizad entradas o títulos del tipo: ¿sabías que...?, ¿cómo llegar a...? O bien ¿qué hacer en...?
4. Presentación oral en común. Los grupos tendrán diez minutos para exponer su trabajo, utilizando todos los materiales y recursos que han empleado en la realización del mural.
5. Valoración final. Una vez expuestos todos los trabajos, los grupos decidirán a cuál de los tres lugares les gustaría viajar y por qué.

2 Aprende a organizarte

Para empezar

1. ¿Qué representa la fotografía? Haz la descripción de lo que aparece en ella.
2. Para poder vivir en una isla desierta, es necesario organizarse bien, planificar lo que se va a hacer procurando dar prioridades. Da razones convincentes a tus compañeros y compañeras que hagan ver que esa afirmación es real.
3. Busca la palabra *organizar* en el diccionario y comenta cuál es el significado más apropiado para lo que se ha planteado en la actividad anterior.

Propuestas lúdicas

4. Imaginad que sois los únicos supervivientes de un naufragio. Habéis llegado a esta isla con la marea, la cual ha arrastrado también algunos restos del barco: un baúl y algunas maderas.

   Planificad cómo serían las próximas tres semanas teniendo en cuenta estas fases: reconocimiento de la isla, búsqueda de alimentos y agua, organización del trabajo, lugar y forma de vida, respuesta ante posibles enemigos, posibilidades de rescate…

   Contenido del baúl recuperado:

   Una cuerda de 50 metros, una caja de 100 cerillas, un rifle y munición, un bote de pintura blanca, 25 litros de leche, dos cajas de galletas (50 raciones), un botiquín con los productos básicos, unas tijeras y un hacha.

   Conocidas las pertenencias de que disponéis, poned en común las estrategias para su uso y argumentad con cuáles tenéis más posibilidades de sobrevivir.

Daniel Defoe

Escritor y periodista inglés (1660-1731). Su novela *Robinson Crusoe* estuvo inspirada en un caso real: la historia del naufragio de un marinero escocés. También es autor de *Moll Flanders,* una novela picaresca, inspirada en la vida de una mujer solitaria. Los argumentos y la plasticidad que presentan ambas novelas han contribuido a su adaptación al cine.

Vivir en lugar seguro

Me di cuenta enseguida de que el sitio donde me encontraba no era el mejor para instalarme, pues estaba sobre un terreno pantanoso y bajo, muy próximo al mar, que no me parecía adecuado, entre otras cosas, porque no había agua fresca en los alrededores. Así, pues, decidí que me buscaría un lugar más saludable y conveniente.

Procuré que el lugar cumpliera con ciertas condiciones indispensables: en primer lugar, sanidad y agua fresca, como acabo de mencionar; en segundo lugar, resguardo del calor del sol; en tercer lugar, protección contra criaturas hambrientas, fueran hombres o animales; y, en cuarto lugar, vista al mar, a fin de que, si Dios enviaba algún barco, no perdiera la oportunidad de salvarme, pues aún no había renunciado a la esperanza de que esto ocurriera.

Mientras buscaba un sitio propicio, encontré una pequeña planicie en la ladera de una colina. Una de sus caras descendía tan abruptamente sobre la planicie, que parecía el muro de una casa, de modo que nada podría caerme encima desde arriba. En la otra cara, había un hueco que se abría como la entrada o puerta de una cueva, aunque allí no hubiese, en realidad, cueva alguna ni entrada a la roca.

Decidí montar mi tienda en la parte plana de la hierba, justo antes de la cavidad. Esta planicie no tenía más de cien yardas de ancho y casi el doble de largo y se extendía como un prado desde mi puerta, descendiendo irregularmente hasta la orilla del mar. Estaba en el lado nornoroeste de la colina, de modo que me protegía del calor durante todo el día, hasta que el sol se colocaba al sudoeste, lo cual, en estas tierras, significa que está próximo a ponerse.

Antes de montar mi tienda, tracé un semicírculo delante de la cavidad, de un radio aproximado de diez **yardas**[1] hasta la roca y un diámetro de veinte yardas de un extremo al otro. En este semicírculo, enterré dos filas de estacas fuertes, hundiéndolas por un extremo en la tierra hasta que estuvie-

Robinson Crusoe acompañado de su amigo indígena Viernes, al que llama así porque le había conocido ese día.

[1] **Yarda:** medida inglesa de longitud equivalente a 91'44 cm o 3 pies.

ran firmes como pilares, de manera que, sus puntas afiladas sobresalieran cinco pies y medio desde el suelo. Entre ambas filas no había más de seis **pulgadas**[2]. Entonces tomé los trozos de cable que había cortado en el barco y los coloqué, uno sobre otro, dentro del círculo, entre las dos filas de estacas hasta llegar a la punta. Sobre estos, apoyé otros palos, de casi dos **pies**[3] y medio de altura, a modo de soporte. De este modo, construí una verja tan fuerte, que no habría hombre ni bestia capaz de saltarla o derribarla. Esto me tomó mucho tiempo y esfuerzo, en particular, cortar las estacas en el bosque y clavarlas en la tierra.

Para entrar a este lugar, no hice una puerta, sino una pequeña escalera para pasar por encima de la empalizada. Cuando estaba dentro, la levantaba tras de mí y me quedaba completamente encerrado y a salvo de todo el mundo, por lo que podía dormir tranquilo toda la noche, cosa que, de lo contrario, no habría podido hacer, aunque, según comprobé después, no tenía necesidad de tomar tantas precauciones contra los enemigos a los que tanto temía.

DANIEL DEFOE: *Robinson Crusoe*. Bruño.

[2] **Pulgada:** medida inglesa de longitud que equivale a 2'54 cm.

[3] **Pie:** medida inglesa de longitud que equivale a 30'48 cm o 12 pulgadas.

ACTIVIDADES

1. ¿Por qué decidió Crusoe buscar un nuevo lugar para vivir?
2. ¿Cómo es el lugar que busca? ¿Qué condiciones se plantea el náufrago?
3. El protagonista ya ha elegido un lugar en el cree vivir seguro. ¿Qué información te ayuda a imaginarlo? ¿El autor utiliza comparaciones o símiles?
4. Destaca algunos rasgos de la personalidad de Crusoe que demuestren que es una persona bastante organizada.
5. ¿Por qué el náufrago dice, al final del texto, que no tenía necesidad de haber tomado tantas precauciones?
6. ¿Crees que en este fragmento predomina la narración de acciones o la descripción de personas, cosas o lugares? Justifica tu respuesta.
7. Robinson Crusoe es quizás el náufrago más famoso de la literatura universal. ¿Conoces a otros?

Propuestas de expresión

8. Relee el texto y, con ayuda de algunos compañeros, dibuja cómo crees que es el lugar elegido por Crusoe.
9. Comparte con otros compañeros tu conocimiento sobre el tema. En grupos pequeños, proponed títulos de películas y de novelas protagonizadas por personas que se ven en la necesidad de sobrevivir. Después podéis presentarlas al resto de la clase.

Opina

10. Implícate en compartir tus ideas: ¿crees que merece la pena invertir tiempo y esfuerzo para organizarse bien antes de iniciar un proyecto? Prepara un texto escrito; podrás aportar algunos ejemplos personales. Después, léelo a tus compañeros.

RECUERDA

Un **símil** es una figura literaria que permite comparar un término de la realidad con otro imaginario.

¿SABÍAS QUE...?

Los textos narrativos son bastante *heterogéneos* pues a la narración suele acompañarle la descripción y el diálogo.

Narrar

Un **texto narrativo** es aquel en el que su emisor relata acontecimientos reales o ficticios que les suceden a unos personajes y se desarrolla en un espacio concreto y en un tiempo determinado.

En la narración intervienen, por tanto, los siguientes elementos:

- Los **acontecimientos** o hechos en los que se centra la narración.
- El **narrador** o persona que relata los hechos desde un determinando punto de vista.
- Los **personajes** que protagonizan o secundan los hechos narrados.
- El **tiempo** que dura o evoca la narración.
- El **espacio** o lugar donde se llevan a cabo los hechos.

Tipos de textos narrativos

La narración forma parte de nuestra vida diaria.

- Narramos de forma oral cuando contamos el argumento de una *película,* un *chiste* o una *anécdota* que nos ha sucedido recientemente.
- Narramos cuando escribimos una *carta* o mandamos un *mensaje*.
- Muchas *noticias* del periódico, de la televisión, de la radio y de Internet narran, de manera organizada, ciertos sucesos.
- Algunos *anuncios publicitarios* también desarrollan breves historias narrativas.

La estructura de un texto narrativo

La estructura sencilla de un texto narrativo suele tener estas partes:

- **Planteamiento o introducción:** situación inicial en que se presenta al personaje central y se van situando los hechos en un espacio y en un tiempo concreto.
- **Nudo o desarrollo:** en él se suceden las acciones y la intriga, si la hay.
- **Desenlace o conclusión:** momento en que se resuelven los problemas que han dado lugar a la intriga.
- **Situación final:** presenta el nuevo estado de la situación tras el desenlace.

Cómo se escribe un texto narrativo

Para escribir un texto narrativo han de organizarse todas las ideas con coherencia. Antes de escribir se puede preparar la narración en un **borrador** siguiendo estos pasos:

1. Pienso en varias ideas para una historia interesante.
2. Selecciono los hechos más relevantes en torno a esa historia.
3. Los organizo cronológicamente en un guión.
4. Decido qué hechos son más o menos relevantes.
5. Imagino unos personajes y elijo quién contará la historia.
6. Selecciono el tiempo de la narración (presente o pasado).
7. Sitúo los hechos en un lugar y una época concretos.
8. Incluyo pequeños fragmentos dialogados o descriptivos.
9. Releo el escrito y lo corrijo.

En ocasiones, el escritor opta por un protagonista múltiple (un pueblo entero, una comunidad concreta) donde las personas individuales se desdibujan y es el colectivo el centro de acción. *La colmena,* de Camilo José Cela, es el ejemplo más claro.

ACTIVIDADES

1 Lee esta noticia periodística. Explica por qué es un texto narrativo, analizando cada uno de sus elementos y las partes de su estructura.

Un autodidacta portugués en apuros económicos gana 10.000 euros y un trabajo en un concurso televisivo

El programa *¿Quién quiere ser millonario?* ha cambiado la vida de Sergio Silva, un portugués de 36 años que ganó 10.000 euros y sorprendió al público luso con sus conocimientos adquiridos de forma autodidacta y con su dramática historia.

Comparte casa con doce personas, entre ellas, su primo autista de 25 años, al que cuida y con quien comparte habitación. Visita todas las tardes a su madre, interna en una residencia por su enfermedad de osteoporosis, que la mantiene en silla de ruedas. Sergio casi no tiene estudios, tuvo que dejarlos tras un grave accidente en moto, y además tiene una enfermedad rara. Su sed de aprendizaje le llevó a conocimientos de informática y de tres idiomas, y sin pasar por la universidad. Lleva años en el paro y pasa los días entre redes sociales, no solo para ver las novedades de sus amigos, sino para jugar a concursos de cultura general. Así ganó experiencia y se presentó al concurso *¿Quién quiere ser millonario?*

La primera impresión ante las cámaras era la de un chico tímido. Pero Sergio sorprendió con su cultura. La primera pregunta del concurso era facilita, *¿cuál es la fórmula molecular del agua?* Sergio no sólo no dudó en la respuesta, H2O, sino que además explicó el significado de las otras fórmulas. Es lo que fue haciendo con cada pregunta. En los 500 euros supo decir que el alternador es la parte mecánica del automóvil que mantiene la batería cargada mientras funciona. Y así sucesivamente. La pregunta de los 10.000 fue cuál es el nombre del martillo utilizado por Thor, dios del trueno en la mitología nórdica, y Sergio no dudó en responder: *Mjolnir*. Cierto es que no llegó a conseguir los 100.000 euros del concurso, pero enseguida su éxito comenzó a tener sus frutos.

Después de la retransmisión del concurso por la televisión pública, a la redacción de la RTP le llovían las llamadas de apoyo a Sergio: una invitación a París para conocer el Museo de la Ciencia, una beca para estudiar en la Universidad de Alberta, un trabajo como camarero en un restaurante en el centro de Lisboa... Con los 10.000 euros del premio, Sergio compró comida, libros y un ordenador a su primo autista le regaló un DVD porque "así puede ver sus películas favoritas". Y con su nuevo puesto de trabajo espera poder alquilar una casa.

(Adaptado de *elmundo.es*, 3 octubre 2015)

2 Documéntate sobre alguno de estos asuntos y escribe diez líneas resumiendo los acontecimientos narrativos que desarrollan.

- la película *Náufrago.*
- la vida de Pau Gasol.
- el diario de Ana Frank.
- el anuncio de la Lotería de Navidad de 2015.

3 **Propuesta de expresión.** ¿Recuerdas alguna anécdota graciosa de tu infancia? Cuéntala a tus compañeros, aunque primero conviene que la prepares por escrito considerando los pasos recomendados.

¿SABÍAS QUE...?

La **organización** de las ideas es indispensable para escribir un buen texto. La improvisación, el desorden, las ambigüedades, las incorrecciones gramaticales... hacen que el texto sea incoherente y que el lector pierda interés.

TIC

Para la documentación del ejercicio 2.
Películas: www.filmaffinity.com
Biografías: www.biografíasyvidas.com
Sobre Ana Frank: www.annefrank.org
Anuncios: www.youtube.com

Las palabras (II)

El verbo

El **verbo** es la palabra que expresa la acción, el estado o el proceso que realiza un sustantivo o un pronombre.

Se clasifica morfológicamente en tres conjugaciones:

–ar (primera conjugación, *am**ar***)
–er (segunda, *tem**er***)
–ir (tercera, *part**ir***)

Las **formas personales** del verbo son muy variables porque contienen *desinencias* o *morfemas flexivos,* que aportan indicaciones gramaticales de:

- **Persona:** primera *(canto, cantamos),* segunda *(cantas, cantáis)* y tercera (canta, cantan).
- **Número:** indica si la persona es singular *(canto)* o plural *(cantamos).*
- **Tiempo:**
  - **Presente:** expresa que la acción se realiza en el mismo momento de hablar *(amo).*
  - **Pasado o pretérito:** expresa que la acción se ha realizado con anterioridad al momento en el que se habla *(amaba, amé).*
  - **Futuro:** expresa que la acción se va a realizar con posterioridad al momento en el que se habla *(amaré).*
- **Modo:** refleja la actitud del hablante.
  - **Indicativo:** muestra objetividad porque se enuncia algo real *(Hoy leeré).*
  - **Subjuntivo:** muestra subjetividad porque expresa deseo o posibilidad *(Tal vez hoy lea).*
  - **Imperativo:** da órdenes o ruegos *(Lee, que te vendrá bien).*
- **Aspecto:** indica si la acción ha concluido o no.
  - **Perfecto:** acción concluida *(Ayer cené una rica ensalada).*
  - **Imperfecto:** no sabemos con exactitud cuándo concluyó la acción *(Mi abuelo cenaba mientras veía la tele).*

Formas simples y compuestas

Las **formas simples** se forman con la raíz verbal y sus desinencias *(canto, escribo).* Las **formas compuestas** se forman con el verbo *haber* como auxiliar, conjugado, y el participio del verbo en cuestión *(he cantado, había escrito).*

Formas no personales

Son el infinitivo simple *(amar, temer, reír),* el infinitivo compuesto *(haber amado, haber temido, haber reído),* el gerundio simple *(amando, temiendo, riendo),* el gerundio compuesto *(habiendo amado, habiendo temido, habiendo reído)* y el participio *(amado, temido, reído).*

La voz activa y la voz pasiva

La **voz activa** indica si el sujeto realiza la acción *(amaré, temí)* y la voz activa si la recibe *(seré amado, fui temido).* La **voz pasiva** es una forma compuesta del verbo cuyo verbo auxiliar es el verbo *ser.*

¿SABÍAS QUE...?

Los verbos **irregulares** son aquellos en los que, al conjugarse, se modifica la raíz o lexema: *era, somos, fuimos...* pertenecen al verbo *ser.*
Los verbos **defectivos** son los que carecen en su conjugación de algunos tiempos o personas: *abolir, acaecer, llover, nevar, soler.*

Isabel **ha instalado** *en su casa todo un estudio de sonido,* expresa acción reciente; sin embargo, ***instaló*** remite a un pasado más lejano en el tiempo del momento de hablar.

¿SABÍAS QUE...?

Debido a la irregularidad de ciertos verbos, son frecuentes algunos **vulgarismos:** *dijistes** por *dijiste; conducieron** por *condujeron; yeron** por *fueron; andé** por *anduve.*

ACTIVIDADES

1 Observa cómo han desaparecido los verbos en este texto. Reconstrúyelo en tu cuaderno colocando los verbos oportunos:

Para * * * * el rendimiento * * bueno organizarse. Después de la clase, * * * cinco minutos para * * * lo que se * * * * en clase, * * * las explicaciones del profesor y * * * * los ejercicios. Después, * * * * * una lista con los deberes y * * * * * cuáles te * * * * * más tiempo. * * * * siempre por lo más difícil.

2 Identifica los verbos que aparecen en el siguiente texto, agrúpalos en pasado, presente y futuro, averigua a qué conjugación pertenecen y escribe sus formas no personales:

—¡Ay! —dijo el ratón—. El mundo se hace cada día más pequeño. Al principio era tan grande que le tenía miedo. Corría y corría y por cierto que me alegraba ver esos muros, a diestra y siniestra, en la distancia. Pero esas paredes se estrechan tan rápido que me encuentro en el último cuarto y ahí, en el rincón, está la trampa sobre la cual debo pasar.

—Todo lo que debes hacer es cambiar de rumbo —dijo el gato. Y se lo comió.

3 Coloca una forma verbal personal donde encuentres un infinitivo. Después, interpreta el contenido de este cuento.

—Un hombre del pueblo de Neguá, en la costa de Colombia, PODER subir al alto cielo. A la vuelta, CONTAR. DECIR que CONTEMPLAR, desde allá arriba, la vida humana. Y DECIR que SER un mar de fueguitos.

—El mundo SER eso —REVELAR—. Un montón de gente, un mar de fueguitos. Cada persona BRILLAR con luz propia entre todas las demás. No HABER dos fuegos iguales. HABER fuegos grandes y fuegos chicos, y fuegos de todos los colores. HABER gente de fuego sereno, que ni ENTERARSE del viento, y gente de fuego loco, que LLENAR el aire de chispas. Algunos fuegos, fuegos bobos, no ALUMBRAR ni QUEMAR; pero otros ARDER la vida con tantas ganas que no se PODER mirarlos sin parpadear, y quien ACERCARSE, se ENCENDER.

J. C. CARRIÈRE: *El círculo de los mentirosos*. Círculo de Lectores.

4 Analiza la información gramatical que aportan los morfemas flexivos en estos verbos: *escribiremos, recuerdo, merecíais, he compartido, organizad, vivió*. Organiza la información siguiendo este orden:

persona – número – tiempo – modo – simple/compuesta – conjugación

5 Lee este fragmento y explica con tus propias palabras por qué conocer gramaticalmente al verbo es tan importante.

—No lo olvides nunca, Manolito, nunca: lo primero es el verbo, siempre el verbo. Todo está en el verbo. De él sale todo lo demás. El sujeto, los complementos, el sentido entero de la frase. Tienes que dirigirte a él, saludarlo, preguntarle educadamente por su familia, ¿cómo está su sujeto?, ¿qué tal sus complementos?, ¿de qué tiempo y de qué persona viene usted vestido hoy?, ¿no será usted irregular? Si eres fino y cortés, él te dirá todo lo que sabe, que es mucho...

LUIS LANDERO: *Entre líneas: el cuento o la vida*. Tusquets.

AYUDA

Escribiremos: Primera persona del plural del futuro simple del modo indicativo del verbo "escribir" de la tercera conjugación.

¿SABÍAS QUE...?

Muchos adverbios proceden de adjetivos femeninos en singular a los que unimos la terminación *-mente (rápida,* ***rápidamente;*** *curiosa,* ***curiosamente).***

El adverbio

Es la palabra que informa acerca de las diversas circunstancias en que se realiza una acción verbal:

Vivo ***cerca*** *del colegio pero alguna vez he llegado* ***tarde.*** *Cuando toca el timbre, corro* ***mucho*** *para subir* ***rápidamente*** *las escaleras;* así, *si llego* ***pronto,*** *no me castigarán* ***luego.***

Los adverbios pueden ser:

- De **tiempo:** *ahora, entonces, cuando, hoy, pronto, tarde, luego, mañana...*
- De **lugar:** *aquí, allí, allá, acá, cerca, lejos, dentro, donde...*
- De **modo:** *así, lentamente, mal, como, bien...*
- De **cantidad:** *poco, muy, mucho, bastante, demasiado, todo, nada...*
- De **afirmación:** *sí, también...*
- De **negación:** *no, jamás, nunca, tampoco...*
- De **duda:** *quizá (quizás), posiblemente, seguramente...*
- **Interrogativos y exclamativos:** *cómo, cuándo, dónde, cuánto.*

La preposición

La **preposición** es una palabra que carece de significado léxico pero sirve de enlace entre unas palabras y otras:

Caminaremos hacia ese lugar para llegar a la casa de María.

Las preposiciones son:

A, ante, bajo, con, contra, de, desde, durante, en, entre, hacia, hasta, mediante, para, por, según, sin, sobre y *tras.*

La conjunción

La **conjunción** es una palabra que carece de significado léxico pero sirve de nexo para relacionar unas palabras con otras o unas oraciones con otras.

Las conjunciones más frecuentes son:

- **Y/e, ni:** *copulativas* (Organízate **y** lo agradecerás; no se organiza **ni** se esfuerza).
- **O/u:** *disyuntivas* (Organízate mejor **o** lo pasarás mal).
- **Pero:** *adversativa* (Tienes buenas ideas **pero** no sabes organizarlas bien).
- **Que:** *completiva* (Espero **que** sepas organizarte un poquito mejor).
- **Porque:** *causal* (Organizarse es bueno **porque** da resultados geniales).
- **Si:** *condicional* (Todo irá mejor **si** aprendes a organizarte).
- **Aunque:** *concesiva* (**Aunque** te organizas bien, te falta aún experiencia).
- **Conque:** *consecutiva* (Es bueno aprovechar el tiempo, **conque** organízalo mejor).

La interjección

Las **interjecciones** son pequeñas oraciones exclamativas, aunque su forma es la de una palabra. Al enunciarlas, el hablante expresa un mensaje muy vivo y mucho más amplio que el de la propia palabra que lo representa: *¡oh!, ¡ah!, ¡eh!, ¡ay!, ¡socorro!, ¡hola!...*

Locuciones

Son grupos de palabras que utilizadas conjuntamente equivalen a un sustantivo *(fin de semana),* un determinante *(un montón de),* un adjetivo *(sano y salvo),* un verbo *(echar a perder),* un adverbio *(en un santiamén),* una preposición *(encima de),* una conjunción *(a pesar de que).*

La capacidad expresiva de la interjección hace que sea un elemento esencial en los cómics, cuya finalidad es transmitir emociones y sentimientos de forma muy viva.

ACTIVIDADES

6 Lee este texto y reflexiona sobre él. Luego, escribe en tu cuaderno los adverbios que encuentres, clasifícalos y escribe la acción que modifican:

Un caracol subía lentamente por el tronco de un cerezo. Era febrero, o quizás marzo. El caracol se encontró entonces con un insecto que le dijo:

—Pero, ¿dónde vas?, ¡todavía no es temporada!, ¡no hay cerezas aún en el árbol!

—Las habrá cuando llegue —contestó el caracol sin detenerse.

7 Completa en tu cuaderno las siguientes oraciones con la preposición que creas adecuada:

Iremos (...) el camino señalizado. (...) esta manera llegaremos paseando (...) la casa de Juan. (...) allí no se verá el mar; así que bajaremos (...) un sendero que nos conducirá (...) él. Pasaremos un buen día ya que la borrasca se dirige (...) el sur. Antes (...) anochecer regresaremos (...) el mismo camino.

8 Completa en tu cuaderno las siguientes oraciones con la conjunción que creas conveniente:

No han venido (...) han llamado.

Este traje te queda bien, (...) este otro es más bonito.

Enfermarás (...) no te alimentas bien.

Llueve mucho, (...) coge el paraguas.

Coge el paraguas (...) llueve mucho.

María dijo (...) llegaría tarde.

¿Estudias (...) trabajas?

9 Si tuvieras que dar más expresividad a estos enunciados, ¿qué interjecciones les añadirías?

¡Estamos encerrados en el ascensor!

Si puedo, lo dejo para más tarde, o no lo hago.

¡Es realmente bueno este trabajo!

Casi me caigo.

¿Me escuchas o no?

10 Escribe enunciados con cada una de las locuciones que hemos puesto de ejemplos en esta lección.

11 Ahora que ya has conocido todas las palabras de tu lengua, atrévete a solucionar el siguiente enigma. Primero tendrás que ordenar todas las grafías dentro de cada palabra; después, intenta ordenar todas las palabras dentro de la oración:

Is res máticagra al tidadiver lararim depue noc ciagra mosbesa.

AYUDA

En algún caso, te servirá más de una conjunción:

*No han venido **ni** han llamado.*

*No han venido **pero** han llamado.*

Dependerá de lo que quieres decir.

La formación de las palabras

La palabra es una unidad lingüística dotada de significado que puede dividirse en unidades significativas más pequeñas llamadas **monemas**.

- MONEMAS
  - LEXEMAS
  - MORFEMAS
    - FLEXIVOS
    - DERIVATIVOS
      - PREFIJOS
      - SUFIJOS

Lexema: base o raíz de la palabra que aporta el significado léxico.

Morfemas flexivos: unidades que dan información de género y número (en los sustantivos y en los adjetivos) y de persona, número, tiempo, modo y aspecto (en los verbos).

Morfemas derivativos: se utilizan para crear palabras derivadas. Son **prefijos** si se colocan antes del lexema y modifican su significado. Son **sufijos** si van detrás del lexema y suelen cambiar su categoría gramatical original.

Observa cómo se organizan todos los **monemas** en la palabra *repatriados* derivada del sustantivo *patria:*

Re	+ patri +	ad	+ o +	s
Prefijo	Lexema	Sufiijo	Flexivo	Flexivo
("volver a")	("patria")	(cambia a adjetivo)	(Género Masc.)	(Número plural)

Clases de palabras

Por la organización interna que presenta la forma de una palabra, pueden ser:

Simples: formadas solo por un lexema.

LEXEMA

"moral", "sacar", "corcho"

Derivadas: formadas por la unión de prefijos y sufijos a un lexema

LEXEMA + SUFIJO	PREFIJO + LEXEMA	PREFIJO + LEXEMA + SUFIJO
"moralidad", corchera"	"inmoral"	"inmoralidad"

Compuestas: formadas por la unión de dos o más lexemas.

LEXEMA + LEXEMA

"sacacorchos"

Cualquiera de estas palabras puede llevar, además, **morfemas flexivos**: internacionales; peceras; deseosa; descontentos

Otros procedimientos de formación de palabras

Siglas: palabras formadas por las iniciales de varias palabras (ONU, IES, ESO).

Acrónimos: palabras formadas con parte de una palabra y parte de otra (informática, emoticono) o que proceden de antiguas siglas que hoy se escriben como una palabra (nailon, tergal, láser, sida, ovni, radar).

Acortamientos: palabras nuevas formadas por la pérdida de sílabas de la palabra original (bus, metro, zoo, radio, moto, foto...).

PRINCIPALES PREFIJOS

a-, an-, ante-, co-, con-, com-, contra-, de-, des-, entre-, ex-, extra, hiper-, hipo-, in-, infra-, inter-, intra-, pos-, post-, pre-, pro-, re-, retro-, sobre-, sub-, super-, supra-, trans-, tras-, ultra-

PRINCIPALES SUFIJOS

-al, -ar, -ada, -ado, -adura, -aje, -ano, -ancia, -ante, -anza, -ario, -ble, -ción, -dad, -dero, -dizo, -dor, -duría, -edo, -ense, -erío, -ería, -era, -ez, -eza, -ía, -iento, -il, -ino, -ismo, -ista, -izo, -mento, -ón, -or, -oso, -tivo, -torio, -udo, -uno, -ura

¿SABÍAS QUE...?

Todas las palabras que tienen en común su lexema pertenecen a la misma **familia léxica:** tierra, enterrar, desenterrar, enterrador, terrestre, subterráneo, extraterrestre, terráqueo, terrario...

ACTIVIDADES

1. Añade a las siguientes palabras morfemas flexivos de género y de número: *especial, marroquí, cocinero, café, lunes, verdad, altar, taxista, soldado.* En algunas de estas palabras no habrás podido utilizar morfemas flexivos. ¿Cómo sabremos, entonces, cuáles son su género y su número?

2. Aprende a derivar sustantivos de estos adjetivos utilizando los sufijos:

   -ura, -ez, -eza, -idad, -edad, -tud

   activo, blanco, amplio, duro, cómodo, débil, triste, pequeño, hermoso, serio

3. Descubre qué verbos derivan de estas palabras: *mejor, blanco, pedal, cepillo, lesión, amargo, atraso, amarillo.*

4. Añade el prefijo que consideres adecuado para uno de estos lexemas. Con ayuda del diccionario explica el significado de la palabra resultante:

   Extra – Pre – Entre – Inter – Co – Ex – Re – Tras

   tienda – ordinario – suelo – escolar – venir – ministro – operar – escribir

5. Distingue los lexemas que forman estas palabras compuestas. Nombra la categoría gramatical de cada lexema, así como la de la palabra compuesta resultante:

   agridulce, pelirrojo, maleducar, mediodía, ciempiés, videojuego, abrelatas

6. Identifica si estas palabras son compuestas o derivadas e indica si son sustantivos, adjetivos o verbos:

   sobreañadir, alameda, estudioso, hipermercado, pequeñajo, exalcalde, precalentar, antiaéreo.

7. Crea una familia léxica a partir de la palabra *mar.*

8. Averigua el significado de las siguientes siglas: ONG, FITUR, UE, ADN, APA, FAO, ONU, ACNUR. Investiga también el origen de las palabras *láser* y *emoticono.*

9. Modifica las palabras resaltadas de este texto con aumentativos y diminutivos para darle más expresividad:

   El muchacho paseaba solo por el bosque, a la orilla del río. Un viento agitaba intensamente las ramas de los robles. Entre los árboles divisó, muy cerca, a un hombre con un cuchillo en la mano. El chaval abrió sus ojos y exclamó para sus adentros una frase angustiosa de terror. Al cruzarse ambos en el camino, le oyó decir: "Buen día para recoger setas, ¿eh, zagal?"

10. **Propuesta de expresión.** Inventa palabras nuevas: entre toda la clase podéis realizar un sorteo para que cada uno elija, aleatoriamente, un prefijo, un lexema y un sufijo. Con la palabra resultante, trata de dar una definición divertida y otra más formal.

    Por ejemplo: *Des + melón + ada:* ("desmelonada"). 1. Adjetivo que los agricultores aplican a la huerta cuando ya ha sido recogido el melón. 2. En sentido figurado, se refiere a la persona que, teniendo buenas facultades intelectuales, no sabe aprovecharlas bien.

AYUDA

Los diminutivos y los aumentativos. Son sufijos que se unen a un lexema pero no solo indican cualidades del tamaño de las cosas, sino que ofrecen significados **apreciativos** a las palabras (cariñosos, despectivos, humorísticos...).

-ito *(perrito),* **-illo** *(papelillo),* **-ico** *(pequeñito),* **-in** *(chiquitín),* **-ete** *(vejete),* **-ato** *(niñato),* **-ajo** *(pequeñajo),* **-ucho** *(papelucho),* **-ón** *(grandón),* **-azo** *(animalazo),* **-ote** *(amigote).*

Acortar palabras

"Esta mañana, mi amiga Irene ha recibido una carta que esperaba hace unos días. En ella, entre otras cuestiones, se especifica lo siguiente:

D.ª Irene Martínez, con DNI 289578C y domicilio en c/ Riaza, n.º 8, Madrid, queda inscrita en el certamen anual solicitado por Vd. y organizado por esta ONG que se llevará a cabo los días 3 y 4 de abril. El donativo podrá ingresarlo en la c/c 23432331 de nuestro banco habitual. Atte. D. Fernando González de Amaro, Dir. Dpt.º Asuntos Económicos."

Por la necesidad que tenemos los hablantes de ganar tiempo y espacio, utilizamos unos recursos que nos permiten acortar las palabras: son **siglas**, **acrónimos, abreviaturas** y **símbolos.**

Siglas

- Se escriben en letras mayúsculas sin dejar puntos ni espacios entre ellas: **ONG** (organización no gubernamental), **BOE** (boletín oficial del Estado)...
- El plural lo pone un determinante: **las ONG...**
- Suelen leerse las letras, pero si lo permite se pueden leer como una palabra; por ejemplo, **ATS** se lee "ateése".

Acrónimos

- Se escriben como cualquier otra palabra. Si aluden a un nombre propio, la primera letra será una letra mayúscula: *rádar, Sonimag* (sonido e imagen)...
- Llevan tilde si así lo exigen las normas generales: *cederrón, oenegé.*
- Se leen como se escriben: *sida* (síndrome de inmunodeficiencia adquirida) se lee "sida".

Símbolos como los que sustituyen al nombre de las monedas, o los símbolos matemáticos ($\sqrt{\ }$, %, π...) ayudan a simplificar los escritos.

Abreviaturas

- Se forman con las letras representativas de la palabra: **a. C.** (antes de Cristo), **d. C.** (después de Cristo), **art.** (artículo), **cap.** (capítulo), **etc.** (etcétera), **Lda.** (licenciada), **p.** o **pág.** (página).
- Se escriben con punto al final aunque en algunas abreviaturas se sustituye el punto por una raya: **c/** (calle), **c/c** (cuenta corriente).
- Puede llevar una letra volada (el punto iría delante): **D.ª** (doña), **p.º** (paseo).
- Se escriben con mayúscula todos los tratamientos y aquellas que proceden de nombre propio: **Sr.** (señor), **Ilmo.** (ilustrísimo).
- Para formar el plural se añade una s al final. En algunos casos se duplican las letras: **págs.** (páginas), **EE. UU.** (Estados Unidos).
- Algunas recuerdan su pasado etimológico: **P. D.** (posdata) de post data.
- Se lee la palabra entera, no se lee la abreviatura.

Símbolos

- Son abreviaciones de palabras científicas y técnicas. Los más frecuentes son los del sistema métrico decimal, los de los elementos de la tabla periódica, los puntos cardinales y los de las monedas: **kg** (kilogramo), **m** (metro), **Fe** (hierro), **Ni** (níquel), **N** (norte), **NO** (noroeste), **$** (dólar), **€** (euro).
- Se escriben sin puntos y no llevan morfemas de plural.
- Los puntos cardinales y los elementos periódicos se escriben con letra mayúscula.

ACTIVIDADES

1. Identifica en el texto inicial de este apartado las siglas y las abreviaturas, y escribe su significado. Si tienes dudas, consulta la *Ortografía de la lengua española de la RAE.* Por cierto, ¿sabes qué significa RAE?

2. Lee con atención este problema matemático y escribe con abreviaturas y símbolos las palabras que creas conveniente:

   Esta primavera se ha decidido en la urbanización de Teresa reparar la piscina. Sus dimensiones son 30 metros de largo, 50 decímetros de ancho y 250 centímetros de alto. El suelo se va a pintar de azul y las paredes de blanco. ¿Cuántos botes de pintura azul se necesitarán sabiendo que con cada bote pueden pintarse 15 metros cuadrados? ¿Cuántos de pintura blanca si con cada uno pueden pintarse 25 metros cuadrados? Después llenaremos las tres cuartas partes de la piscina con agua ¿Cuántos litros de agua se necesitarán? Sabiendo que la densidad del agua es 1 gramo por centímetro cúbico, ¿a cuántas toneladas equivale? Para costear la pintura, se va a hacer una derrama entre los 30 vecinos de la comunidad. Si el precio de cada bote de pintura azul es de 12 euros y el de pintura blanca es de 10 euros, ¿cuánto dinero tendrá que pagar cada vecino?

3. Imagina cómo podrían ser los "acrónimos futuros" de algunas siglas actuales como: DVD, PC, CPU.

4. Investiga de qué siglas proceden los acrónimos: *nailon, talgo, ovni, láser* y *radar.*

5. Averigua lo que significan las siglas de estos titulares de prensa:

   a) *La UE deberá mejorar la formación para cubrir 100 millones de empleos.*

   b) *Aprobado el ERE de Ford con algunas restricciones.*

6. Localiza en una tabla periódica a qué elementos químicos corresponden los siguientes símbolos: Ag, Au, O, Fe, H, Na, K. Con ayuda de tu profesor o profesora, averigua por qué algunos de estos símbolos no equivalen a la letra inicial (o letras iniciales) del elemento.

7. Escribe el encabezamiento de tres cartas que fueran dirigidas, respectivamente, al director de tu centro, a la presidenta de la Asociación de Madres y Padres de tu centro escolar y a un amigo. ¿En cuáles de estos encabezamientos has utilizado siglas? ¿Y abreviaturas?

8. ¿Recuerdas cómo se escribe la latitud y la longitud de cualquier punto del planeta?

9. **Propuesta de expresión**. Podéis realizar un juego entre toda la clase. Consiste en crear vuestras propias siglas, abreviaturas y símbolos que, a veces, son muy útiles para coger apuntes. Uno de vosotros leerá un texto en voz alta y los demás trataréis de escribirlo en vuestro cuaderno haciendo uso de siglas, abreviaturas o símbolos inventados. Después se escribirán algunos en la pizarra y se tratarán de "traducir".

10. **Opina**. Comparte en clase tus ideas sobre el uso conveniente o no de abreviaturas en los chats.

TIC

Ortografía de la RAE:
http://www.rae.es/obras-academicas/ortografia/ortografia-basica

Las nuevas tecnologías, principalmente las nomenclaturas que tienen relación con Internet, han dado lugar a una «nueva generación» de siglas de difícil identificación con los nombres que las originaron: «Word Wide Web», «HyperText Transfer Protocol», «Uniform Resource Locator»...

TIC

Busca en www.cervantesvirtual.com el poema de Dámaso Alonso *La invasión de las siglas.* Léelo con atención y trata de descubrir la crítica que hace.

El feudalismo

El **feudalismo** es el **sistema político, social y económico** de **Europa** que se desarrolló durante los siglos XI y XIII.

Antecedentes: tras la caída del Imperio romano de Occidente y el asentamiento de los pueblos de origen germánico en sus antiguas provincias, se inició un proceso de cambio social y económico en Europa que se caracterizó por lo siguiente:

- La **ruralización** de la **economía.**
- La **decadencia** de las **ciudades.**
- La **inexistencia** del **comercio,** aunque persistían algunas ferias y mercados.
- El **aumento** del **poder** de la **nobleza** y de la **Iglesia.**
- La **debilidad** de la **monarquía** que necesitó de la ayuda de la nobleza.

A partir del siglo IX, la disgregación del Imperio carolingio y las luchas que los monarcas tuvieron que librar contra las invasiones de los vikingos, musulmanes y magiares (siglos IX y X) provocó que los monarcas tuvieran que recurrir a la nobleza en busca de ayuda y, a cambio, les otorgaron **feudos.** De esta forma, los nobles se convirtieron en **vasallos del rey** y, a la vez, en **señores feudales.**

¿SABÍAS QUE...?

Para establecer la relación de **vasallaje** se celebraba un ritual en el que el señor y el vasallo se comprometían mutuamente.

El feudo y la economía feudal

El **feudo** era un **conjunto de tierras** (tierras de cultivo, pastos para el ganado y bosques) que el rey otorgaba a la nobleza o autoridad eclesiástica (abades y obispos) a cambio de su ayuda.

En los feudos vivían y trabajaban los **campesinos libres** y **siervos,** que se establecían en él buscando protección. Se convertían, así, en **vasallos.** A cambio, debían pagar a los señores una renta o parte de la cosecha **(diezmo).**

El feudo era económicamente **autosuficiente:** se consumía lo que se producía en él.

¿SABÍAS QUE...?

Los **campesinos libres** cultivaban los **mansos,** es decir, las tierras que el señor les había cedido y que estaban dentro del feudo.
Los **siervos** trabajaban en las tierras **(reserva)** del señor feudal y no podían abandonar el feudo.

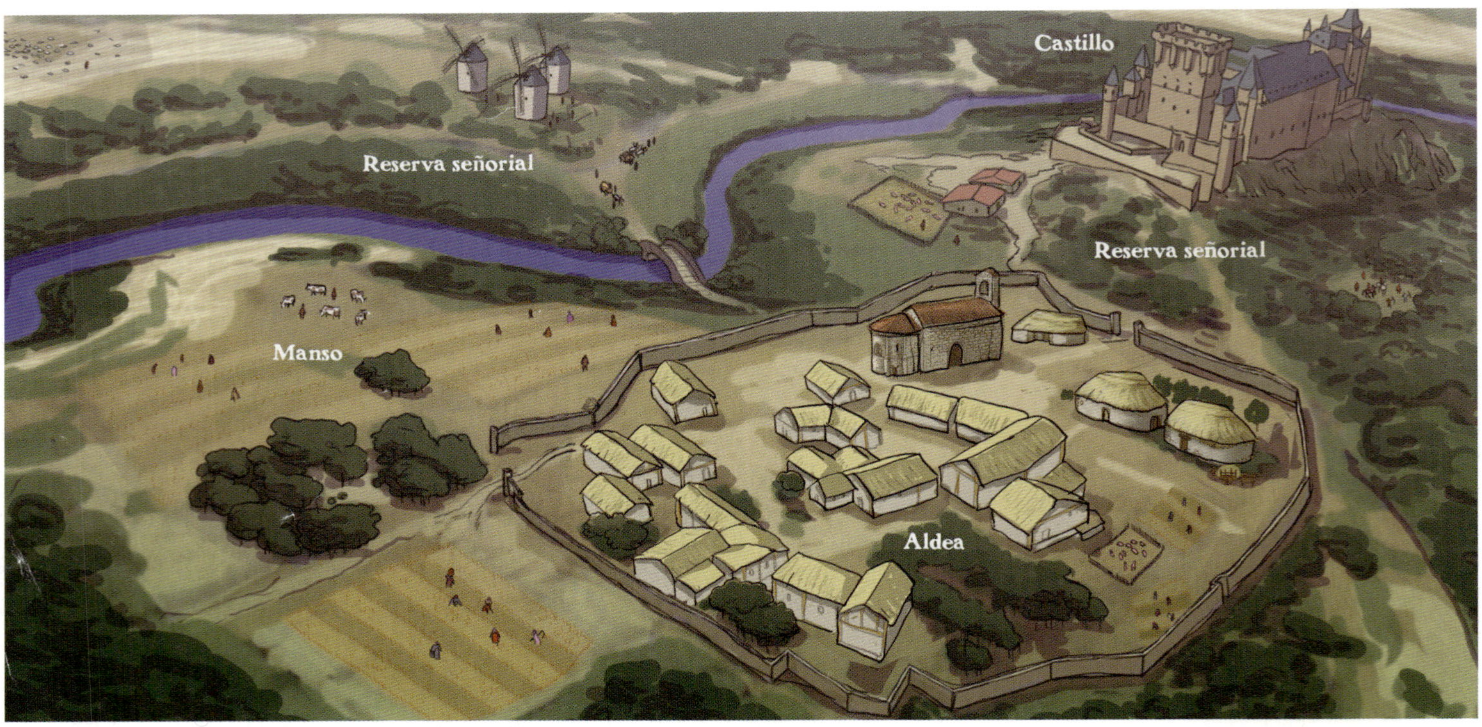

Las partes del feudo son:

- El **castillo:** era la residencia del señor feudal, que era el propietario de todas las tierras que lo rodean (pastos, tierras de cultivo, bosques, aldea, etc.). El castillo disponía de otros edificios anexos como establos, almacenes, graneros, etc.
- La **reserva:** eran las tierras que pertenecían al señor y eran trabajadas por los campesinos y los siervos.
- Los **mansos:** eran las tierras que el señor cedía a los campesinos libres para que las trabajaran a cambio de una renta o de una parte de la cosecha. Al lado, estaban sus viviendas agrupadas en aldeas.
- Los **bosques** y los **pastos:** eran propiedad del señor, pero de uso comunal. Los primeros se usaban para la caza y la obtención de leña y los segundos para el ganado.
- Otras **instalaciones:** puente, molinos, hornos, que eran propiedad del señor y los campesinos debían pagar un importe por usarlos.

La sociedad feudal

La sociedad medieval se dividía en **estamentos.** Era una sociedad **cerrada, inmóvil** y **jerárquica;** el paso de un estamento a otro era prácticamente imposible y la pertenencia a un estamento definía la función social que el individuo desempeñaba en la sociedad, así como los derechos y las obligaciones que tenían.

Existían dos grupos: **privilegiados** y **no privilegiados.**

- **Privilegiados:** son la **nobleza** y el **clero.** Poseían privilegios y se convirtieron en señores feudales.
- **No privilegiados:** artesanos, comerciantes, campesinos y siervos. No tenían privilegios. Los **campesinos** vivían y trabajaban y en el feudo y lo podían abandonar cuando quisieran. Los **siervos,** en cambio, trabajaban en la reserva y no podían abandonarlo.

En la cúspide se situaba el **rey,** que también era un señor feudal.

¿SABÍAS QUE...?

- La jornada de los campesinos empezaba cuando salía el sol y acababa con la luz del día. Para medir el tiempo dependían de las campanadas de las iglesias, que avisaban a los monjes para ir a rezar.
- Trabajaban todos los días de la semana menos el domingo, cuando toda la familia acudía a misa.
- Las estaciones marcaban el ritmo de la vida y sus tareas agrícolas.
- Su alimentación era poco variada, y se basaba en pan de cereales, vino o cerveza.
- En sus viviendas apenas había mobiliario: la cama era considerada un lujo, por lo que dormían sobre paja o en el suelo y, a menudo, compartían la vivienda con los animales, para que les proporcionaran calor.
- El mal tiempo y las malas cosechas eran considerados un castigo de Dios.

ACTIVIDADES

1. Explica qué es el feudalismo, cuándo aparece y por qué.
2. ¿Qué es el feudo? Describe sus partes.
3. ¿Cómo es la sociedad estamental? ¿Qué estamentos existen?
4. Imagina que eres un campesino o una campesina del siglo XII y elabora una redacción de 10 o 12 líneas sobre cómo sería un día cualquiera de tu vida.

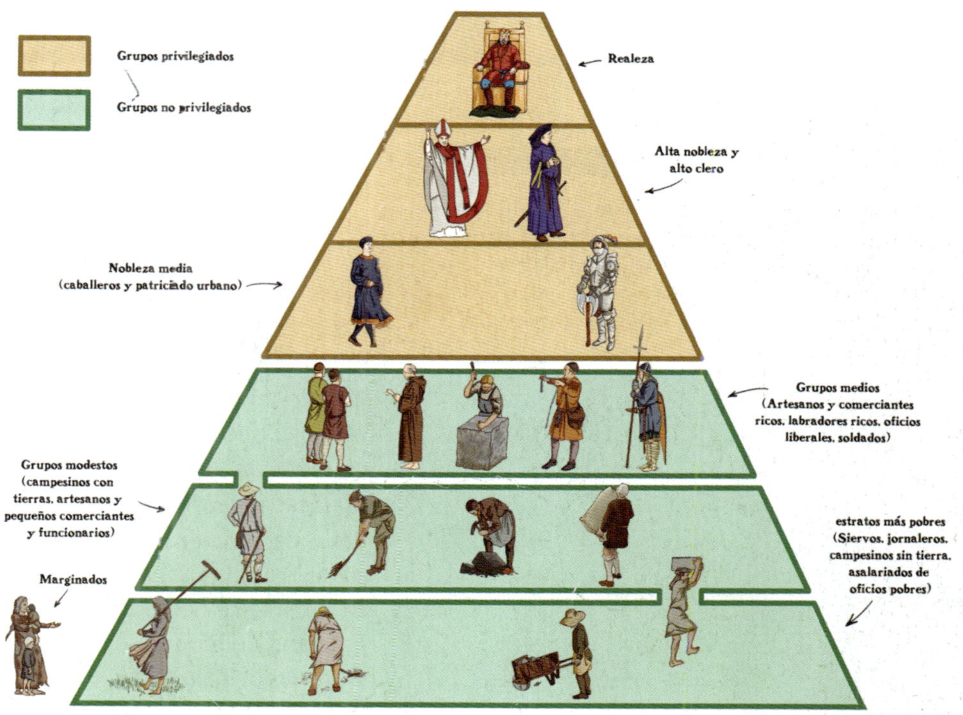

Esquema de la sociedad estamental.

Los castillos medievales

Los **castillos** eran las **residencias de los señores feudales,** es decir, de la monarquía y nobleza. El poder de las monarquías medievales procedía de su poder militar y de la ayuda que le prestaba la nobleza, de la que dependían. La nobleza, por su parte, ejercía la autoridad en su feudo y administraba justicia entre sus siervos.

Los castillos se edificaban en lugares elevados, lo que permitía la observación del entorno y dificultaban su conquista. A partir del siglo x empiezan a construirse de piedra y el poder de sus propietarios se medía por el espesor de los muros y la solidez de las fortificaciones exteriores.

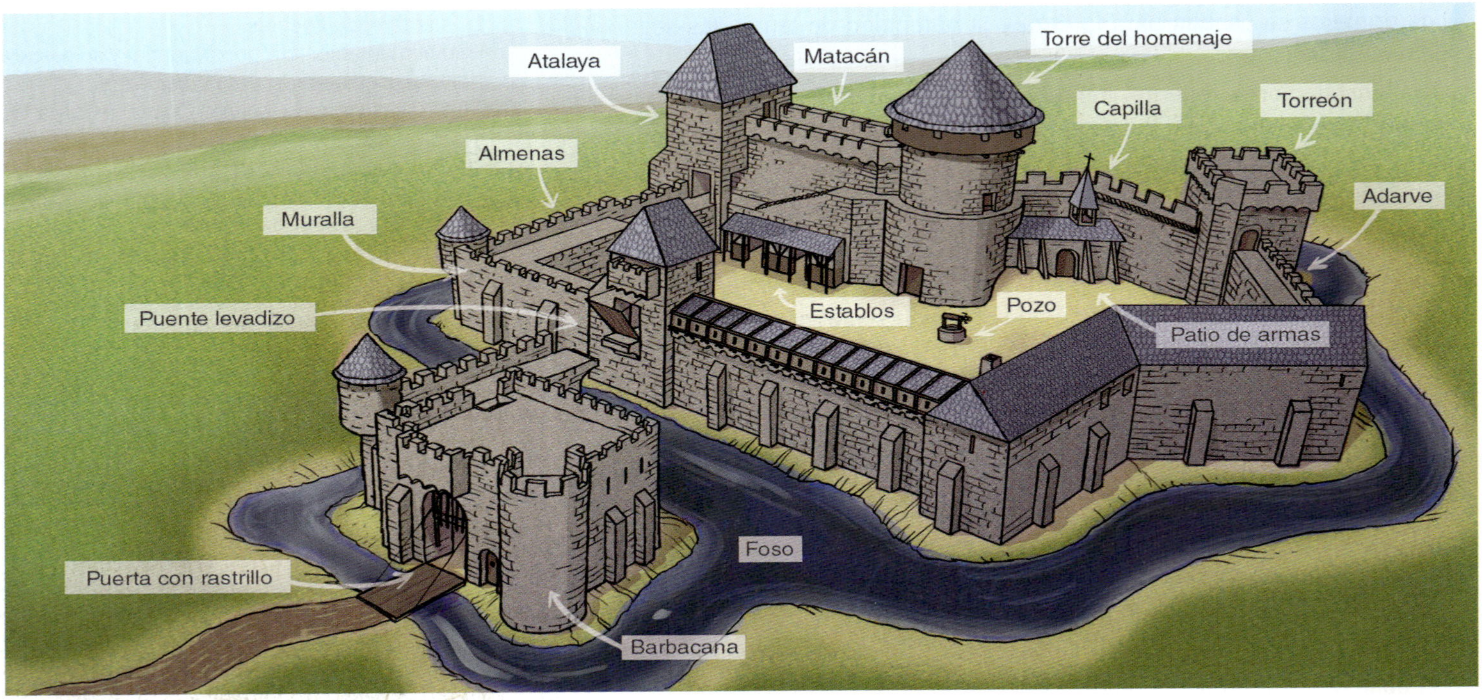

RECUERDA

Los **nobles** se dedicaban a la guerra y constituyeron la **alta nobleza.** Eran **vasallos del rey.** Disponían de un ejército y su economía dependía de los ingresos que le generaban el cobro de impuestos y las actividades agrícolas y ganaderas del feudo.

Las partes del castillo son:

- **Muralla:** rodeaba todo el castillo. Estaba rematada con las almenas, para que los arqueros pudieran defenderse, y tenía estrechas ventanas para ver a los asaltantes sin ser alcanzado. El adarve era el camino interior en la parte alta de la muralla, que utilizaban los soldados y vigilantes. Para asediar los castillos los enemigos construían enormes armas arrojadizas o torres de asalto.
- **Foso:** estructura defensiva rellena de agua que se construía alrededor de la muralla.
- **Puente levadizo:** entrada al castillo. La puerta se bajaba con una bisagra y cadenas. Era la parte más débil del castillo, por lo que, a menudo, construían una torre barbacana delante.
- **Atalaya:** torre de vigilancia.
- **Torre del homenaje:** era la residencia del dueño del castillo, es decir, del señor feudal, su familia y algunos sirvientes. Recibe este nombre porque en su interior se celebraba la ceremonia de investidura, por la que los vasallos juraban fidelidad al señor, a cambio de su protección. En su parte baja solían situarse los calabozos, establos, almacenes...
- **Patio de armas:** era la zona central del castillo. Allí se reunían los caballeros para defender el castillo y coordinar la resistencia ante los asedios.

La Iglesia

Durante la Edad Media, la Iglesia desempeñó un papel determinante en la vida de las personas y en la organización política.

Además, impulsó también la cultura y promocionó el arte.

A lo largo de la Edad Media, la Iglesia acumuló un enorme **poder territorial y económico** gracias a las donaciones, a que no pagaban impuestos y al cobro del diezmo a los campesinos.

Para el ejercicio de su labor espiritual y terrenal, el clero se dividió en **clero secular** (que vivía en las aldeas y ciudades) y **clero regular** (órdenes religiosas que vivían en los monasterios).

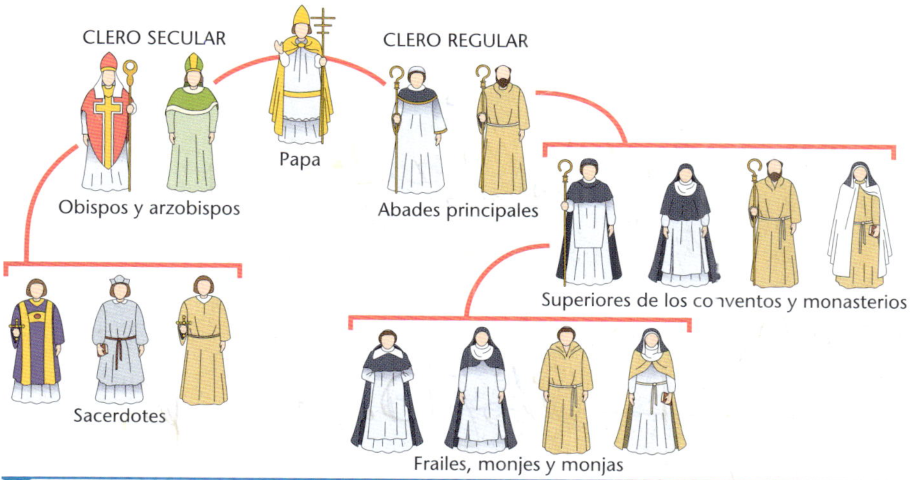

La Iglesia se organiza en clero secular y clero regular.

ACTIVIDADES

5. Elabora un crucigrama con los siguientes términos: barbacana, adarve, muralla, atalaya, torre del homenaje, patio de armas.

   Para realizarlo, debes escribir el significado, la función y en qué parte del castillo se sitúan cada una de esas partes.

6. Realiza, en tu cuaderno, el dibujo de un castillo e identifica las partes más importantes del mismo. A continuación, describe cada una de ellas: su función, características, etc.

7. Busca información sobre los torneos medievales y explica en qué consistían.

8. Explica la diferencia entre clero secular y clero regular.

RECUERDA

El clero se podía dividir también en **alto clero,** que eran los obispos y abades pertenecientes a familias nobles, y el **bajo clero,** que estaba formado por el resto de los clérigos.

Los monasterios

Durante la Edad Media, los monasterios eran el centro de la vida religiosa donde el **clero regular** vivía en comunidad según las **reglas** difundidas por el fundador de la orden monástica.

Los monasterios organizaban el territorio que les rodeaba y que era de su propiedad.

Las funciones del monasterio eran divulgar la vida espiritual, servir de albergue para los peregrinos cristianos, además de ser centros de cultura.

Los monasterios eran económicamente **autosuficientes**. En la huerta se producía lo necesario para satisfacer las necesidades alimenticias del clero regular, y los campesinos dependientes ayudaban en estas labores, además de trabajar, también, en sus propios mansos.

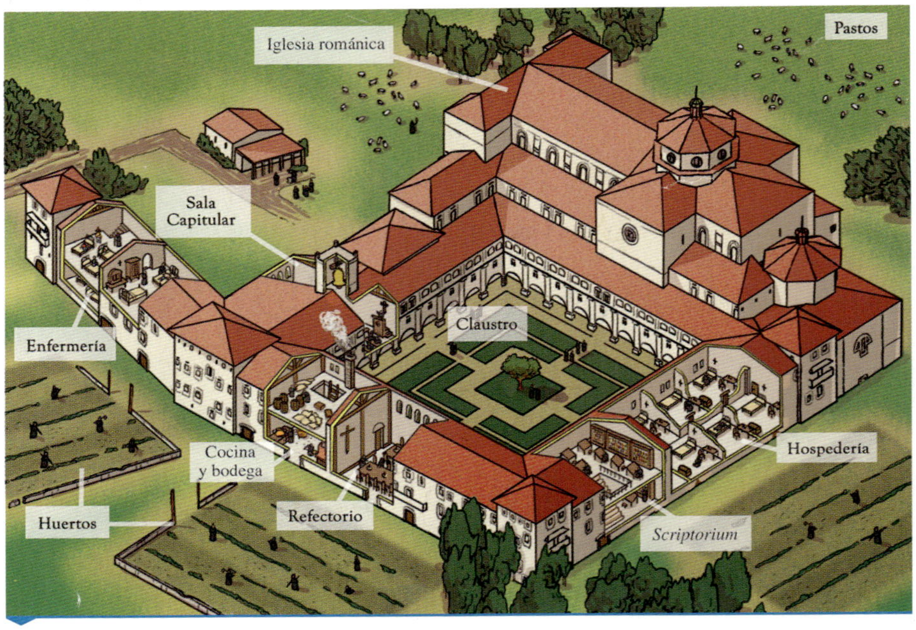

Dependencias de un monasterio.

Las principales zonas que se diferencian en los monasterios son:

- **Iglesia:** parte más importante del monasterio y el lugar de culto.
- **Claustro:** patio principal que rodeaba la iglesia. En torno a él se distribuían el resto de estancias del monasterio: el refectorio (comedor), las cocinas, el *scriptorium* (sala donde se copiaban los libros), habitaciones...
- **Sala capitular:** lugar de reunión de los monjes, donde recordaban sus reglas monásticas, dialogaban sobre los asuntos de la vida del monasterio, etc.
- **Refectorio:** comedor de los monjes.
- **Hospedería:** lugar en le que se acogía a los viajeros y peregrinos.
- ***Scriptorium:*** sala donde los monjes copiaban los manuscritos a mano.
- **Hospital:** lugar donde se atendía a los enfermos.
- **Cocina:** sala situada junto al refectorio con acceso al exterior para la recepción de las provisiones que procedían de los huertos o de los diezmos de los campesinos.
- **Huertos:** estaba en el exterior del monasterio y en ellos trabajaban los monjes y campesinos.

RECUERDA

Las autoridades eclesiásticas, como **obispos y abades,** también recibieron feudos y se convirtieron en señores feudales en cuyas tierras trabajaban campesinos libres y siervos.

¿SABÍAS QUE...?

Las **cruzadas** fueron los intentos realizados por las monarquías occidentales y el papado para controlar los territorios conocidos como **Santos Lugares.**

Estas expediciones se produjeron entre 1095 y 1291. En ellas destacaron las acciones militares de las **órdenes militares** (agrupaciones de caballeros y religiosos creadas para dar protección a los peregrinos y a los Santos Lugares).

La orden que alcanzó mayor poder territorial y económico fue la de los **templarios.**

Las principales órdenes religiosas medievales fueron:

- La **benedictina:** creada por Benito de Nursia (480-547), que fundó la abadía de Montecasino en el primer tercio del siglo VI. En este lugar escribió la regla de San Benito, cuyo lema es *ora et labora* (reza y trabaja).
- La de **Cluny:** resultado de la reforma de la orden benedictina, es la más importante de la Alta Edad Media. Se fundó en la abadía francesa de Cluny (910), desde donde impulsó un nuevo estilo arquitectónico, el **románico.**

La cultura

Durante la Edad Media, la **cultura** quedó relegada a los monasterios, donde los monjes realizaban copias a mano de los libros y textos antiguos (manuscritos o **códices)** que, posteriormente, se almacenaban en la biblioteca del monasterio.

Esta labor, que se realizaba en los *scriptorium,* permitió la conservación y transmisión de los códices, para evitar, así, su pérdida.

Estos manuscritos se han convertido en auténticas obras de arte, y los monjes copistas en verdaderos artistas.

Códice iluminado.

ACTIVIDADES

9. Explica cuáles eran las funciones de los monasterios medievales.
10. Describe las partes y las principales características de las distintas dependencias de un monasterio. Acompaña tu descripción con un dibujo.
11. Lee atentamente los siguientes fragmentos del capítulo 48 de la regla de San Benito y explica, en tu cuaderno, con tus palabras su significado.

    [...] La ociosidad es enemiga del alma. Los hermanos deberían participar en unos momentos concretos en el trabajo manual y en otros momentos concretos en la lectura de la palabra de Dios.
    [...] Son verdaderamente monjes si viven del trabajo de sus manos, como nuestros padres y de los apóstoles. [...]

¿SABÍAS QUE...?

A partir del siglo X los monjes promovieron las **peregrinaciones** a lugares considerados santos por los cristianos: **Roma, Jerusalén** y **Santiago de Compostela.**

¿SABÍAS QUE...?

El **arte románico** surgió en Europa en el siglo XI y se extendió hasta principios del siglo XIII. Fue un estilo que se desarrolló en torno a los caminos de peregrinación.

Iglesia de San Martín de Frómista (Palencia, España).

Las actividades económicas en España

Evolución de la economía española

RECUERDA

En las últimas décadas España ha pasado de tener una economía basada fundamentalmente en las actividades agrarias a una **economía terciaria,** con predominio del sector servicios.

El modelo económico español actual se caracteriza por:

- Una **agricultura** más competitiva, gracias a la tecnificación y especialización, que ha provocado un aumento de la productividad.
- Una **industria** que en las últimas décadas ha vivido un fuerte proceso de reconversión y reestructuración, abandonando las actividades poco competitivas y aumentando el presupuesto en investigación y desarrollo (I+D).
- Una apuesta por la **construcción,** gravemente afectada por la crisis.
- Un gran **desarrollo del sector servicios,** destacando, especialmente, el comercio y el turismo.
- Una **dependencia energética y tecnológica** respecto a otros países, lo que supone un cierto freno al crecimiento económico.

Las actividades del sector primario

Agricultura

¿SABÍAS QUE...?

Desde 2007, la economía mundial atraviesa una profunda crisis que ha afectado también a la economía española y que ha obligado a reestructurar ciertos sectores.

En España la actividad agrícola es la que menos población ocupa (4 %) y la que menos aporta al PIB.

A partir de los años sesenta y especialmente con la entrada de España en la Unión Europea, este sector ha sufrido un proceso de modernización.

Para aumentar la productividad se han tomado una serie de **medidas:**

- **Introducir nuevas tecnologías** para mitigar los condicionantes negativos que tiene España para el desarrollo de la agricultura: elevada altitud media, aridez interior, escasa e irregular disponibilidad de agua...
- Incentivar la **agricultura ecológica y alternativa**.
- **Abandonar** el **cultivo** de productos **poco competitivos** y la **concentración parcelaria.**

Según los tipos de cultivo, en España se distinguen **tres** tipos de **paisajes:**

- La **España mediterránea:** predominan los cultivos de secano (cereales, vid y olivo) y los de regadío (huertas, flores y frutales).
- La **España húmeda:** alternan el maíz y la patata con las plantas leguminosas y forrajeras.
- El paisaje **subtropical** de **Canarias:** destaca el cultivo del plátano, el tomate y otros productos tropicales.

Cultivo de naranjos (España mediterránea).

Cultivo de maíz (España húmeda).

Cultivo de plátanos (Canarias).

Ganadería

La actividad ganadera también se ha **modernizado.** Se han sustituido las **granjas** tradicionales por otras **industriales** y **especializadas.**

La cría de **ganado vacuno** se concentra en los pastos de la España húmeda, mientras que el resto de la Península se especializa en **ganado ovino** y **porcino.**

Pesca

A pesar de su escasa contribución al PIB, **España es la cuarta flota pesquera mundial** en tonelaje y capturas. Esta actividad tiene mayor importancia en la costa gallega, la región cantábrica y la costa sur atlántica.

El problema que existe actualmente es el **agotamiento de los caladeros,** lo que provoca que haya que acudir a caladeros internacionales y extracomunitarios.

Explotación forestal

El abandono del medio rural y las ayudas de los fondos europeos, han fomentado la **repoblación forestal** y el **desarrollo del bosque sostenible.**

De este modo, se ha favorecido la explotación forestal maderera y el aprovechamiento de otros recursos del bosque (corcho, resina, caza, apicultura y recolección de bayas silvestres y de setas).

En el interior peninsular es habitual tener al ganado porcino en las dehesas.

RECUERDA

La **acuicultura** está compensando, en parte, el agotamiento de los caladeros naturales. Suministra pescado y marisco al mercado alimenticio español.

Las actividades del sector secundario

En España este sector ocupa al 22 % de la población activa.

Industria

La **industria es la segunda actividad** más importante en España en cuanto a aportación al PIB y al porcentaje de población que ocupa (14 %).

Existen zonas de gran tradición industrial, como País Vasco y Cataluña, que continúan siendo los centros más importantes, junto con Madrid, Levante y el valle del Ebro, y otras zonas como Asturias, estrechamente ligada a la minería y a la industria siderúrgica, que ha dejado de ser competitiva.

Gracias a los fondos estructurales de la Unión Europea, la industria española ha apostado por la **investigación y el desarrollo** y por la implantación de **nuevas tecnologías** para fomentar el crecimiento industrial. Sin embargo, existen varios factores que dificultan este crecimiento:

- La **dependencia** de la **tecnología** exterior.
- La **falta** de **materias primas** y **energía.**
- El predominio de las multinacionales extranjeras o de pequeñas industrias, que **impiden** desarrollar una **industria competitiva.**

¿SABÍAS QUE...?

Las principales **industrias** en España son: la automovilística, la alimentaria, la textil, la de material de transporte, la metalúrgica y la química. Todas son **industrias de bienes de consumo.**

La industria del automóvil es una de las más importantes en España.

Construcción

Durante muchos años la construcción ha generado importantes ganancias. Sin embargo, la cantidad de viviendas construidas, por encima de la demanda real, así como la subida de los precios, han convertido este sector en uno de los más perjudicados por la crisis económica actual.

ACTIVIDADES

1. ¿Cómo es el modelo económico español actual?
2. ¿Cuáles son las principales actividades del sector primario?
3. ¿Qué características presenta la industria española?

Las actividades del sector terciario

Al igual que en el resto de los países desarrollados, en España se ha producido un crecimiento muy rápido del **sector terciario,** que ha llegado a convertirse en el **más importante** de la economía española, tanto por la población ocupada en él (74 %) como por su aportación al PIB.

¿SABÍAS QUE...?

Existen varios factores que explican el proceso de **terciarización** de la economía española:

a) El proceso de urbanización.
b) El trasvase de población ocupada en la industria al sector servicios, tras la crisis y reconversión industrial.
c) El desarrollo de empresas ligadas a las nuevas industrias.
d) El crecimiento del consumo, por la mejora de nivel adquisitivo de la población.
e) El desarrollo del turismo.
f) El desarrollo de la administración pública y la ampliación de los servicios a los ciudadanos.
g) La incorporación de la mujer al trabajo, que se ha producido, principalmente, en este sector.

Comercio

El **comercio** es la **actividad del sector terciario** que **proporciona** más **empleos.** Se distingue:

- **Comercio interior:** sobresale el aumento de la oferta de productos y el cambio de los tipos de establecimientos comerciales, ya que se está produciendo la desaparición progresiva de muchos pequeños comercios tradicionales en beneficio de las grandes superficies comerciales e hipermercados. Asimismo, está aumentando la importancia del comercio electrónico, potenciado por las nuevas tecnologías y los nuevos métodos de pago (tarjetas bancarias).
- **Comercio exterior:** España mantiene relaciones comerciales, fundamentalmente, con la Unión Europea, Estados Unidos, China y Rusia. España exporta productos industriales, alimentos y bebidas, calzado y vehículos. España importa, sobre todo, productos energéticos, como el petróleo y el gas; productos farmacéuticos y maquinaria.

Sin embargo, la **balanza comercial** (diferencia entre exportaciones e importaciones) española es negativa.

Turismo

España es el segundo país en número de visitantes del mundo, y eso ha dado lugar a la creación de numerosas empresas relacionadas con esta actividad: hostelería, hoteles, agencias de viaje, inmobiliarias, etc.

El principal atractivo turístico de España son sus playas y su clima benigno. Sin embargo, el país cuenta también con un gran patrimonio histórico y cultural, una gastronomía de calidad, gran variedad de paisajes, etc.

El turismo de sol y playa es el más demandado y el más característico de nuestro país.

Transporte

La red de transporte española se caracteriza por ser un **sistema desequilibrado** con grandes diferencias entre sus territorios.

- La red de **transporte terrestre** tiene una **configuración radial,** con centro en Madrid. En cuanto al ferrocarril, la prioridad es extender la red de alta velocidad (AVE).
- El **transporte marítimo** es importante. A través de sus puertos, España realiza numerosos intercambios comerciales. Sobresale el puerto Bahía de Algeciras (Cádiz).
- El **transporte aéreo** se centra, sobre todo, en el **traslado de pasajeros a largas distancias.** Los principales aeropuertos españoles son los de Adolfo Suárez Madrid-Barajas, Barcelona y Palma de Mallorca.

El tren de alta velocidad (AVE) acorta el tiempo empleado en los viajes.

Servicios sociales

El Estado español, actualmente, presta numerosos **servicios** relacionados con la sanidad, la educación, la cultura, la seguridad, la limpieza de las ciudades, etc.

Los servicios de limpieza son unos de los servicios sociales que presta el Estado.

ACTIVIDADES

4. Indica si las siguientes afirmaciones son verdaderas o falsas y corrige estas últimas:
   - a) La economía española está atravesando una profunda crisis, que no obstante, no tiene por qué modificar la estructura de la misma.
   - b) El sector primario fue durante años el sector más importante de la economía española, aunque en la actualidad es el menos significativo.
   - c) La industria española ha sufrido, en las últimas décadas, un importante proceso de remodelación, reconversión y modernización.
   - d) El sector servicios en España ocupa a un tercio de la población, y casi los otros dos tercios de la población activa trabajan en el sector secundario.
5. Investiga sobre las actividades económicas de tu comunidad autónoma y rellena una ficha en la que indiques el tipo de actividad (agricultura, ganadería, industria, comercio, etc.), sus características más importantes, principales productos, etc.
6. Elabora un gráfico de sectores en el que reflejes los porcentajes de población ocupada en cada uno de los sectores económicos españoles (primario, secundario y terciario). Colorea cada sector de un color distinto.

Los paisajes transformados en España

RECUERDA

Uno de los factores que más condiciona el paisaje es el **clima.**
En España existen cuatro tipos de climas: oceánico o atlántico, mediterráneo (litoral, continentalizado o interior, y seco), subtropical y de montaña.

Los paisajes

Un paisaje se compone de varios elementos:

- **Elementos naturales:** el relieve, los ríos, la vegetación, el clima, etc. Los paisajes que solo tienen elementos naturales se llaman **paisajes naturales.**
- **Elementos humanos:** edificios, carreteras e infraestructuras, usos del suelo, etc. Esto paisajes transformados por la acción del ser humano se denominan **paisajes transformados** o **humanizados.**

En España se distinguen tres tipos de **paisajes** según sean las características de los elementos naturales y de los elementos introducidos por la acción humana: **atlántico** u **oceánico, mediterráneo (de interior, litoral** y **seco) y subtropical canario.**

El paisaje atlántico

Este tipo de paisaje es propio del norte peninsular (Galicia, Principado de Asturias, Cantabria y País Vasco).

Elementos naturales: el clima es **oceánico** o **atlántico,** caracterizado porque las temperaturas son suaves todo el año y las lluvias son abundantes y regulares. Predomina un **paisaje montañoso** y unas **costas** muy **recortadas,** con numerosas **rías** en Galicia. Los ríos son cortos, caudalosos y de régimen regular. La vegetación característica es el **bosque caducifolio** (robles, hayas y castaños), muy frondoso; pero en las zonas más altas abundan los **bosques de coníferas** (pinos y abetos) por su mayor adaptación al frío, y la **landa.**

Bosque caducifolio.

Elementos humanos: en algunos lugares el bosque caducifolio ha sido sustituido por **eucaliptos,** para obtener celulosa y papel, y también aparecen **pastos** para el ganado. En sus costas se han construido grandes puertos para el transporte de mercancías. El **hábitat rural** es **disperso,** con parcelas pequeñas, poco productivas y separadas por vallas o setos, pero también hay grandes **núcleos de población urbana.**

El paisaje atlántico se caracteriza por sus montañas, el bosque caducifolio y los pastos.

El paisaje mediterráneo

El paisaje mediterráneo de interior

Este tipo de paisaje se localiza en el interior peninsular (Castilla-La Mancha, Castilla y León, Madrid, La Rioja, Aragón y Extremadura).

- **Elementos naturales:** el **clima** es **mediterráneo continentalizado** o **de interior,** con veranos calurosos e inviernos fríos, precipitaciones escasas e irregulares y aridez estival. El **paisaje** es de **llanura**; los ríos, excepto el Ebro, son cortos, poco caudalosos y con acusado estiaje. La vegetación característica es el **bosque mediterráneo de hoja perenne** (encinas y alcornoques), el **pino,** y los **matorrales** (maquia y garriga).
- **Elementos humanos:** la vegetación natural ha sido sustituida por **campos de cultivo** para la explotación agraria (secano: trilogía mediterránea, y regadío: cultivos de huerta y frutales) y ganadera (dehesas para el ganado porcino). El **hábitat rural** es **concentrado,** pero también hay **grandes núcleos urbanos** como Madrid.

Cultivos en un paisaje mediterráneo de interior (Castilla-La Mancha).

RECUERDA

Estiaje: es el nivel de caudal mínimo que alcanza un río en algunas épocas del año, como el verano, debido a la sequía, provocado por la falta de precipitaciones.

Bosque mediterráneo.

ACTIVIDADES

7. ¿Es lo mismo paisaje natural que paisaje transformado o humanizado? Justifica tu respuesta.
8. Escribe en tu cuaderno los tipos de paisajes que existen en España.
9. Rellena una tabla comparando los dos tipos de paisajes analizados.

	Comunidades autónomas	Elementos naturales (clima, ríos, vegetación natural, ríos)	Elementos humanos (hábitat, actividades económicas...)
Paisaje atlántico			
Paisaje mediterráneo de interior			

El paisaje mediterráneo de costa o litoral

Este tipo de paisaje se localiza en el este y sur peninsular, islas Baleares, Ceuta y Melilla.

- **Elementos naturales:** el **clima** es **mediterráneo litoral** o **de costa** que se caracteriza porque las temperaturas son templadas en invierno y cálidas en verano, las precipitaciones escasas e irregulares y existe aridez estival. El paisaje alterna **llanuras, con montañas y depresiones** y en la costa destacan sus amplias playas; los ríos son cortos, poco caudalosos y con acusado estiaje estival debido a la ausencia de precipitaciones. La vegetación característica es igual al paisaje mediterráneo de interior: **bosque mediterráneo.**
- **Elementos humanos:** su paisaje se ha visto fuertemente modificado por la acción del ser humano, tanto por la **agricultura** (frutales), como por la **industria** y, sobre todo, por la **actividad turística** en las zonas costeras (construcción de hoteles, bloques de apartamentos, áreas comerciales, puertos deportivos...). También tiene un gran impacto medioambiental los **puertos** de Barcelona, Valencia y Algeciras.

TIC

Para aprender a distinguir algunas de las **especies vegetales** más destacadas de nuestro país, consulta la fototeca del Centro Nacional de Educación Ambiental, en la página web del Ministerio de Agricultura, Alimentación y Medio Ambiente.

http://www.magrama.gob.es/es/biodiversidad/servicios/fototeca_forestal.aspx#para1

Si escribes el nombre de la especie que buscas, obtendrás varias imágenes de ella.

La actividad turística ha transformado los paisajes mediterráneos de costa.

El paisaje mediterráneo seco o subdesértico

Este tipo de paisaje se localiza en el sureste peninsular (Murcia y Almería).

- **Elementos naturales:** el **clima** es **mediterráneo seco** o **subdesértico** y se caracteriza porque las temperaturas son cálidas en verano, las precipitaciones escasas e irregulares y existe una acusada aridez estival. Esto provoca un **paisaje estepario** con escasa vegetación.
- **Elementos humanos:** el paisaje se ha visto modificado por los cultivos de invernadero (en Almería) y por la actividad turística en la costa.

El paisaje mediterráneo seco se caracteriza por la inexistencia de vegetación.

En el desierto de Tabernas (Almería) se recogen unos 200 mm de precipitación anual.

El paisaje subtropical canario

Este tipo de paisaje se localiza en las islas Canarias.

- **Elementos naturales:** el **clima** de las islas es **subtropical** y se caracteriza por sus temperaturas suaves tanto en invierno como en verano y precipitaciones escasas. El **relieve** es de origen **volcánico;** las islas situadas al oeste son más montañosas que las que están en el este. En el archipiélago canario no hay ríos, sino barrancos. La vegetación natural se caracteriza por la existencia de **endemismos** (cardón, drago, laurisilva, violeta del Teide..) y **se escalona en altura.**
- **Elementos humanos:** el paisaje canario se ha transformado mucho debido a la **actividad agraria,** ya que se cultiva en las laderas de las montañas, y sobre todo, por el **turismo,** que ha implicado la construcción de infraestructuras necesarias para desarrollar esta actividad: hoteles, aeropuertos, restaurantes, etc.

En el paisaje subtropical es característico ver, a determinada altura, el pino canario.

ACTIVIDADES

10 Observa las imágenes e identifica a qué tipo de paisaje se corresponden. ¿Qué actividades económicas reflejan? Argumenta cuál de ellos te parece un paisaje natural.

RECUERDA

Endemismo: especie natural que solo se encuentra en un determinado territorio, sin posibilidad de encontrarla en otro lugar del mundo (en estado natural).

¿SABÍAS QUE...?

La vegetación canaria se escalona en altura: en el piso bajo crecen tabaibas y cardones; por encima, el drago, la palmera y la sabina; en un piso superior la laurisilva (bosque húmedo de laurel), y en un piso superior el pino canario y matorrales, como la retama.

El género narrativo

Un texto narrativo es aquel en el que un escritor relata hechos que acontecen a unos personajes en un lugar durante un tiempo concreto. Si posee **carácter literario** quiere decir que en él interviene la ficción, aunque a veces se parezca mucho a la realidad, y que el lenguaje con el que se expresa el escritor cobra una especial relevancia por su sugerencia.

¿SABÍAS QUE...?

La narración literaria suele ir acompañada de la **descripción** y del **diálogo.** Observa cómo en el cuento del alacrán los personajes entablan un diálogo.

Un alacrán, que deseaba atravesar un río, le dijo a una rana:

—Llévame a tu espalda.
—¡Que te lleve a mi espalda! —contestó la rana— ¡Ni pensarlo! ¡Te conozco! ¡Si te llevo a mi espalda, me picarás y me matarás!
—No seas estúpida —le dijo entonces el alacrán—. ¿No ves que si te pico te hundirás en el agua y que yo, como no sé nadar, también me ahogaré?
Los dos animales siguieron discutiendo durante un rato, y el alacrán se mostró tan persuasivo que la rana aceptó cruzar el río con él. Lo cargó sobre su resbaladiza espalda, donde él se agarró, y empezaron la travesía. Llegados en medio del gran río, allí donde se crean los remolinos, de repente el alacrán picó a la rana. Esta sintió que el veneno mortal se extendía por su cuerpo y, mientras se ahogaba, y con ella el alacrán, le gritó:
—¡Ves! ¡Te lo había dicho! ¿Por qué lo has hecho?
—No puedo evitarlo —contestó el alacrán antes de desaparecer en las aguas—. Es cuestión de carácter.

- El punto de vista de la narración puede estar "dentro", como un personaje más, o fuera de ella. Este cuento está escrito por un **narrador** fuera del relato por eso utiliza la tercera persona *(Un alacrán le dijo a una rana).*
- El **acontecimiento** narrado es lo que le sucede a una rana cuando un alacrán le pide un favor.
- Los **personajes** son una rana y un alacrán, que comparten el protagonismo.
- El **acontecimiento** se sitúa en un espacio abierto, a orillas de un río y dentro de él. No se precisa la época en que ocurren los hechos porque es un cuento y es ficticio. Pero la historia ocurrió en un breve espacio de tiempo en el pasado.
- El **espacio** es el lugar donde se desarrolla el acontecimiento narrado. En el cuento es un espacio abierto, a orillas de un río y dentro de él.
- El **tiempo** es el periodo en el que se ubican los acontecimientos narrados. En el ejemplo no se determina pero transcurre en un tiempo breve, válido para cualquier época.

Ilustración para edición del *Quijote*, novela que supone la narración en castellano más importante de todos los tiempos.

Subgéneros narrativos	
En verso	**En prosa**
Epopeya: poema extenso que narra los hechos heroicos de un pueblo. **Poema épico:** poema con un número indeterminado de versos cuyas hazañas se centran en un héroe. **Romance épico:** poema breve con versos octosílabos asonantes inspirado en los grandes héroes medievales.	**Cuento:** relato breve de ficción que desarrolla una única acción que acontece a unos personajes en un breve periodo de tiempo. Suele relacionarse con una moraleja o consejo. **Novela:** relato extenso que presenta un mundo imaginario más o menos cercano a la realidad y que narra acontecimientos que suceden a unos personajes en diferentes espacios durante un cierto tiempo. **Leyenda:** relato breve basado en acontecimientos históricos o en tradiciones, lo que da veracidad a la ficción que se desarrolla. Posee elementos fantásticos e imaginarios.

ACTIVIDADES

1. Lee este fragmento de un cuento. Justifica su carácter narrativo centrando tu atención en quien lo cuenta y en lo que se relata. Descubre la moraleja que se desprende del acontecimiento narrado.

Hubo una mujer que tenía por nombre doña Truhana y era bastante más pobre que rica; y un día iba al mercado y llevaba una olla de miel en la cabeza. Y yendo por el camino, comenzó a pensar que vendería aquella olla de miel y que compraría una partida de huevos y de aquellos huevos nacerían gallinas y después, de aquellos dineros que valdrían, compraría ovejas, y así fue comprando de las ganancias que haría, que hallóse por más rica que ninguna de sus vecinas. Y con aquella riqueza que ella pensaba que tenía, estimó cómo casaría sus hijos y sus hijas, y cómo iría acompañada por la calle con yernos y nueras y cómo decían por ella cómo fuera de buena ventura en llegar a tan gran riqueza siendo tan pobre como solía ser. Y pensando esto comenzó a reír con gran placer que tenía de su buena fortuna, y riendo dio con la mano en su frente, y entonces cayóle la olla de miel en tierra y quebróse. Cuando vio la olla quebrada, comenzó a hacer muy gran duelo, temiendo que había perdido todo lo que cuidaba que tendría si la olla no se le quebrara. Y porque puso todo su pensamiento por vana esperanza, no se le hizo al cabo nada de lo que ella esperaba.

DON JUAN MANUEL: *El conde Lucanor*. Cátedra.

2. Analiza en este cuento los personajes que intervienen, el espacio y el tiempo en que tiene lugar la acción. ¿Para qué crees que Galeano ideó este cuento?

El murciélago, harto de verse horroroso, subió al cielo en busca de Dios. Le dijo: "Dame plumas, por favor, que me muero de frío". Pero a Dios no le había sobrado ninguna pluma.
—Cada ave te dará una pluma —decidió.
Así obtuvo el murciélago la pluma blanca de la paloma y la verde del papagayo, la simpática del colibrí y la rosada del flamenco, la pluma azul del martín pescador, la de arcilla del águila y la de sol que arde en el pecho del tucán.
El murciélago, frondoso de colores y suavidades, paseaba entre la tierra y las nubes. Por donde iba, quedaba alegre el aire y las nubes, y las aves mudas de admiración. Dicen los pueblos que el arco iris nació del eco de su vuelo. Pero la vanidad le hinchó el pecho. Miraba con desdén a todo el mundo y ofendía. Se reunieron entonces las aves y juntas volaron hacia Dios.
—El murciélago se burla de nosotras —se quejaron—. Y además, sentimos frío por las plumas que nos faltan.
Al día siguiente, cuando el murciélago agitó las alas en pleno vuelo, quedó súbitamente desnudo. Y una lluvia de plumas cayó sobre la tierra. Él anda buscándolas todavía. Ciego y feo, enemigo de la luz, vive escondido en las cuevas.

EDUARDO GALEANO: *"El murciélago", Memoria del fuego (I). Los nacimientos*. Siglo XXI.

3. **Propuesta de expresión.** Elige un cuento tradicional y reinvéntalo adaptándolo a tu tiempo. Después, léelo en voz alta a tus compañeros, expresivamente, ayudándote con una entonación variada y con gestos.

La tradición cuentística. En la Edad Media se inicia una tradición cuentística inspirada en colecciones antiguas de cuentos de otras culturas (por ejemplo, *Las mil y una noches*). Don Juan Manuel en el siglo XIV recogió muchos de ellos en *El conde Lucanor* y los adaptó al tiempo en que vivió. Pero nunca se ha perdido la escritura de cuentos. Muchos escritores actuales siguen escribiendo cuentos, más cultos y adaptados a los tiempos modernos (Leopoldo Alas, "Clarín"; Jorge Luis Borges, Eduardo Galeano, Gabriel García Márquez…).

AYUDA

Puedes acudir a los cuentos que editaron Perrault, Christian Andersen o los hermanos Grimm.

El punto de la vista en la narración

El narrador es quien relata la historia y lo hace desde un determinado punto de vista con respecto a lo narrado: **interno** (dentro del relato, en primera persona) y **externo** (fuera del relato, en tercera persona).

- *Narrador protagonista:* interno, como un personaje dentro del relato que es protagonista de los hechos.
- *Narrador testigo:* interno, como un personaje secundario que ve los hechos.
- *Narrador editor:* interno, como un personaje que encuentra un manuscrito o unas cartas en las que se presenta la historia.
- *Narrador objetivo:* externo, apenas interviene en la narración salvo para introducir los diálogos de sus personajes.
- *Narrador omnisciente:* externo, lo sabe todo sobre los hechos, el lugar de la acción, cómo son sus personajes, sus reacciones y sus pensamientos.

¿SABÍAS QUE...?

La abundancia de personajes y su mayor o menor descripción dependerán de la extensión del texto narrativo. Los personajes que protagonizan algunos relatos con carácter didáctico son animales.

Los acontecimientos narrables

En un texto narrativo siempre hay una **trama** que configura la acción más importante de lo narrado. En las novelas, a veces, el escritor se aleja de esa trama para insertar digresiones que le permiten describir y ambientar la historia de fondo.

A grandes rasgos, los acontecimientos narrables han creado clasificaciones de **géneros novelescos:** de terror, picarescas, policiacas, históricas, románticas, aventuras, realistas, sociales.

Los personajes

Los personajes son los que, en mayor o menor medida, protagonizan los acontecimientos. Así, se pueden reconocer estos personajes en la narración:

- *El protagonista:* personaje central en torno al cual se relata la historia.
- *Los personajes secundarios:* cercanos al protagonista; también tienen gran relevancia para entender el curso de los acontecimientos.
- *Los personajes ocasionales:* con una escasa presencia en la narración, pero contribuyen a la ambientación en general.
- *El antagonista:* personaje cuyas características le oponen al protagonista.

Durante casi todo el día estuve sentado en la borda, escrutando el horizonte. El día era de una asombrosa claridad. Estaba seguro de que habría visto la tierra desde una distancia de 50 millas. La balsa había cobrado una velocidad que no habrían podido imprimirle dos hombres con cuatro remos. Navegaba en línea recta, como impulsada por un motor, en una superficie lisa y azul. Después de estar siete días en una balsa, uno es capaz de advertir el cambio más imperceptible en el color del agua. El 7 de marzo, a las tres y media de la tarde, advertí que la balsa entraba en una zona donde el agua no era azul, sino de un verde oscuro. Hubo un instante en que vi el límite: de este lado, la superficie azul que había visto durante siete días; del otro, la superficie verdosa y aparentemente más densa. El cielo estaba lleno de gaviotas que pasaban volando muy bajo. Yo sentía los fuertes aletazos sobre mi cabeza. Eran indicios inequívocos: el cambio en el color del agua, la abundancia de las gaviotas, me indicaron que esa noche debía permanecer en vela, listo a descubrir las primeras luces de la costa.

Gabriel García Márquez: *Relato de un náufrago.* Tusquets.

Narrador protagonista: en primera persona.

Acontecimiento: el movimiento de la balsa, el color del agua y la presencia de gaviotas anuncian la llegada a la costa.

Personaje protagonista: un náufrago, que cuenta su propia historia.

ACTIVIDADES

4. Descubre en este fragmento cómo Lázaro es su protagonista y narrador. ¿A quién se dirige? ¿Qué rasgos anticipan ya desde su nacimiento y su infancia que será un pícaro?

   Pues sepa vuestra merced, ante todas cosas, que a mí llaman Lázaro de Tormes, hijo de Tomé González y de Antonia Pérez, naturales de Tejares, aldea de Salamanca. Mi nacimiento fue dentro del río Tormes, por la cual causa tomé el sobrenombre; y fue de esta manera: mi padre, que Dios perdone, tenía cargo de proveer una molienda de una aceña que está ribera de aquel río, en la cual fue molinero más de quince años; y, estando mi madre una noche en la aceña, preñada de mí, tomóle el parto y parióme allí. De manera que con verdad me puedo decir nacido en el río.

   Pues siendo yo niño de ocho años, achacaron a mi padre ciertas sangrías mal hechas en los costales de los que allí a moler venían, por lo cual fue preso, y confesó y no negó, y padeció persecución por justicia. Espero en Dios que está en la gloria, pues el Evangelio los llama bienaventurados.

   ANÓNIMO: *La vida de Lazarillo de Tormes, de sus fortunas y adversidades.*

5. Este fragmento pertenece a una novela inspirada en el pasado. ¿Qué tipo de narrador ves? ¿Quién es el protagonista de la novela, el que narra o Diego Alatriste? Selecciona algunos rasgos cercanos a lo picaresco.

   No era el hombre más honesto ni el más piadoso, pero era un hombre valiente. Se llamaba Diego Alatriste y Tenorio, y había luchado como soldado de los tercios viejos en las guerras de Flandes. Cuando lo conocí malvivía en Madrid, alquilándose por cuatro maravedíes en trabajos de poco lustre, a menudo en calidad de espadachín por cuenta de otros que no tenían la destreza o los arrestos para solventar sus propias querellas. Ya saben: un marido cornudo por aquí, un pleito o una herencia dudosa por allá, deudas de juego pagadas a medias y algunos etcéteras más. Ahora es fácil criticar eso; pero en aquellos tiempos la capital de las Españas era un lugar donde la vida había que buscársela a salto de mata, en una esquina, entre el brillo de los aceros.

   ARTURO PÉREZ REVERTE: *El capitán Alatriste.* Círculo de Lectores.

6. Lee con atención esta carta de Otto Frank, padre de Ana Frank. Analiza el punto de vista del narrador. Intuye el acontecimiento que desarrolla atendiendo a las cuatro palabras destacadas:

   Pronto me di cuenta de que había llegado el momento en que tendríamos que escondernos para escapar del peligro de la **deportación.** Después de hablar ampliamente del asunto con el señor Van Pels, llegamos a la conclusión de que la mejor solución sería escondernos en el anexo del edificio de nuestra oficina. Eso solo sería responsabilizarse de todo lo que tuviera que ver con nuestro **escondite,** y si las dos secretarias de la empresa querían cooperar. Los cuatro accedieron de inmediato, aunque eran perfectamente conscientes del peligro que corrían al hacerlo. Según la **ley nazi,** cualquiera que ayudase a los **judíos** era severamente castigado y se arriesgaba a ser encarcelado, deportado o incluso fusilado.

   CAROL ANN LEE: *Biografía de Ana Frank (1929-1945).* Plaza & Janés.

¿SABÍAS QUE...?

La evolución de un género genuinamente español: la novela picaresca.

La vida de Lazarillo de Tormes, de sus fortunas y adversidades, de autor desconocido, fue editada en 1554. La novela abrió el género picaresco.

El capitán Alatriste, de Arturo Pérez Reverte se publica en 1996. Está ambientada en los Siglos de Oro y recoge algunos rasgos de la novela picaresca tan desarrollada en aquel periodo.

¿SABÍAS QUE...?

Acontecimientos que han marcado la historia de la literatura.

El diario de Ana Frank, escrito, narrado y protagonizado por Ana Frank, recoge lo vivido entre 1942 y 1944. El acontecimiento de este gran libro se centra en las persecuciones que vivieron los nazis en los tiempos de la II Guerra Mundial. Sobre este acontecimiento se han escrito muchas novelas: *El niño con el pijama de rayas,* John Boyne; *La niña de la lista Schindler,* Stella Muller; *La niña de los tres nombres,* Tami Shem-Tov; *Cuando Hitler robó el conejo rosa,* Judith Kerr.

¿SABÍAS QUE...?

Cuando leemos una novela podemos encontrar algunos saltos en el tiempo:
Analepsis: se interrumpe la acción lineal para explicar hechos del pasado.
Prolepsis: se interrumpe para dar a conocer hechos del futuro.
In media res: la narración comienza en mitad de la historia.

Walter Scott

Escritor inglés (1771-1832) del periodo romántico, muy conocido por su gran novela histórica *Ivanhoe*. Está ambientada en la Inglaterra medieval de la época de las Cruzadas y está protagonizada por un valiente caballero, Wilfredo de Ivanhoe, leal a su rey Ricardo Corazón de León.

El tiempo en la narración

Los acontecimientos que se relatan en la narración se ubican en un *tiempo interno* que lo aportan los verbos en pasado, en presente o en futuro. Pero también hemos de considerar:

- *Un tiempo histórico:* periodo de tiempo concreto acorde con la ambientación general de la narración (época medieval, siglo XIX, el futuro del año 2100...).
- *Un tiempo cronológico:* periodo de tiempo referido a la duración de los acontecimientos (unas horas, tres días, cinco años...).

La construcción sencilla de un relato se organiza en un **tiempo lineal,** siguiendo la estructura de planteamiento, nudo y desenlace.

El espacio

Es el lugar en el que se desarrollan los acontecimientos. Muchas veces es real o similar a la realidad; otras, fantástico e imaginario. El espacio puede ser *abierto* (bosques, calles, orilla del mar...) o *cerrado* (una casa, un castillo, un laboratorio, una escuela...). En cualquier caso, la ambientación del lugar y el vocabulario utilizado por el escritor han de estar acordes con el tiempo histórico para evitar los anacronismos.

El **príncipe,** al observar que la **reina** del **torneo** se acercaba, adelantóse a su encuentro, descubrió la cabeza y, echando pie a tierra, tendió la mano a Rowena para que se apease, mientras uno de sus cortesanos tenía el **corcel** por la brida.
–Señora –dijo el príncipe Juan–, así es cómo rendimos **tributo de lealtad** a nuestra Reina del Amor y de la Belleza. —Levantó la cabeza y paseando la mirada por su alrededor, añadió—: Nobles **damas** y **caballeros**, acatad a vuestra reina como **fieles vasallos.**
Lady Rowena, a la que daban **guardia de honor** buena cantidad de **cortesanos**, se dirigió al tablado donde tenía reservado su puesto.
Tan pronto como la linda joven hubo tomado asiento en su **trono**, los **heraldos** se retiraron a sus puestos y los **caballeros,** formándose en doble hilera, entraron en la **palestra** con las **lanzas** erguidas, en cuyas puntas brillaban los rayos del sol, mientras los pendones que las adornaban ondeaban sobre los vistosos plumeros de los **yelmos.**

WALTER SCOTT: *Ivanhoe*. Bruguera.

- El **vocabulario** destacado en este texto nos ayuda a reconocer el mundo caballeresco y el protocolo típico de un torneo de la Edad Media.

La valoración de un texto literario narrativo

Valorar un texto literario narrativo consiste en aportar una **opinión personal** después de su lectura, pero con espíritu crítico.

Se puede juzgar la utilidad, la sugerencia o el interés que el texto ha provocado en el lector. También la identificación con algún personaje y la sencillez o complejidad del lenguaje utilizado para comprender bien el texto.

Pero, sobre todo, si el escritor ha conseguido su propósito de comunicación: entusiasmarnos con una historia, hacernos disfrutar, acercarnos a una realidad hasta entonces desconocida...

ACTIVIDADES

7 Lee este fragmento y señala la parte en la que interviene el narrador. ¿Qué tipo de narrador ha elegido su autor? ¿A qué lugar se refieren los personajes? ¿Qué se dice de él? ¿Por qué se considera *legendario?*

El padre Buenaventura, párroco de Santo Domingo, era un cincuentón, de trato agradable y cordial, que no puso reparo alguno en responder a mis preguntas. Me condujo a la pequeña sacristía, se instaló tras un viejo escritorio y reflexionó largo rato antes de preguntarme:

—¿Por qué te interesa la cruz de El Dorado, Jaime?

—Oh, bueno —adopté una expresión inocente—, alguien me habló de esa leyenda y sentía curiosidad.

El cura hizo una pausa y luego, tras un carraspeo, comenzó su relato:

—Supongo que habrás oído hablar de El Dorado, Jaime. Al principio, El Dorado fue un hombre, un caudillo indio que, al llegar el solsticio, era cubierto de polvo de oro y sumergido en las aguas de un lago. Quizá esta historia tenga algún fundamento, pero El Dorado no tardó en convertirse en una mítica ciudad empedrada en oro. Jamás existió, pero los españoles inventaban cosas como esa, o como las Siete Ciudades de Cibola, para motivar a sus tropas. A partir del siglo XVI se organizaron numerosas expediciones con el objetivo de encontrar El Dorado.

CÉSAR MALLORQUÍ: *La cruz de El Dorado*. Edebé.

8 Lee atentamente este fragmento de una leyenda muy conocida de Bécquer. Responde, después, a las cuestiones para su comentario:

La medianoche tocaba a su punto. La luna, que se había ido remontando lentamente, estaba ya en lo más alto del cielo, cuando al entrar en una oscura alameda que conducía desde el derruido claustro a la margen del Duero, Manrique exhaló un grito, un grito leve, ahogado, mezcla extraña de sorpresa, de temor y de júbilo.

En el fondo de la sombría alameda había visto agitarse una cosa blanca que flotó un momento y desapareció en la oscuridad. La orla del traje de una mujer, de una mujer que había cruzado el sendero y se ocultaba ante el follaje, en el mismo instante en que el loco soñador de quimeras e imposibles penetraba en los jardines.

—¡Una mujer desconocida!... ¡En este sitio!... ¡A estas horas!... Ésa, ésa es la mujer que yo busco —exclamó Manrique—; y se lanzó en su seguimiento rápido como una saeta.

GUSTAVO ADOLFO BÉCQUER: *"Rayo de Luna"*, en *Leyendas*. Bruño.

- ¿Qué tipo de narrador ha elegido Bécquer? ¿Quién es el protagonista? ¿Qué expresiones utiliza para imaginárnoslo?
- Describe la ambientación del lugar. Algunos sustantivos y adjetivos te ayudarán.
- ¿Presagias cuál podría ser el final de esta leyenda?

¿SABÍAS QUE...?

Desde los orígenes de la literatura en la Edad Media siempre ha existido el elemento legendario (en los libros de caballerías con sus fantasiosas aventuras, por ejemplo, *Amadís de Gaula*). Pero, debido a la carga de elementos sobrenaturales e inverosímiles, el género fue especialmente recuperado por los románticos (XVIII-XIX). Destaca Gustavo Adolfo Bécquer *(El monte de las ánimas, El Miserere, Rayo de luna, Ojos verdes).*

Aplica lo aprendido

LENGUA

COMUNICACIÓN

1. Justifica que esta noticia periodística es narrativa:

Los vecinos de Cruz Cubierta han decidido pasar a la acción «ante la pasividad del Ayuntamiento» para adoptar medidas que acaben con los problemas de ruido y suciedad que sufren en el barrio desde hace años y que están vinculados al botellón. Así, la asociación vecinal Bulevar sur-San Vicente Mártir ha grabado un vídeo de protesta que recoge imágenes de todos los problemas que padecen. Bajo el título "Cruz Cubierta, ciudad de vacaciones", la pieza está ilustrada con peleas (tanto diurnas como nocturnas), accidentes, restos de botellón en las aceras y otros incidentes provocados por los clientes que acuden a una discoteca ubicada en la calle San Vicente.

www.lasprovincias.es (12 de octubre de 2015)

GRAMÁTICA

2. Indica la categoría gramatical a la que pertenecen las palabras que constituyen este texto:

Un escultor francés encargó un gran bloque de piedra y enseguida trabajó en él. Unos meses más tarde, esculpió un caballo. Entonces, un niño que le había visto trabajar, le preguntó: "¿Cómo sabías que había un caballo ahí dentro?".

3. Averigua la conjugación a la que pertenecen los verbos del texto anterior e indica a qué persona, número, tiempo, modo y aspecto pertenecen. ¿Has descubierto alguna forma no personal?

LÉXICO

4. Segmenta en lexemas y morfemas las siguientes palabras derivadas: *débilmente, anticaspa, desproporción, intravenoso, superdotado, hipermercado.*

5. Construye cuatro palabras con cada uno de estos prefijos: *re-, sub-, extra-, contra-*. Construye otras cuatro con estos sufijos: *-ismo, -ero,-oso, -torio.*

ORTOGRAFÍA

6. Identifica si son siglas, abreviaturas, símbolos o acrónimos: *ntra., Ca, dm, Ilmo., ESO, DVD, m, Ave.*

HISTORIA

7. Explica qué es el feudalismo, señalando:
   a) ¿Qué es?, ¿dónde y cuándo surgió?
   b) ¿Cuáles son sus antecedentes?
   c) ¿Qué acontecimientos europeos provocaron su aparición a partir del siglo IX?

8. Responde las preguntas sobre el feudo:
   a) ¿Qué actividad económica se desarrollaba en él?
   b) ¿Quiénes vivían en el feudo?
   c) ¿Cuáles eran sus partes? Descríbelas.

9. Explica las características de la sociedad feudal:
   a) ¿Cómo se dividía la sociedad feudal?
   b) ¿Cuántos estamentos existían? Explica las características de cada estamento.
   c) ¿Qué definía la pertenencia a uno u otro estamento?

10. Describe las dos construcciones más importantes de la Edad Media, señalando qué estamento las habitaban, las partes de cada una de ellas, su función, etc.

11. ¿Qué influencia tuvo el clero regular en la conservación y difusión de la cultura? Justifica tu respuesta.

GEOGRAFÍA

12. Explica las características del sector primario en España.

13. ¿Cuáles son las principales industrias españolas?

14. ¿Qué elementos naturales y humanos se pueden identificar en un paisaje?

15. Realiza un resumen con las principales características de cada uno de los paisajes transformados que existen en España: ¿cuáles son los elementos naturales?, ¿cuáles los elementos que se deben a la actividad humana?

LITERATURA

16. Señala la parte narrativa y la parte dialogada en este fragmento. ¿Qué tipo de narrador ha elegido su autor? ¿Quién es el protagonista? ¿Te atreves a anticipar un final para este breve acontecimiento?

El señor O'Dea se queda callado y me dirige una mirada rara, y yo me inquieto, porque cuando se queda callado de ese modo eso significa que alguien va a sufrir.
—¿Quién te ha escrito esa redacción, McCourt?
—pregunta.
—Yo, señor.
—¿Te ha escrito tu padre esa redacción?
—No, señor.
—Ven conmigo, McCourt.
Salgo del aula detrás de él y vamos por el pasillo al despacho del director. El señor O'Dea le enseña mi redacción, y el señor O'Halloran me dirige también una mirada rara.
—¿Has escrito tú esta redacción?

F. McCourt: *Las cenizas de Ángela*. Maeva.

Técnicas de trabajo

Cómo analizar un paisaje

Un paisaje está compuesto por una serie de **elementos naturales y humanos,** que se interrelacionan entre sí.

Analizar y comentar un paisaje y comprender sus interrelaciones, es útil para tomar decisiones acerca de cómo hacer uso de sus recursos naturales con el menor impacto medioambiental posible.

Análisis y comentario de un paisaje.

- **Presentación:** señalar el tipo de paisaje:
  - Natural: si no está modificado por la actividad humana.
  - Transformado: si está modificado por la actividad humana.

Por ejemplo: paisaje natural del Pirineo de Huesca o paisaje turístico del litoral atlántico.

- **Análisis:** dibujar de manera esquemática el paisaje y localizar tanto los **elementos naturales** como los que se deben a la **actividad del ser humano:**
  a) Elementos naturales: relieve, suelo, vegetación, hidrografía, clima...
  b) Elementos humanos: poblamiento o hábitat (rural: concentrado o disperso o urbano), construcciones, actividades económicas, etc.
- **Comentario:** se describe el paisaje y cada elemento del mismo, destacando cuáles son los elementos naturales y cuáles los que se deben a la actividad humana. El comentario incluirá la explicación de cada uno de esos elementos: cómo es el clima, la vegetación natural, los ríos... así como las actividades que han provocado la modificación de los mismos por el ser humano.

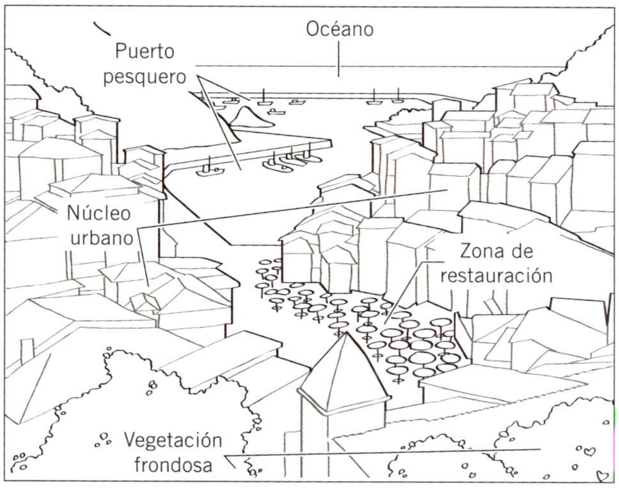

EJEMPLO: La fotografía muestra un paisaje atlántico costero, transformado por la actividad turística.

El clima que se da en este tipo de paisaje es el oceánico, que se caracteriza porque las temperaturas son suaves todo el año y las precipitaciones abundantes y regulares. El paisaje se encuentra entre montañas en las que puede observarse en sus laderas vegetación frondosa.

En primer término se aprecia un núcleo de población concentrado de edificios de mediana altura que se abre, al fondo de la fotografía, a una zona portuaria. La actividad turística está muy presente en este paisaje, pues se observa, a la derecha de la imagen, una zona de sombrillas destinadas, en este caso, a la restauración.

Este paisaje, como tantos otros, es un ejemplo de la combinación y relación de elementos naturales y humanos, en este caso en la costa cantábrica (Cudillero, en Asturias).

Proyecto final

Realizamos una maqueta medieval

Ilustración feudo

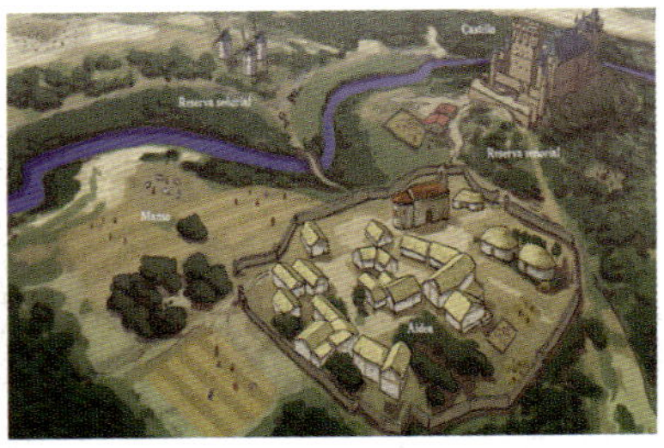

Ilustración castillo

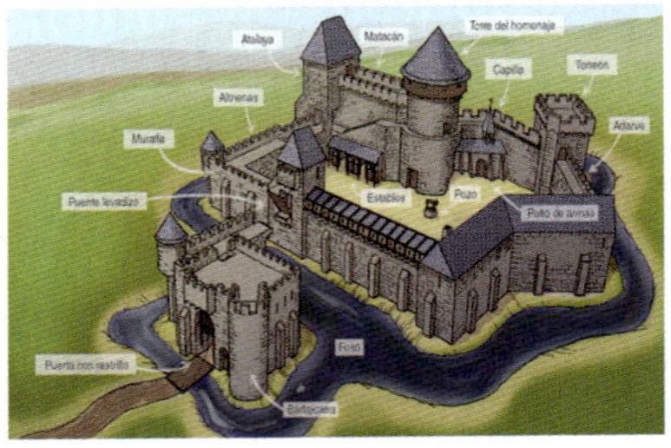

Ilustración monasterio

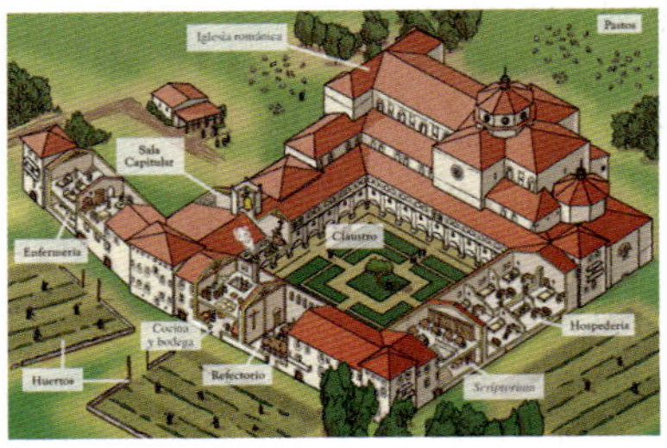

A partir de lo aprendido en la unidad, vamos a elaborar maquetas que recojan los diferentes escenarios medievales: el feudo, el castillo y el monasterio. Una vez realizadas, se pueden exponer en los pasillos, en alguna sala, en la biblioteca o en la entrada del colegio, para el disfrute de otros alumnos, padres y profesores.

- **Objetivo:** disfrutar con la realización y exposición de una maqueta de temática medieval.
- **Recursos mínimos:**
  - Una base de madera o cartón de tamaño entre 60 cm y 1 metro de lado.
  - Material diverso: tizas, maderas, paja, serrín, papel de aluminio para el agua, cartulinas, muñecos en miniatura, plastilina, cilindros de cartón de papel de cocina o higiénico, pegamento, cajas de cartón, musgo del belén, colores al agua y pinceles.
- **Condiciones:** dividimos la clase en tres grupos de manera que cada grupo elija uno de los siguientes temas: un castillo, un feudo o un monasterio.

Organización del trabajo: serán necesarios al menos tres días de trabajo en clase.

1. Elaboración de un diario de trabajo. Cada grupo decidirá cuál será el diseño y, una vez elegido, lo plasmará en un plano o proyecto inicial, que entregará al profesor al final de la hora de clase:
   - Elementos de la maqueta.
   - Si la superficie será llana o montañosa.
   - Dónde se distribuyen los elementos.
   - Materiales disponibles y necesarios.
2. Reparto de tareas. El grupo **distribuirá la tarea** entre sus miembros:
   - Qué materiales trae cada uno.
   - Qué parte de la maqueta realizará cada miembro del grupo o cómo se repartirán la tarea.
   - Quién se encargará de realizar pequeñas banderitas con el nombre de los principales elementos.

   Todo esto se dejará por escrito y se entregará al profesor.
3. Elaboración de la maqueta. Cada día de trabajo debe quedar anotado el progreso que se ha realizado y las dificultades que han surgido.
4. Exposición de la maqueta. Debe situarse en un lugar visible para que otras personas puedan verlas.

3 Diferentes, pero iguales

Para empezar

1. Observa la imagen y explica lo que ves. Selecciona algún detalle que te haya llamado especialmente la atención.
2. ¿Crees que todos nacemos con las mismas oportunidades? ¿Por qué? ¿Qué es lo que hace que las personas cambiemos con el paso del tiempo?
3. Lee la siguiente frase: *Las diferencias están en el origen de todo conflicto.* Comentad qué conflictos conocéis y cuáles son las diferencias que los han ocasionado.

Propuestas lúdicas

4. Hoy haréis un juego para "sentiros diferentes". El profesor colocará en vuestra frente una pegatina de color que desconoceréis durante todo el juego. Os moveréis por el aula buscando a diversos compañeros para entablar una conversación, pero la relación que mantendréis con ellos dependerá del color que lleve en su frente:
   - Si es rojo, se le ignorará pero sin llegar a rechazarle.
   - Si es azul, se le querrá mucho y se le respetará en exceso.
   - Si es amarillo, se le reirán todos los comentarios aunque no sean graciosos.
   - Si es verde, se le tratará como a un líder, aceptando y asintiendo cuanto diga o haga.

   Tras la experiencia, os reuniréis y dialogaréis sobre cómo os habéis sentido.

Una familia perfectamente normal

Esta es la historia de Barnaby Brocket y, para entender a Barnaby, primero hay que entender a sus padres, dos personas que tenían tanto miedo de todo aquel que era diferente que acabaron provocando una desgracia que tendría unas consecuencias desastrosas para todos sus seres queridos.

Empecemos por el padre de Barnaby, Alistair, quien se consideraba un hombre completamente normal. Llevaba una vida normal en una casa normal, habitaba en un barrio normal donde hacía cosas normales de una forma de lo más normal. Su esposa era normal, igual que sus dos hijos. (...) No cabía ninguna duda: la familia Brocket era la familia más normal de toda Nueva Gales del Sur, cuando no de toda Australia.

Y entonces nació su tercer hijo.

Barnaby Brocket hizo su aparición en el mundo un viernes, a las doce de la noche, lo cual fue un mal comienzo a ojos de Eleanor, que estaba preocupada por interrumpir el sueño del médico y la enfermera.

—Les pido mil disculpas —dijo entre tremendos sudores, cosa que era bastante bochornosa. Al dar a luz a Henry y a Melanie no había sudado de semejante manera; se había limitado a adquirir un tenue brillo especial, como en los últimos segundos de vida de una bombilla de cuarenta vatios.

—No pasa nada, señora Brocket —contestó el doctor Snow—. Los niños vienen cuando vienen. No hay manera de controlar estas cosas.

—Aun así, es de mala educación —dijo Eleanor antes de soltar un grito tremendo, cuando Barnaby decidió que había llegado el momento de asomar la cabeza—. Ay, madre —añadió, con la cara enrojecida por tanto esfuerzo.

—De verdad, no tiene de qué preocuparse —insistió el ginecólogo, y se colocó en una posición adecuada para atrapar al escurridizo recién nacido.

Parecía un jugador de rugby que se colocara en el campo de juego, con un pie fijo en el césped, por detrás del cuerpo, y el otro por delante y bien plantado en el suelo, con las dos manos extendidas, a la espera del premio que iban a lanzarle a los brazos.

Eleanor volvió a gritar, luego se arqueó hacia atrás y jadeó muy sorprendida. Notaba una presión tremenda que se iba acumulando dentro de su cuerpo, y no estaba segura de cuánto tiempo más podría soportarla.

—¡Empuje, señora Brocket! —dijo el doctor Snow, y Eleanor chilló por tercera vez mientras se obligaba a empujar con todas sus fuerzas a la vez que la enfermera le ponía una compresa fría en la frente para aliviarla.

Pero, en lugar de encontrar alivio en ese gesto, Eleanor empezó a gemir como una histérica y pronunció una palabra que no había pronunciado jamás en su vida, una palabra que consideraba increíblemente ofensiva (...). Era una palabra corta. Dos sílabas. Pero parecía expresar todo lo que ella sentía en ese preciso instante.

—¡Así me gusta! —exclamó con una sonrisa el doctor Snow—. ¡Ya está aquí! Uno, dos, tres, y luego un último empujón muy grande, ¿de acuerdo? Uno...

Eleanor tomó aire.

—Dos...

Jadeó.

—¡Tres!

John Boyne

(Irlanda, 1971). Novelista que ha logrado alcanzar un éxito unánime en todos los países en los que ha publicado *El niño con el pijama de rayas.* Es una novela trascendente por la original perspectiva con la que se muestra, a través de la inocencia de los niños, el horror de los campos de concentración nazis.
Entre sus novelas juveniles destacan, además, *En el corazón del bosque, Quédense en la trinchera y luego corran* y *El increíble caso de Barnaby Brocket.* Esta última trata sobre las diferencias entre las personas y las formas de respetarlas.

Y entonces notó una tremenda sensación de alivio y oyó el llanto de un bebé. Eleanor se derrumbó en la cama y gimió, contenta de que se hubiera terminado aquella horripilante tortura.

—Alabado sea… —dijo el doctor Snow un momento después, y Eleanor levantó la cabeza de la almohada, sorprendida.

—¿Pasa algo malo? —preguntó.

—Es lo más extraordinario que he visto en mi vida —contestó el médico mientras Eleanor se incorporaba un poco, a pesar de los tremendos dolores, para ver mejor al recién nacido que había provocado una respuesta tan anormal.

—Pero ¿dónde está? —preguntó Eleanor, porque el doctor Snow no lo tenía en brazos, ni estaba tumbado en una esquinita de la cama.

Y entonces fue cuando se percató de que tanto el médico como la enfermera habían dejado de mirarla a ella y ahora observaban boquiabiertos el techo, donde un recién nacido —su hijo recién nacido— estaba aplastado contra las planchas rectangulares de color blanco, mirando hacia abajo a los tres adultos, con una sonrisa pícara en el rostro.

—Está ahí arriba —dijo el doctor Snow con absoluta admiración, y era cierto: ahí estaba.

Pues Barnaby Brocket, el tercer hijo de la familia más normal que hubiera habitado jamás en el hemisferio sur, empezaba a demostrar desde el primer día que era de todo menos normal, al negarse a obedecer la norma más fundamental de todas.

La ley de la gravedad.

JOHN BOYNE: *El increíble caso de Barnaby Brocket*. Nube de tinta.

ACTIVIDADES

1. ¿En qué partes del texto el escritor exagera la normalidad de los padres de Barnaby? ¿Por qué crees que lo hace?
2. Al principio del fragmento se intuye que una "desgracia" con consecuencias terribles va a llegar a la familia. ¿Por qué motivo? ¿Cuál será esa desgracia?
3. El protagonista de esta novela es Barnaby, un niño de ocho años que nació con una gran diferencia: desafiar a la ley de la gravedad. ¿Imaginas cómo sería la vida de un niño que flota?
4. ¿Cómo crees que aceptarán estos padres –"excesivamente normales"– que el hijo que viene al mundo no es como se espera que sea?
5. El fragmento pertenece a una novela; es un texto narrativo con partes dialogadas. Localízalas en el texto y observa cómo se introducen los diálogos. ¿Cómo sabemos los lectores qué personaje interviene en ese momento en la conversación?
6. **Propuesta de expresión.** El autor trata el tema de las diferencias en un relato casi infantil, pero en el fondo es una metáfora al miedo a las diferencias. Interpreta en tu cuaderno esta cita extraída del libro: *"Solo porque tu versión de lo que es normal no coincida con la versión de otra persona, no significa que te pase algo malo."*

El lenguaje en los chats

Algunos consejos de la *Fundeu* (Fundación del español urgente) son:

- Usar emoticones para dotar de expresividad y entonación el texto.

- Los errores ortográficos se deben, a veces, a las prisas; no se han de criticar.
- Evitar escribir con mayúsculas, pues equivale a gritar.
- No alternar mayúsculas y minúsculas en un mismo mensaje.
- Evitar el uso de abreviaturas desconocidas para el destinatario.
- Evitar el uso de *k* para sustituir a *c/q* pues el ahorro es mínimo.

fundeu.es

¿SABÍAS QUE...?

En un **cómic** se combinan las palabras con las imágenes para narrar una historia, secuenciada en **viñetas**, que contienen **bocadillos** para insertar los diálogos. Suelen acompañarse de **ideogramas** (dibujos que expresan ideas), de **líneas cinéticas** (dibujos que expresan movimientos) y **onomatopeyas**.

Dialogar

Un **texto dialogado** es el resultado comunicativo entre dos o más personas que se intercambian información.

Tipos de textos dialogados

Los textos dialogados pueden ser de distinto tipo, según estos criterios:

- **Escritos no planificados:** como los *chats;* la inmediatez en la comunicación provoca que sean textos dialogados sin ninguna planificación. Aun así, conviene que conozcas algunos consejos para quedar bien ante los demás.
- **Escritos planificados:** como los *guiones cinematográficos*, los *cómics* y las *obras de teatro*. También encontramos fragmentos dialogados en textos narrativos, como las novelas, las leyendas y los cuentos. En estos textos se reproducen literalmente las palabras de todas las personas que intervienen en la comunicación.
- **Orales planificados:** una *entrevista* en la radio o en la televisión, aunque aparentan espontaneidad, están preparadas con antelación. Algunas entrevistas orales se reproducen por escrito en los periódicos.
- **Orales no planificados:** la *conversación* es el texto dialogado que utilizamos con más frecuencia para comunicarnos con los demás. Se caracteriza por la espontaneidad en el habla, la sencillez sintáctica, a veces desordenada, la escasa precisión léxica y la abundante entonación. Otros, menos frecuentes, son las *tertulias* y los *debates*.

Aprender a conversar y a escuchar

Conversar es una situación comunicativa que hemos de cuidar mucho; la utilizamos continuamente en la vida diaria y exige, al menos, respetar su organización interna:

1. Apertura o saludo: *¡Hola!, / ¿qué hay?*
2. Conjunto de preguntas, respuestas e intercambios comunicativos: *¿Viste ayer el capítulo de* Juego de tronos? */ Sí, estuvo genial. / A mí no me pareció tan sorprendente... / ¿Por? / Siempre viene a ser un poco lo mismo del día anterior... / ¿Y? / Pues que no estamos muy de acuerdo.*
3. Cierre y despedida: *En fin, qué le vamos a hacer. / Luego nos vemos.*

La fluidez de una conversación se debe tanto a la expresión de las ideas como a la capacidad de escucha. Y a veces, más que escuchar, lo que hacemos es *oír*, porque prestar atención a lo que se nos está diciendo no es tan fácil. Saber **escuchar** es una garantía de éxito en las relaciones interpersonales. Por eso, cuando converses con alguien conviene que:

1. Muestres interés por la opinión ajena. Cada uno tiene un punto de vista diferente pero no por eso hemos de dejar de escuchar.
2. No pienses en lo que vas a responder mientras el otro habla porque daría lugar a una discusión.
3. No interrumpas a tu interlocutor: ten paciencia.
4. Pregunta lo que no entiendas y, de vez en cuando, asiente con la cabeza para que tu interlocutor se percate de que le estás escuchando.

Cómo se escribe un texto dialogado

Para reproducir un diálogo por escrito has de tener en cuenta que:

1. Se utiliza el signo de puntuación de la **raya,** pues sirve para introducir los diálogos en estilo directo dentro de un texto narrativo.
2. En los guiones cinematográficos y en las obras de teatro, se escribe el **NOMBRE** del personaje y a continuación se reproducen sus palabras.
3. En las entrevistas escritas se suele indicar **P.:** (delante de la pregunta del entrevistador) y **R.:** (delante de la respuesta del entrevistado).

ACTIVIDADES

1. Las historias contadas en forma de cómic reproducen los diálogos en globos o bocadillos: **1.** bocadillo de hablar; **2.** bocadillo de pensar; **3.** bocadillo de gritar. Inventa un cómic de cuatro viñetas en el que utilices las tres tipologías de bocadillos.

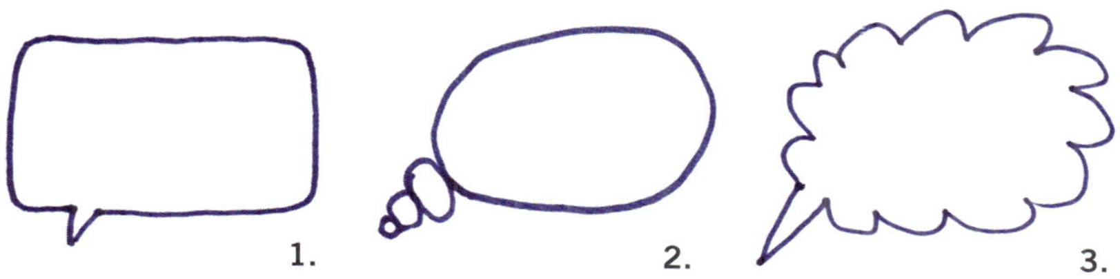

2. Planifica una entrevista sobre el tema: *Iguales pero distintos.* Tu profesor o profesora te ayudará en la redacción de unas ocho o diez preguntas. Busca una persona de confianza para obtener buenas respuestas; grábala en directo y, después, escríbela en tu cuaderno con un lenguaje elaborado más propio de la lengua escrita.

3. ¿Recuerdas la primera conversación que has tenido hoy? ¿Con quién la has tenido? ¿Cómo se inició? ¿Acerca de qué contenidos has conversado?

4. **Propuesta de expresión.** Realizad entre todos una tertulia en clase sobre el tema *No somos tan diferentes*. Unos pocos podrán evaluar si se han cumplido todas las expectativas sobre aprender a conversar y a escuchar siguiendo este test:

	Nunca	A veces	Siempre
Se interrumpe en ocasiones.			
Cuando alguien interviene no es para responder al otro.			
Se repiten ideas.			
Alguien pregunta por algo que no se entiende.			
Algunos hacen gestos que confirman la escucha.			
Se aceptan diferentes puntos de vista.			
Hablan varios a la vez.			

Los sintagmas

[Las palabras se organizan en grupos llamados *sintagmas,* y estos se organizan en grupos más amplios llamados *oraciones*.]

Los sintagmas se forman a partir de una palabra importante llamada **núcleo.** Dependiendo de la categoría gramatical a la que pertenece el *núcleo,* los sintagmas pueden ser de diferentes tipos:

- **Sintagma nominal:** su núcleo es un *sustantivo (Nuestra **familia**).*
- **Sintagma adjetival:** es un *adjetivo (muy **unida**).*
- **Sintagma verbal:** es un *verbo (**estará** muy unida).*
- **Sintagma adverbial:** es un *adverbio (**afortunadamente, siempre**).*
- **Sintagma preposicional:** es un sintagma nominal precedido de una preposición *(**en** la felicidad y **en** la desgracia).*

El núcleo puede formar por sí solo un sintagma, pero lo más frecuente es que otras palabras acompañen al núcleo para crear largos y, a veces, complejos sintagmas. Observa cómo añadimos información en este sintagma nominal:

El **árbol**

El frondoso **árbol**

El frondoso **árbol** *del huerto*

El frondoso **árbol** *del huerto de Juan* ha dado sus primeros frutos.

El sintagma nominal

Se llama sintagma nominal al grupo sintáctico cuyo núcleo es un **sustantivo.** Observa cómo en esta sencilla oración hay dos sintagmas nominales:

Jaime *es mi mejor* ***amigo.***

El primero está formado por un solo sustantivo: *Jaime.* El segundo está constituido por el sustantivo *amigo* y otras dos palabras: *mi* y *mejor.*

[El sustantivo puede formar un sintagma por sí solo *(Jaime, él...)* o ir acompañado de otras palabras.]

Constituyentes del sintagma nominal

Además del sustantivo *(núcleo),* el sintagma nominal puede llevar estos **constituyentes:**

- Un **determinante:** actualizador del nombre (Act.).
  la casa → actualizador + núcleo
- Un **adjetivo:** complemento del nombre (CN).
  mi *gran* amiga → act. + CN + núcleo
- Otro **sustantivo:** complemento del nombre (CN).
  mi amiga *Carmen* → act. + núcleo + CN
- Un **sintagma preposicional:** complemento del nombre (CN).
  la casa *de mi gran amiga* → act. + núcleo + CN

Todos estos sintagmas nominales pueden agruparse en uno más complejo dentro de una oración:

La ***casa*** *de mi gran amiga Carmen* está en las afueras.

[En la caseta (S.Prep.) *estaban* (V) *expuestos* (S.Adj.) *libros antiguos* (SN)*]* SV (Predicado).

ACTIVIDADES

1 Señala el núcleo de estos sintagmas para indicar de qué tipo son:

Muy pronto – mi cumpleaños – una idea estupenda – una gran fiesta – a mis mejores amigos – geniales.

Intenta construir un breve texto con estos sintagmas. Solo tendrás que añadir estos verbos y colocar algunos signos de puntuación:

Será – se me ha ocurrido – celebrar – invitaré – son.

2 Enriquece estos enunciados añadiendo actualizadores y complementos del nombre dentro de los sintagmas subrayados:

- Algunos quieren organizar una excursión.
- Cerca de casa han construido un hotel.
- En clase hemos preparado una exposición.
- He quedado hoy con mis amigos en el parque.
- Ayer vi el estreno en el cine.
- Mis profesores me han recomendado una novela para las vacaciones.

3 Escribe sintagmas nominales cuyos núcleos sean: *excursión, amistad, compromiso, estudio, mascota* y *película.*

4 En este texto descriptivo hemos destacado algunos sintagmas nominales. Cópialos en tu cuaderno y analiza sus constituyentes. Después, reflexiona sobre la situación de los protagonistas de esta historia.

Seis negros avanzaban en fila, ascendiendo con esfuerzo visible el sendero. Caminaban lentamente, **el gesto erguido,** balanceando **pequeñas canastas** llenas de tierra sobre las cabezas. **Aquel sonido** se acompasaba con sus pasos. Llevaban **trapos negros** atados alrededor de las cabezas y las puntas se movían hacia delante y hacia atrás como si fueran colas. Podía verles todas las costillas; **las uniones de sus miembros** eran como **nudos de una cuerda.** Cada uno llevaba atado al cuello **un collar de hierro**, y estaban atados por una cadena cuyos eslabones colgaban entre ellos, con **un rítmico sonido. Sus pechos delgados** jadeaban al unísono. Se estremecían las aletas violentamente dilatadas de sus narices. **Los ojos** contemplaban impávidamente la colina.

JOSEPH CONRAD: *El corazón de las tinieblas*. Cátedra.

RECUERDA

El **pronombre** es una palabra que sustituye al nombre; por tanto, puede ser el **núcleo** de un sintagma nominal. Por ejemplo, la oración ***Algunos alumnos de Secundaria*** *quieren organizar una excursión de fin de curso,* podría reducirse a ***Algunos*** *quieren organizar una excursión de fin de curso.* Ambos sintagmas destacados son nominales.

Joseph Conrad

Escritor de raíces románticas y realistas, al que muchos consideran precursor del modernismo (Berdichev, antigua Polonia, actual Ucrania, 1857 – Inglaterra, 1924). Fue marino mercante y sus numerosos viajes le inspiraron argumentos para sus novelas *(Un vagabundo en las islas, El negro del Narcissus…).* Su gran sueño fue conocer África, que se cumplió con una visita al Congo Belga, en la que pudo comprobar las barbaridades que cometían los colonos contra la población indígena. Sus impresiones y sus críticas se vieron reflejadas en *El corazón de las tinieblas.*

¿SABÍAS QUE...?

La concordancia

Los determinantes, los sustantivos y los adjetivos son palabras variables porque llevan morfemas flexivos para informar del género y del número:
El pantalón *negr**o**,* **la** camisa *negr**a**;* **la** torre más *alt**a**,* **las** torre**s** más *alt**as**.*
Los verbos son palabras variables; el morfema flexivo que informa del número también se ciñe a la regla de la concordancia:
Él llegó a mediodía *hambrient**o**;* **ellos** lleg**aron** a mediodía *hambrient**os**.*

El sintagma adjetival

Se llama sintagma adjetival al grupo sintáctico cuyo núcleo es un **adjetivo.** Habitualmente, este adjetivo acompaña a un sustantivo para cualificarlo:

Un viento ***apacible***, una tarde ***soleada***

Y puede ir acompañado de

- Un **adverbio** para modificar su significado (Mod.):

  *muy **apacible*** → Mod. + núcleo
  *poco **soleada*** → Mod. + núcleo

Valores semánticos del sintagma adjetival

Con **respecto a un sustantivo,** un sintagma adjetival se utiliza para expresar sus rasgos descriptivos, valorativos y relacionales. Observa los siguientes ejemplos:

La figura *redonda.* Los campos *áridos.* La torre más *alta.* El pantalón *negro.*	→	Se califican o describen las cualidades de tamaño, forma, posición, color... del sustantivo.
Una *estupenda* idea. Aquellos *maravillosos* años. Los *malos* recuerdos. Una *lluviosa* tarde.	→	Se valora el sustantivo, pues dependen de la subjetividad del hablante.
Animales *domésticos.* Rocas *calizas.* Población *asiática.* Seres *vivos.*	→	Se clasifican los sustantivos, organizándolos dentro del origen, de la materia o del grupo al que pertenecen.

Con **respecto a un verbo,** el sintagma adjetival sirve para **atribuir** una cualidad a la persona de la que se habla:

- Ese chico parece *muy interesado* por sus estudios.
- María estaba *desolada* y se sentía *muy triste.*

O para **predicar** cualidades de la persona que realiza esa acción:

- Juanma llegó a mediodía *hambriento* y se comió *ansioso* su plato favorito.
- A Marcos se le veía *muy entusiasmado* con esa nueva idea.

El sintagma adverbial

Se llama sintagma adverbial al grupo sintáctico cuyo núcleo es el **adverbio.** *(Vivo **lejos**; vivo muy **lejos**; vivo **lejos** del colegio; vivo muy **lejos** del colegio).* Puede ir acompañado de otras palabras:

- Un **adverbio:** modifica al otro adverbio (Mod.):

  *muy **lejos*** → Mod. + núcleo

- Un **sintagma preposicional:** complementa al adverbio (C.Adv.):

  ***lejos** del colegio* → núcleo + C.Adv.

ACTIVIDADES

5 Escribe en tu cuaderno sintagmas que respondan a estas estructuras:

Sintagma adjetival → Mod. + núcleo

Sintagma verbal → Verbo + Sintagma adjetival (Mod. + núcleo)

Sintagma nominal → + Act. + núcleo + CN (Sintagma adjetival → (Mod. + núcleo))

Sintagma verbal → Verbo + Sintagma adverbial (Mod. + núcleo + C.Adv.)

6 Lee este cuento, disfruta con su moraleja y después responde:

Galletitas

A una estación de trenes llega una tarde, una señora muy elegante. En la ventanilla le informan de que el tren se retrasa y que tardará aproximadamente una hora en llegar a la estación.

Un poco fastidiada, la señora va al kiosco y compra una revista un paquete de galletitas y una lata de gaseosa.

Preparada para la forzosa espera, se sienta en uno de los largos bancos del andén. Mientras hojea la revista, un joven se sienta a su lado y comienza a leer un diario. Imprevistamente la señora ve, por el rabillo del ojo, cómo el muchacho, sin decir una palabra, estira la mano, agarra el paquete de galletitas, lo abre y después de sacar una comienza a comérsela despreocupadamente.

La mujer está indignada. No está dispuesta a ser grosera, pero tampoco a hacer de cuenta que nada ha pasado; así que, con gesto ampuloso, toma el paquete y saca una galletita que exhibe frente al joven y se la come mirándolo fijamente.

Por toda respuesta, el joven sonríe... y toma otra galletita. La señora gime un poco, toma una nueva galletita y, con ostensibles señales de fastidio, se la come sosteniendo otra vez la mirada en el muchacho.

El diálogo de miradas y sonrisas continúa entre galleta y galleta. La señora cada vez más irritada, el muchacho cada vez más divertido.

Finalmente, la señora se da cuenta de que en el paquete queda sólo la última galletita. "No podrá ser tan caradura", piensa, y se queda como congelada mirando alternativamente al joven y a las galletitas.

Con calma, el muchacho alarga la mano, toma la última galletita y, con mucha suavidad, la corta exactamente por la mitad. Con su sonrisa más amorosa le ofrece media a la señora.

—¡Gracias! —dice la mujer tomando con rudeza la media galletita.

—De nada —contesta el joven sonriendo mientras come su mitad.

El tren llega. Furiosa, la señora se levanta con sus cosas y sube al tren. Al arrancar, desde el vagón ve al muchacho todavía sentado en el banco del andén y piensa: "Insolente".

Siente la boca reseca de ira. Abre su bolso para sacar la lata de gaseosa y se sorprende al encontrar, cerrado, su paquete de galletitas... ¡Intacto!

JORGE BUCAY: *Cuentos para pensar*. RBA.

a) Distingue si los sintagmas subrayados son adjetivales o adverbiales.

b) En los sintagmas adjetivales destaca sus valores semánticos (descriptivos, valorativos, relacionales).

c) Fíjate también en si estos sintagmas adjetivales se relacionan con un sustantivo o con un verbo, y explica su concordancia.

RECUERDA

El adverbio también puede modificar el significado de un adjetivo: *Es **muy** feliz, es **demasiado** feliz, es **poco** feliz, es **bastante** feliz.*

Jorge Bucay

Escritor y terapeuta argentino (1949), autor de numerosas obras de autoayuda, entre las que destaca *Cuentos para pensar.*

El significado de las palabras

El léxico es el conjunto de palabras que constituyen una lengua y que puede modificarse con el paso del tiempo. Los **diccionarios** son los libros o soportes electrónicos que recogen las palabras en uso e informan de sus significados.

¿SABÍAS QUE...?

En las definiciones de los diccionarios se utilizan muchas abreviaturas. Las más frecuentes son:

f.: femenino
m.: masculino
sing.: singular
pl.: plural
tr.: transitivo
intr.: intransitivo
copulat.: copulativo
adj.: adjetivo
adv.: adverbio
sust.: sustantivo
pron.: pronombre
art.: artículo
conj.: conjunción
prep.: preposición
lat.: del latín
ár: del árabe
gr.: del griego
ingl.: del inglés

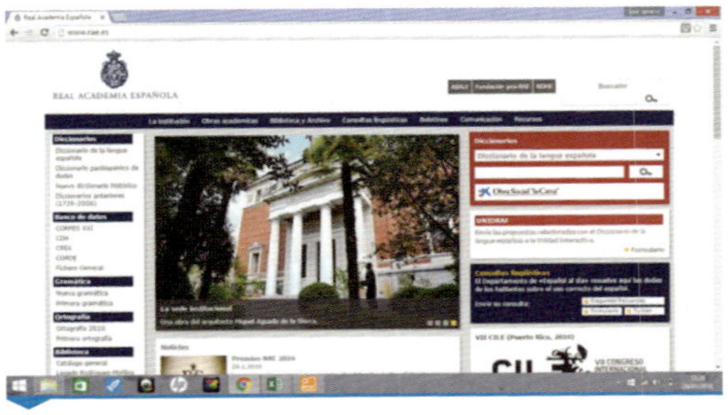

Diccionario de la RAE en Internet.

Cómo se maneja un diccionario

Para buscar el significado de una palabra en un diccionario deberemos considerar los siguientes aspectos:

- El **orden alfabético** que se sigue es el habitual, pero las palabras que contienen "ch" y "ll" se colocan en sus lugares correspondientes dentro de "c" y "l" respectivamente, con un encabezamiento **CH** y **LL.**
- El **lema:** es la palabra destacada en negrita que se define. Un lema puede tener dos o más **entradas,** es decir, puede repetirse si la palabra tiene orígenes etimológicos diferentes.
- Las **acepciones:** son cada uno de los significados y/o usos del lema, y van numeradas.
- Las **abreviaturas:** ofrecen información del origen de la palabra, información gramatical, registro, etc.

Observa la entrada de la palabra: *sierra.*

Lema **Origen** **Información gramatical** **Primera acepción** **Otras acepciones**

sierra. (Del lat. *serra*). f. Herramienta para cortar madera u otros objetos duros, que generalmente consiste en una hoja de acero dentada sujeta a una empuñadura. **2.** Lugar donde se sierra. **3.** Herramienta que consiste en una hoja de acero fuerte, larga y estrecha, con borde liso, sujeta a un bastidor, y que sirve para dividir piedras duras con el auxilio de arena y agua. (...)

Fenómenos léxico-semánticos

Una misma palabra puede tener uno o varios significados; dos palabras diferentes pueden significar lo mismo o ideas contrarias... A estas diferencias las llamamos **fenómenos léxico-semánticos:**

- La **sinonimia** se produce cuando dos palabras tienen significados muy similares: *fino/delgado, vivir/habitar.*
- La **antonimia** se da entre dos palabras que tienen significados más o menos opuestos: *fino/grueso, alta/baja.*
- La **monosemia** afecta a una palabra cuando solo tiene un significado. Ejemplos: *sien, morar, lexema, parchís...*
- La **polisemia** se da en una palabra que tiene varios significados. Estos significados aparecen en el diccionario dentro de una sola entrada: *sierra, operación, banco, araña, planta...*
- La **homonimia** se encuentra en dos o más palabras, con orígenes diferentes y significados distintos. Si se pronuncian igual pero se escriben de forma distinta, se llaman **homófonas** *(baca/vaca, hola/ola...)* y si se escriben igual, **homógrafas:** *llama* (del verbo *llamar), llama* (o fuego), y *llama* (animal)*; pasa* (uva) y *pasa* (del verbo *pasar).*

ACTIVIDADES

1. Indica los elementos que constituyen las entradas de estas palabras:

   paisaje. 1. m. Extensión de terrenc que se ve desde un sitio. // **2.** Extensión de terreno considerada en su aspecto artístico. // **3.** Pintura o dibujo que representa cierta extensión de terreno.

   país. (Del fr. *pays*). **1.** m. Nación región, provincia o territorio. // **2.** Paisaje (//pintura o dibujo). // **3.** Papel, piel o tela que cubre la parte superior del varillaje del abanico.

2. Consulta el diccionario para construir enunciados con os significados diferentes de cada una de estas palabras polisémicas: *muñeca, pluma, gato* y *cabo.*

3. Averigua en los siguientes pares de palabras si la relación que se da entre ambas es propia de la sinonimia o de la antonimia:

Empezar y comenzar	Alto y bajo
Solo y acompañado	Delante y detrás
Flaco y delgado	Dar y recibir
Pesado y ligero	Casado y soltero

4. Consultando de nuevo el diccionario, averigua si estamos ante casos de polisemia u homonimia en estos pares enunciados:
   - Vino muy contento de sus vacaciones. / Echa un poco de vino tinto en el asado.
   - El padre vela por la integridac de sus hijos. / Esta vela está aromatizada con limón.
   - Llama a casa para decir que llegas un poco tarde. / Fue una llama casera la que provocó el incendio.

5. En este texto se han destacado algunas palabras que pueden ser intercambiables por algunos sinónimos. Búscalos en el diccionario y selecciona aquellos que más se adapten al contexto de este texto.

Aunque el juez había ordenado ya el levantamiento de varias docenas de cadáveres en los seis meses que llevaba al frente del juzgado de la isla, y su antecesor le había asegurado que acabaría acostumbrándose y con el tiempo ya no le impresionaría tanto, él seguía sin soportar aquella frecuencia de la muerte. Lo de hoy, además, era especialmente **horrible,** por la terquedad con que los **cadáveres** estaban **enlazados** unos a otros.

—Señor juez, venga a ver esto —dijo casi en **susurro** uno de los guardias a bordo de la **barca,** con las extremidades ocultas bajo varios cuerpos que parecían agarrados a sus piernas en **súplica.** Señalaba al suelo de la **embarcación,** a un punto invisible para el juez desde el **muelle.** El guardia, con expresión de **espanto,** se agachó y **hundió** las manos entre los muertos. Pareció **forcejear** durante varios segundos para **desenganchar** algo del fondo de madera. (...)

Era un niño. Estaba recogido sobre sí mismo, doblado, con las rodillas contra el pecho y los brazos rodeándolas, no en la típica posición fetal, sino más encogido aún, como si hubieran intentado **plegarlo.** Era un niño. Era un niño blanco.

ISAAC ROSA: *Rasgos occidentales. Inmenso estrecho II.* Kailas.

AYUDA

Para buscar un verbo en el diccionario has de hacerlo buscando su infinitivo. Por ejemplo, *llama* del verbo "*llamar*".

¿SABÍAS QUE...?

En Word tienes la posibilidad de enriquecer tu vocabulario utilizando sinónimos. Basta con situar el cursor encima de la palabra que quieres cambiar, cliquear en el botón derecho del ratón y enseguida aparecerá un menú con la palabra "Sinónimos".

La tilde

"En el ascensor de un edificio de vecinos, figuraba hace unos días un cartel con la siguiente leyenda:

**Por averia electrica se arreglara la antena parabolica. Dejen al conserje las llaves del atico el sabado veinticinco.* Algún vecino, cuando lo leyó tal cual, pensó que... ¡era poesía! Otros, enseguida cayeron en la cuenta de que faltaban algunas tildes: entendían su significado, pero el texto no estaba bien escrito."

Sílabas átonas y sílabas tónicas

La **sílaba tónica** es aquella en la que recae el golpe de voz en la entonación. El resto de sílabas de la palabra son **átonas.**

Según la posición que ocupa dentro de la palabra la sílaba tónica, las palabras se clasifican en:

- **Agudas:** la sílaba tónica es la última *(per**dón**, ca**fé**, ca**lor**, par**chís**).*
- **Llanas:** la sílaba tónica es la penúltima *(cer**ta**men, **ám**bar, **fút**bol).*
- **Esdrújulas:** la sílaba tónica es la antepenúltima *(espe**cí**fico, **sí**laba).*
- **Sobresdrújulas:** la sílaba tónica es anterior a la antepenúltima *(**prés**tanoslo).*

Reglas generales de acentuación

La **tilde** es un signo gráfico (´) que ha de situarse encima de la vocal **tónica.** siguiendo estas reglas:

- Llevan tilde las palabras agudas acabadas en vocal o en consonante *n* o *s* *(ca**fé**, per**dón**, par**chís**).*
- Llevan tilde las palabras llanas que acaban en consonante distinta de *n* o *s* *(**ám**bar, **fút**bol).*
- Llevan siempre tilde las palabras esdrújulas y sobresdrújulas *(espe**cí**fico, **prés**tanoslo).*

Diptongos y triptongos

- Un **diptongo** es la unión de dos vocales dentro de una misma sílaba.

  El cuadro siguiente recoge ejemplos de palabras en las que aparecen diptongos con todas las combinaciones posibles de vocales abiertas y cerradas:

		Vocales abiertas		
		A	E	O
Vocales cerradas	I	*J**ai**me, r**ia**da*	*p**ei**ne, Jav**ie**r*	*M**oi**sés, v**io**lín*
	U	*L**au**ra, c**ua**dra*	*r**eu**nir, Man**ue**l*	*b**ou**, c**uo**ta*
	*L**ui**s, v**iu**da*			

  Los **diptongos** se acentúan según las reglas generales. Si ha de llevar tilde, se pondrá encima de la vocal abierta: ***queréis*** (es aguda acabada en **s**), ***cuén**tame* (es esdrújula). En los diptongos formados por vocal cerrada + vocal cerrada se pondrá siempre sobre la última: ***cuí**date* (es esdrújula).

- Un **triptongo** es la unión de tres vocales dentro de una misma sílaba (cerrada + abierta + cerrada). Se acentúan según las reglas generales. Si ha de llevar tilde, se pondrá encima de la vocal abierta: *lim**piáis**, **buey**.*

RECUERDA

La vocal mayúscula de una palabra debe llevar **tilde** si le corresponde por las reglas generales: ***É**rase una vez...; DIRECCI**Ó**N PEDAG**Ó**GICA: REPTILES: EL CAMALE**Ó**N.*

Hiatos

Decimos que dos vocales van juntas formando **hiato** cuando cada una pertenece a una sílaba distinta. Forman hiato las siguientes combinaciones:

- **Vocal abierta + vocal abierta: ae, ea, ao, oa, oe, eo, aa, ee, oo;** siguen las reglas generales de acentuación, si es que alguna ha de llevar tilde: *aerolíneas, caoba, coartada, soez, peonza, Saavedra, creer, coordinador.*
- **Vocal cerrada tónica + vocal abierta:** **ía, íe, ío, úa, úe, úo;** siempre llevarán tilde en la cerrada: *Lucía, envíe, envío, púa, acentúe, búho.*
- **Vocal abierta + vocal cerrada tónica: aí, eí, oí, aú, eú, oú;** siempre llevarán tilde en la cerrada: *país, reíste, oímos, baúl, reúma.*

ACTIVIDADES

1. Copia en tu cuaderno esta definición. Separa con guiones todas las sílabas. Después, léela en voz alta y rodea con un círculo cada sílaba tónica:

   La tolerancia es el respeto por los pensamientos y las acciones de los otros cuando son diferentes u opuestos a los nuestros. Pese a que la tolerancia invita al respeto y a comprender los valores de los otros, no supone aceptar aquellas ideas que avasallan los derechos de los demás.

2. Identifica la clase de palabra por la posición que ocupa la sílaba con vocal tónica: *sendero, esplendor, carismático, dulce, galardón, amó, quimera, padre, sílaba, palabra, vocal.*

3. Justifica la presencia o no de tilde en las palabras de la actividad 2.

4. Identifica las sílabas que contienen diptongos o triptongos en estas palabras: *traición, distribuido, elogiéis, huérfano, reinado, Uruguay, piano, cacahuete, farmacéutico.*

5. Identifica los hiatos de las siguientes palabras: *paseo, amoríos, caótico, deseo, caída, fea, poetisa, rodeo.*

6. Escribe la segunda persona del plural del presente de indicativo y del pretérito imperfecto de los verbos *leer, estudiar, tener, escribir* y *amar.*

7. Lee con atención este texto. Selecciona palabras que llevan tilde pero que respondan a estos criterios: a) cuatro agudas; b) cuatro llanas; c) una esdrújula; d) una palabra monosílaba que lleva tilde diacrítica:

   El día después de que Padre dijera a Bruno que pronto volvería a Berlín, Shmuel no fue a la alambrada como era habitual. Tampoco apareció al día siguiente. El tercer día, cuando Bruno llegó allí, no estaba; esperó diez minutos y estaba a punto de volver a casa, sumamente preocupado por tener que marcharse de Auchviz sin haberse despedido de su amigo, cuando a lo lejos un punto se convirtió en una manchita que se convirtió en un borrón que se convirtió en una figura que a su vez se convirtió en el niño del pijama a rayas.

   Bruno sonrió al verlo sentarse en el suelo y sacó de su bolsillo el trozo de pan y la manzana que había llevado de casa para dárselos. Pero ya desde lejos había advertido que su amigo parecía más triste que de costumbre, y tampoco cogió la comida con el entusiasmo de siempre.

   JOHN BOYNE: *El niño con el pijama de rayas.* Salamandra.

¿SABÍAS QUE...?

Algunas palabras llevan una **h** entre dos sílabas que se llama **h intercalada.**
Que aparezca esta letra no impide que se formen:

- diptongos: *ahijado, ahumados.*

- hiatos: *rehén, búho.*

AYUDA

Las **palabras monosílabas** no llevan tilde, a no ser que sea diacrítica, es decir, que sirvan para distinguir una categoría gramatical de otra: *de* (preposición) / *dé* (verbo dar), *te* (pronombre) / *té* (sustantivo), *mas* (conjunción) / *más* (adverbio), *el* (determinante) / él (pronombre), *tu* (determinante) / *tú* (pronombre), *si* (conjunción) / *sí* (afirmación).

El Imperio bizantino

El **fuego griego** era una sustancia incendiaria que ardía tanto en la tierra como en el agua. Era una mezcla de petróleo, azufre y otras sustancias. Se lanzaba con grandes cañones a chorro sobre los barcos enemigos.

El Imperio romano de Oriente, que surgió en el año 395 tras la división del Imperio romano por parte del emperador Teodosio, fue conocido también como **Imperio bizantino,** y su capital, Constantinopla (la actual Estambul, en Turquía), se convirtió en sede imperial.

El Imperio bizantino desarrolló una importante **actividad comercial** con las ciudades del Mediterráneo, consiguió rechazar las invasiones de los pueblos bárbaros y vivió un período de gran esplendor político, económico y cultural durante el reinado de Justiniano. Sobrevivió hasta el año 1453 cuando Constantinopla fue tomada por los turcos.

La era de Justiniano (527-565)

Durante el reinado de **Justiniano,** conocido como *el Grande,* el Imperio bizantino conoció su época de máximo esplendor y expansión territorial. Su objetivo era recuperar los territorios del antiguo Imperio romano.

Gracias a una organización militar eficaz, logró controlar las costas africanas (Egipto y Cartago) y hacerse con la península itálica y el sureste de la península ibérica.

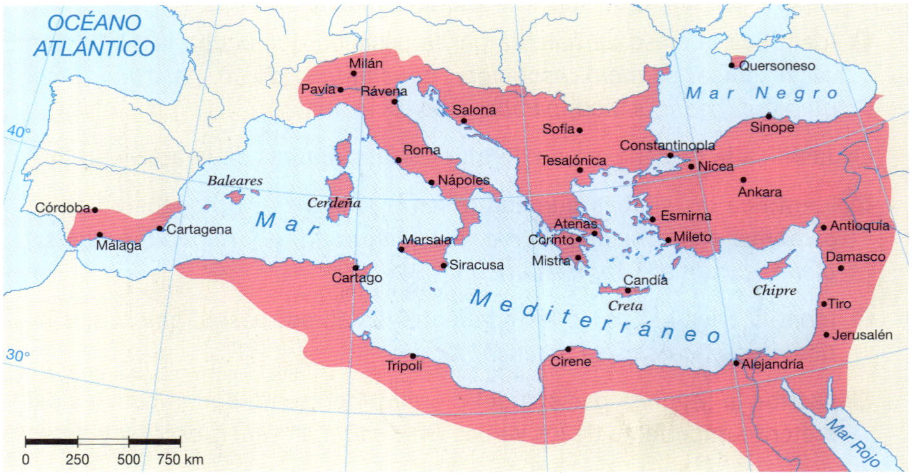

El Imperio de Justiniano abarcaba parte de los territorios del antiguo Imperio romano de Occidente.

La decadencia (siglos VII-XV)

Tras la muerte de Justiniano, el Imperio entró en un período de decadencia. Las campañas militares debilitaron la hacienda imperial y produjeron, a mediados del siglo VII, una crisis económica que provocó la debilidad del Imperio.

A ello se sumó el empuje de los musulmanes que se apoderaron de Palestina, Siria y Egipto. Constantinopla sufrió su asedio, pero el dominio del mar por parte de los bizantinos y las nuevas armas, como el **fuego griego,** facilitaron la resistencia.

A partir del siglo XII se agravó la situación de crisis del Imperio. En el año 1204 los **cruzados** conquistaron Constantinopla, manteniendo la ciudad ocupada más de medio siglo.

Varios siglos más tarde, en el año 1453, los turcos otomanos dirigidos por Mehmet II conquistaron la ciudad de Constantinopla. Este hecho supuso el **final del Imperio bizantino.**

¿SABÍAS QUE...?

Aunque el papa Inocencio III había convocado a los cruzados (cuarta cruzada) para conquistar Egipto, los caballeros que viajaban a través del Imperio bizantino decidieron ocupar la ciudad de Constantinopla. Sustituyeron al emperador por un cruzado, Balduino de Flandes, cuya dinastía estuvo gobernando la ciudad durante sesenta años. La gran beneficiada fue **Venecia,** que mantenía una importante ruta comercial con Oriente a través de Constantinopla.

La organización del Imperio

- **Política:** en la cúspide estaba el **emperador,** que ejercía un **poder centralizado:** dirigía el gobierno, la justicia, el ejército e, incluso, influía en el poder religioso, ya que tenía capacidad para nombrar al patriarca de Constantinopla. El Derecho romano, recopilado en el **Código de Justiniano,** regulaba la vida y las relaciones sociales.
- **Economía:** el **comercio** se sirvió de la situación geográfica de Constantinopla, que le permitió ser un puente entre Asia y el Occidente europeo. Los principales productos que llegaban a Europa fueron telas, cueros, marfil, especias y perfumes. La **agricultura** también fue una actividad importante en el Imperio, así como la **artesanía** (se elaboraba seda, vidrio y se realizaban trabajos con oro y plata).
- **Sociedad:** en la cúspide estaba el **emperador,** y por debajo, se situaban la **nobleza** y la **Iglesia.** El resto de la sociedad eran artesanos, comerciantes, pequeños agricultores y soldados con tierras cedidas por el emperador.

El arte

El período de mayor esplendor artístico se produjo durante el reinado de Justiniano. Los edificios más representativos son las **iglesias;** entre ellas, sobresalen Santa Sofía, en Constantinopla, y San Marcos, en Venecia.

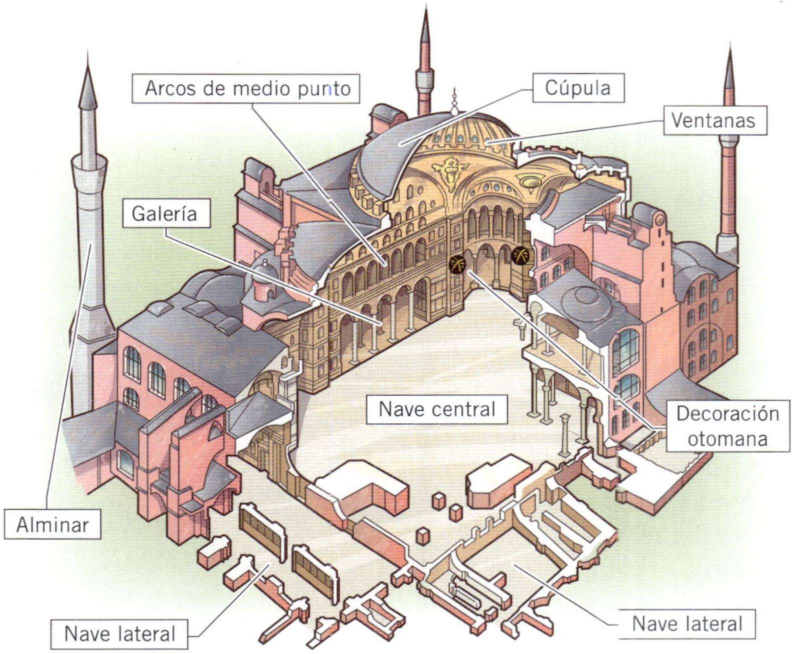

En el año 1054 se produjo el **Gran Cisma** que supuso la ruptura con la Iglesia de Roma. Se impuso, así, la **Iglesia ortodoxa.**

ACTIVIDADES

1. Escribe en tu cuaderno la respuesta correcta: la capital del Imperio era
   a) Bizancio b) Constantinopla c) Estambul
2. Escribe en tu cuaderno la respuesta correcta: los cruzados eran guerreros
   a) turcos otomanos b) musulmanes c) cristianos
3. Escribe en tu cuaderno la respuesta correcta: La máxima extensión de Imperio se produjo durante el siglo:
   a) VI b) XI c) VII

¿SABÍAS QUE...?

Los **mosaicos** fueron una de las manifestaciones artísticas más características del Imperio bizantino. Con ellos decoraban las paredes y cúpulas de los edificios. Sobresalen los de San Vital, en Rávena (Italia).

Mosaico de Justiniano.

El islam

El **islam** surgió en el siglo VII en la península arábiga.

Origen del islam

Mahoma es el **creador de la religión musulmana.** Nació en La Meca en el año 570. Cuenta la tradición que Mahoma tuvo una visión en la que el arcángel Gabriel le anunció que era el último **profeta** y que tenía que predicar el **islam,** que significa «sumisión a Dios». Los seguidores de esta religión son los **musulmanes.**

El arcángel Gabriel revela la nueva fe a Mahoma.

El **carácter monoteísta** del islam, que predicaba la creencia en un solo **dios, Alá,** chocaba con el politeísmo de las tribus y los habitantes de Arabia. Esta circunstancia provocó que Mahoma tuviera que abandonar La Meca, en el año 622, y tuviera que instalarse en Medina. Este hecho se conoce como **La Hégira.**

La fecha en que tuvo lugar La Hégira constituye el año inicial del calendario musulmán.

El Corán y los preceptos del islam

El **Corán** es el libro sagrado de los musulmanes y contiene 114 capítulos (suras). Recoge las enseñanzas del islam, así como las **cinco obligaciones** que debe cumplir el buen musulmán:

- Profesión de fe: Alá es el único Dios y Mahoma su principal mensajero o su profeta.
- Orar cinco veces al día en dirección a La Meca. Esta oración se debe realizar tras las abluciones o limpieza corporal.
- Dar limosna a los necesitados.
- Ayunar durante el mes de Ramadán. Consiste en la no ingestión de alimentos y agua desde la salida hasta la puesta del sol.
- Peregrinar a La Meca, al menos, una vez en la vida , si las condiciones económicas o de salud lo permiten.

Dibujo de la Kaaba en una obra literaria del siglo XIV.

¿SABÍAS QUE...?

La Meca es visitada por millones de peregrinos cada año, para cumplir el mandato del profeta. Visitan la Kaaba, santuario que contiene la piedra negra, que es un meteorito. Los peregrinos deben dar siete vueltas alrededor, por la izquierda.

La expansión del islam

Tras la muerte de Mahoma, sus sucesores, conocidos como **califas,** continuaron con la **expansión de la nueva doctrina** y ejercieron el control de los nuevos territorios sometidos, cuya población se convirtió mayoritariamente, y por distintos motivos, al islam.

Esta expansión se produjo en plena disputa entre dos grupos: los omeya familia a la que pertenecía Mahoma, y los partidarios de Alí, primo del profeta y nombrado cuarto profeta. La disputa se zanjó con la derrota de Alí.

La arquitectura

El arte musulmán es **profundamente religioso.** Sobresale la **arquitectura;** la escultura y la pintura son manifestaciones artísticas no desarrolladas, ya que el islam limita la representación de la figura humana.

El edificio más importante es la **mezquita.**

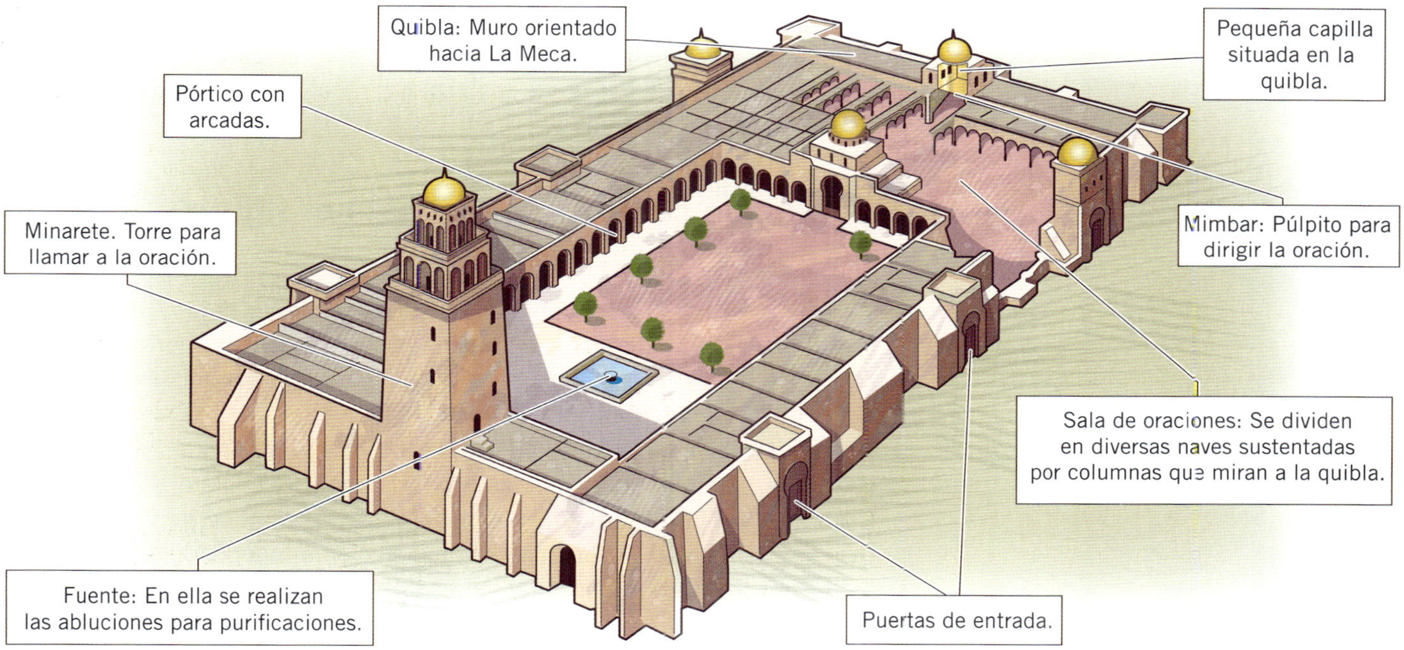

ACTIVIDADES

4 Elabora un crucigrama con los siguientes términos:

- Santuario que contiene la piedra negra.
- Ciudad a la que huyó Mahoma en el año 622.
- Libro sagrado que recoge la doctrina islámica.
- Ciudad a la que el musulmán dirige la oración cinco veces al día.
- Torre desde la que se dirige el culto diario.
- Pequeña estancia en el muro o *quibla.*

5 Elabora una breve biografía de Mahoma, en la que incluyas:

- Datos de nacimiento y muerte: fechas y lugares.
- Desarrollo de su vocación de profeta: mensaje y lugares de predicación.
- Importancia y trascendencia de su figura histórica.

AYUDA

Para saber más sobre la biografía de Mahoma, puedes acudir a las siguientes webs:
https://www.youtube.com/watch?v=4BJmf8I-OIDw
http://www.biografiasyvidas.com/biografia/m/mahoma.htm

Al-Ándalus

La conquista musulmana

Retratos de Don Rodrigo y Tariq.

Desde finales del siglo VII el reino visigodo estuvo afectado por una crisis:

- La **escasez de cosechas** y la extensión de la **peste.**
- El enfrentamiento entre las familias dirigentes visigodas por la **entronización del conde Rodrigo.**
- Los acuerdos de una minoría **nobiliaria visigoda** con los musulmanes para preservar sus propiedades ante una posible invasión.
- Las acciones de la **minoría judía,** marginada por las leyes visigóticas que limitaban sus propiedades y poder en la sociedad.

En el **año 711** tropas de origen árabe y bereber, procedentes del norte de África y acaudilladas por el general **Tariq,** cruzaron el estrecho de Gibraltar e invadieron la Península.

Los musulmanes derrotaron al ejército visigodo, encabezado por Rodrigo, en la **batalla de Guadalete.** Tras la victoria, los musulmanes ocuparon rápidamente la mayor parte del territorio peninsular, al que llamaron **al-Ándalus.** Solo quedó un pequeño reducto en el norte peninsular sin conquistar desde donde, más tarde, se inició la **Reconquista.**

Evolución de al-Ándalus hasta el siglo XI

Desde el siglo VIII y hasta el siglo XI, al-Ándalus atravesó varias fases:

- **Emirato dependiente del califato omeya de Damasco (711-756):** el poder musulmán se extendió por la península ibérica, excepto el norte. Los gobernadores, que ejercían el poder en las nuevas tierras conquistadas, tuvieron que hacer frente a rebeliones internas.
- **Emirato independiente de Córdoba (756-929):** la familia abasí arrebató el califato a la familia omeya y trasladó la capital del califato a la ciudad de Bagdad (año 750). Un miembro de la familia omeya, **Abderramán I,** logró escapar, se refugió en al-Ándalus y se proclamó **emir** independiente de Bagdad (año 756). Estableció la capital del **emirato** en **Córdoba.**
- **Califato de Córdoba (929-1031):** un nuevo emir, **Abderramán III,** consolidó el poder en al-Ándalus frente al califato de Bagdad, y se proclamó **califa** en el año 929. Durante su gobierno, el califato de Córdoba vivió una época de esplendor en todos los ámbitos. A principios del siglo XI el califato entró en crisis y se dividió en **reinos taifas** (año 1031).

Al-Ándalus a comienzos del siglo XI.

El arte hasta el siglo XI

La penetración musulmana supuso la introducción de nuevos elementos artísticos (bizantinos e islámicos) y la adaptación de los ya existentes en la península ibérica (romanos y visigodos).

Las obras más significativas de este período fueron:

- La **mezquita de Córdoba.**
- La **ciudad palatina de Medina Azahara,** también en Córdoba y mandada construir por Abderramán III.
- La **mezquita del Cristo de la Luz,** en Toledo.

Los elementos arquitectónicos empleados durante esta época fueron:

- El **arco de herradura,** de tradición visigótica, y el **arco lobulado**.
- La **decoración geométrica, vegetal y caligráfica** (versos del Corán)**.**
- La **bóveda de crucería califal.**
- Las columnas de **tradición romana y visigoda.**

ACTIVIDADES

6 Identifica en el palacio de Medina Azahara los elementos arquitectónicos del arte musulmán.

Palacio de Medina Azahara.

Los reinos cristianos (hasta el siglo XI)

¿SABÍAS QUE...?

En el siglo XI, el reino de León y el condado de Castilla quedaron bajo la influencia navarra durante el reinado de **Sancho III**. A su muerte, su hijo **Fernando I** se proclamó conde de Castilla (1035) y rey de León (1037).

El avance de la invasión musulmana obligó a una parte de la población hispanovisigoda a refugiarse en el norte peninsular, donde se formaron **núcleos de resistencia cristiana** cuyo objetivo era la recuperación de los territorios ocupados. Este lento proceso, que se inició en el siglo VIII, se conoce con el nombre de **Reconquista** y duró hasta finales del siglo XV.

Reino asturleonés

Tiene su origen en un núcleo asentado en la cordillera Cantábrica formado por nobles y pastores, liderados por **Pelayo,** que en el año 722 vencieron a los musulmanes en la **batalla de Covadonga.**

Este reino se fue extendiendo por Cantabria, Galicia, norte de Portugal, Castilla, hasta llegar al valle del Duero que se convirtió en frontera entre el reino cristiano y al-Ándalus. Durante el califato de Córdoba el reino asturleonés se debilitó a causa de las luchas entre nobles.

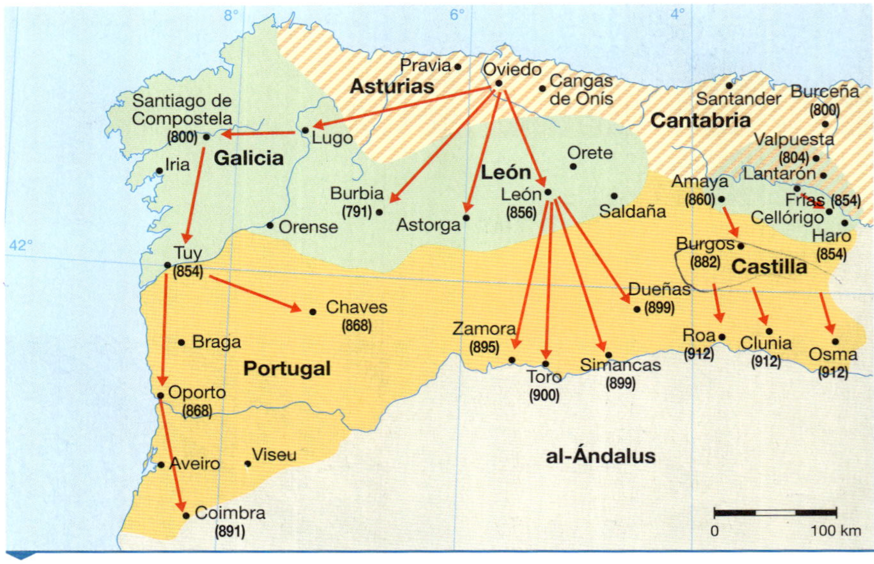

Territorios cristianos hacia el año 750

Territorios repoblados por los reyes de Asturias (757-866)

Territorios repoblados por Alfonso III (866-910) y García (910-913)

Líneas de repoblación cristiana y fecha de la misma

En el año 1085, aprovechando la debilidad del ejército musulmán, Alfonso VI de Castilla conquistó Toledo.

Avance del reino asturleonés entre los siglos VIII y X.

Navarra

Este reino surge a partir del **reino de Pamplona,** que estaba bajo dominio del reino franco hasta el siglo IX.

Sancho Garcés I (905-925) extendió los límites del territorio navarro hacia La Rioja, las planicies de Navarra y Castilla.

La expansión de Navarra culminó durante el reinado de **Sancho III** (1005-1035), que creó un verdadero imperio al extender su influencia sobre territorios controlados por musulmanes y leoneses, en una época en la que el califato y el reino leonés habían entrado en un proceso de descomposición. A su muerte heredó Navarra su hijo **García Sánchez III.**

Retrato de Sancho III de Navarra.

Aragón

Este condado tuvo su origen en un pequeño territorio enfrentado al poder de los francos. En el año **1035,** Aragón absorbió los condados catalanes y se constituyó como **reino** bajo el mandato de **Ramiro I** (hijo de Sancho III).

La repoblación

A medida que se fueron conquistando territorios a los musulmanes, los reyes cristianos impulsaron la **repoblación**, es decir, la ocupación por parte de la población cristiana de los territorios anteriormente dominados por los musulmanes.

Hasta el siglo XI la repoblación se realizó de dos formas:

- La **presura:** en la adjudicación por parte del rey de territorios ya roturados y ocupados durante varios años.
- La concesión de **cartas puebla o fueros:** otorgaban amplios derechos de propiedad y libertades a campesinos y pastores, fijaban las condiciones de ocupación del terreno y regulaban las relaciones con las autoridades.

La península ibérica en el año 1035.

ACTIVIDADES

6 Lee estos dos textos históricos que recogen la versión musulmana y cristiana de la batalla de Covadonga y anota las diferencias.

Dice Isa Ibn Ahmand al-Raqi que en tiempos de Anbasa Ibn Suhaim al-Qalbi, se levantó en tierras de Galicia un asno salvaje llamado Belay [Pelayo]. Desde entonces empezaron los cristianos en al-Ándalus a defender contra los musulmanes las tierras que aún quedaban en su poder, lo que no habían esperado lograr. Los islámicos, luchando y forzándoles a emigrar, se habían apoderado de su país [...] y no había quedado sino la roca donde se refugia el rey llamado Pelayo con trescientos hombres. Los soldados no cesaron de atacarle hasta que sus soldados murieron de hambre y no quedaron en su compañía sino treinta hombres y diez mujeres. Y no tenían que comer [...]. La situación de los musulmanes llegó a ser penosa, y al cabo los despreciaron diciendo «Treinta asnos salvajes, ¿qué daño pueden hacernos?».

Crónica de Al-Maqqari, siglo XVII

Al Qama entró en Asturias con 187 000 hombres. Pelayo estaba con sus compañeros en el monte Auseva. El ejército de Al Qama llegó hasta él y alzó innumerables tiendas frente a la entrada de una cueva. El obispo Oppas subió a un montículo situado frente a la cueva y habló así a Pelayo: «Pelayo, Pelayo, ¿dónde estás?». *El interpelado se asomó a una ventana y respondió:* «Aquí estoy». *El obispo dijo entonces:* «Juzgo, hermano e hijo, que no se te oculta cómo hace poco se hallaba toda España unida bajo el gobierno de los godos y brillaba más que los otros países por su doctrina y ciencia, y que, sin embargo, reunido todo el ejército de los godos, no pudo sostener el ímpetu de los ismaelitas, ¿podrás tú defenderte en la cima de este monte? Me parece difícil [...]».
Al Qama mandó entonces comenzar el combate, y los soldados tomaron las armas. Se prepararon las hondas, brillaron las espadas, se encresparon las lanzas e incesantemente se lanzaron saetas. Pero al punto se mostraron las magnificencias del Señor: las piedras que salían [...] se volvían contra los que las disparaban y los mataban.

Crónica de Abelda. Crónicas de Alfonso III, 881

Santuario de Covadonga (Asturias).

España: organización política

España es un **Estado monárquico, social, democrático y descentralizado.**

El Estado español según la Constitución

El Estado español se organiza y rige de acuerdo a una ley fundamental, la **Constitución española de 1978,** que fue aprobada mediante referéndum el 6 de diciembre de dicho año. En la Constitución se recogen los principios fundamentales de la ley española, entre los cuales se encuentran:

La forma de organización del Estado

Artículo 1

1. España se constituye en un **Estado social y democrático de Derecho,** que propugna como valores la libertad, la justicia, la igualdad y el pluralismo político.
2. La **soberanía nacional reside en el pueblo español,** del que emanan los poderes del Estado.
3. La forma política del Estado español es la **monarquía parlamentaria.**

Los derechos fundamentales de los ciudadanos

Artículo 10

1. La dignidad de la persona, los derechos inviolables que le son inherentes, el libre desarrollo de la personalidad, el respeto a la ley y a los derechos de los demás son fundamento del orden político y de la paz social.
2. Las normas relativas a los derechos fundamentales y a las libertades que la Constitución reconoce se interpretarán de conformidad con la **Declaración Universal de Derechos Humanos** y los tratados y acuerdos internacionales sobre las mismas materias ratificados por España.

La división de poderes del Estado

Artículo 66

1. Las **Cortes Generales** representan al pueblo español y están formadas por el **Congreso de los Diputados** y el **Senado.**
2. Las Cortes Generales ejercen la **potestad legislativa** del Estado, aprueban sus presupuestos, controlan la acción del Gobierno y tienen las demás competencias que les atribuya la Constitución.
3. Las Cortes Generales son inviolables.

Congreso de los Diputados (Madrid).

Artículo 97

El Gobierno dirige la política interior y exterior, la Administración civil y militar y la defensa del Estado. Ejerce la **función ejecutiva** y la potestad reglamentaria de acuerdo con la Constitución y las leyes.

¿SABÍAS QUE...?

Con anterioridad a la **Constitución** de 1978 existieron otras seis constituciones en España: la de 1812, la de 1837, la de 1869, la de 1876 y la de 1931.
No obstante, la actual Constitución, debido al consenso con el que se pactó su texto, ha sido la que ha tenido mayor vigencia a lo largo de toda la historia del Estado español.

Constitución Española

Don Juan Carlos I.
Rey de España.

A todos los que la presente vieren y entendieren.

Sabed: que las Cortes han aprobado y el Pueblo español ratificado la siguiente Constitución.

RECUERDA

Los ciudadanos ejercen la soberanía nacional mediante el **sufragio universal** en las elecciones. En España, las elecciones a las Cortes Generales, es decir, al Congreso de los Diputados y al Senado, que son las instituciones que representan a los ciudadanos del Estado español, se realizan cada cuatro años.

Artículo 117

La justicia emana del pueblo y se administra en nombre del rey por jueces y magistrados integrantes del **poder judicial,** independientes, inamovibles, responsables y sometidos únicamente al imperio de la ley.

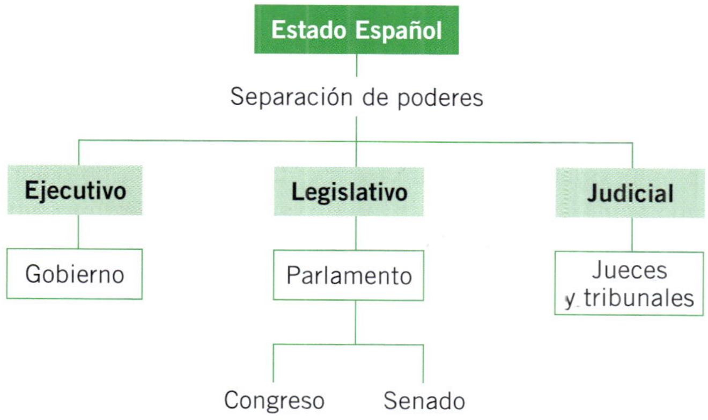

La organización territorial del Estado

Artículo 137

El Estado se organiza territorialmente en **municipios, provincias** y **Comunidades Autónomas.** Todas estas entidades gozan de autonomía para la gestión de sus respectivos intereses.

ACTIVIDADES

1. Lee el artículo 1 de la Constitución y responde a las preguntas:
   - ¿Qué significa la expresión «Estado social y democrático de Derecho»?
   - ¿Qué significa «la soberanía nacional reside en el pueblo»?
   - Explica el significado de monarquía parlamentaria. Indica, después, otras formas de organización del Estado que conozcas y pon ejemplos concretos.
2. Lee el artículo 47 de la Constitución que está a la derecha y responde:
   - ¿Crees que es un derecho que está al alcance de todos los españoles?
   - ¿Qué crees que podrían hacer los poderes públicos? ¿Sabes lo que es la vivienda social?
   - Todavía quedan en la periferia de algunas ciudades españolas importantes núcleos de chabolismo. Indaga la situación en el barrio de las Barranquillas y en la Cañada Real de Madrid. ¿Existen núcleos similares cerca de dónde vives?
3. Explica el funcionamiento del sistema democrático español teniendo en cuenta:
   - Las Cortes: ¿qué función tienen y cómo son elegidos sus miembros?
   - El Gobierno: ¿quién lo compone?
   - Los tribunales de justicia: ¿qué función tienen?
4. Respecto a la organización territorial del Estado español, responde
   - ¿Qué tres unidades territoriales se distinguen en la Constitución?
   - ¿Qué crees que quiere decir que «todas estas entidades gozan de autonomía para la gestión de sus respectivos intereses»?

AYUDA

Puedes encontrar el texto de la Constitución española en la página web del Congreso de los Diputados:
http://www.congreso.es/consti/

TIC

Para consultar la página web del Congreso de los Diputados es:
http://www.congreso.es/portal/page/portal/Congreso/Congreso

AYUDA

Artículo 47

Todos los españoles tienen derecho a disfrutar de una **vivienda digna** y adecuada.
Los poderes públicos promoverán las condiciones necesarias y establecerán las normas pertinentes para hacer efectivo este derecho.

La organización territorial y administrativa

El Estado español está constituido por los territorios peninsulares, excepto Portugal, las ciudades autónomas de Ceuta y Melilla, las islas Canarias y el archipiélago balear.

RECUERDA

Un esquema de la administración política del Estado español:

Estado
Administración estatal

↓

Comunidad autónoma
Administración autonómica

↓

Provincia
Administración provincial

↓

Municipio
Administración local

1. Los municipios

El **municipio** es la **unidad territorial básica,** formada por uno o varios agrupamientos vecinales dentro de un territorio que se llama **término municipal.** En el territorio español existen 8 122 municipios.

- **Organización política:** está a cargo del gobierno municipal dirigido por el **Ayuntamiento,** que está formado por el **alcalde** y los **concejales,** que son elegidos por los ciudadanos cada cuatro años.
- **Competencias municipales:** el Ayuntamiento se encarga de los servicios más cercanos al ciudadano: cuidado y gestión del territorio municipal, limpieza, recogida de basuras, circulación, fiestas...

  Los municipios son de diferente tamaño, por lo que sus competencias también lo son:
  - Todos los municipios son responsables de la iluminación de sus calles, el alcantarillado, el agua potable a domicilio, la recogida de basuras, la limpieza de las calles, la pavimentación y el cementerio.
  - Si los municipios tienen más de 5 000 habitantes también deben hacerse cargo de los servicios de biblioteca, parques o zonas verdes, mercado de abastos y tratamiento de residuos.
  - Los municipios de más de 20 000 habitantes tienen servicios de protección civil, prevención y extinción de incendios, servicios sociales, polideportivos y matadero.
  - Los municipios de más de 50 000 habitantes, además de todo lo anterior, deben ofrecer a sus ciudadanos servicios de transporte público y protección medioambiental.

La limpieza de las calles es uno de los servicios que ofrecen los ayuntamientos.

- **Financiación:** para realizar sus funciones, los municipios recaudan algunos impuestos, como el de recogida de basuras o el de circulación. A veces los municipios no pueden hacer frente a todos sus gastos, por lo que reciben fondos de la Comunidad Autónoma o del Estado.

2. Las provincias

Una **provincia** es una **unidad territorial formada por varios municipios,** entre los que destaca la **capital.** Es una entidad local que presta algunos servicios a los municipios. En España hay cincuenta provincias.

- **Organización política:** los órganos de gobierno que administran las provincias son las **diputaciones provinciales,** que tienen un presidente. Estas poseen una representación proporcional de concejales de los distintos ayuntamientos que se encuentran dentro del territorio provincial.
- **Competencias de las provincias:** la provincia cumple tres funciones:
  - Es distrito electoral del Estado. Por cada provincia se elige un número determinado de diputados y senadores.
  - Coordina las políticas del Estado y de la Comunidad Autónoma.
  - Ayuda a los municipios más pequeños y coordina las actuaciones entre municipios.

Mapa de España con las capitales autonómicas y las provincias.

¿SABÍAS QUE...?

Dentro de las provincias existe otro tipo de unidad territorial, además del municipio: la **comarca**. Una comarca está formada por municipios limítrofes con características físicas y culturales comunes, aunque no suelen contar con una administración propia.

Por ejemplo: Comarca del Bajo Aragón-Caspe, compuesta por los municipios de Caspe, Chiprana, Fabara, Fayón, Maella y Nonaspe.

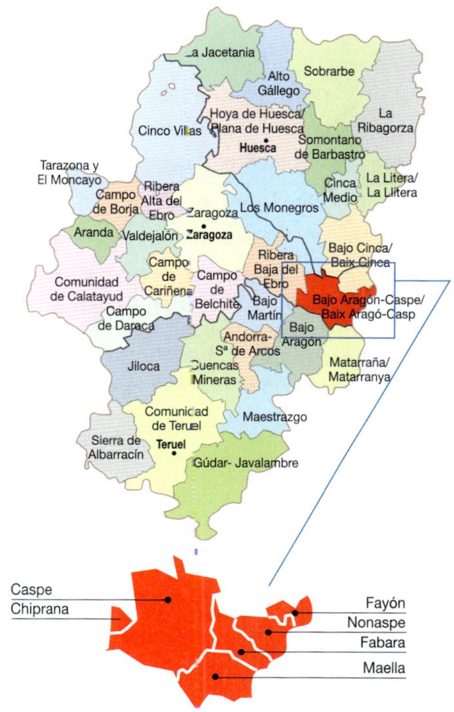

Mapa comarcal de Aragón.

ACTIVIDADES

5. Describe cómo es la organización política de un municipio.
6. Busca información de tu municipio y responde:
   - ¿Cuántos concejales forman el gobierno municipal?
   - ¿Cuántos habitantes tiene?
   - ¿Qué servicios ha de ofrecer según sus competencias?
7. ¿Qué es una provincia? ¿Cuáles son sus principales funciones?

3. Las Comunidades Autónomas

Una **Comunidad Autónoma** es una **unidad territorial formada por una o varias provincias** limítrofes, que comparten características históricas, culturales y económicas.

El Estado español se divide en diecisiete comunidades autónomas, más dos Ciudades Autónomas (Ceuta y Melilla).

Cada una de las Comunidades Autónomas posee:

- **Una capital** autonómica, que es la ciudad donde están los órganos de administración autonómicos: la Asamblea y el Consejo o Gobierno.
- **Estatuto de Autonomía**, es el documento donde se recoge el funcionamiento de la Comunidad Autónoma, y su financiación. También se incluyen las **competencias** o aspectos del gobierno que puede decidir o legislar. Por ejemplo, son competencias de las Comunidades Autónomas, el urbanismo, la vivienda, la sanidad o la educación. Son competencias compartidas con el Estado: la gestión de las carreteras o la normativa laboral.

Instituciones de las Comunidades Autónomas

Cada Comunidad Autónoma posee:

- **Asamblea autonómica:** es la sede del Parlamento autonómico. Sus miembros son los diputados autonómicos y son elegidos por los habitantes de ese territorio cada cuatro años. Tiene la misión de elaborar las leyes de ámbito territorial, aprobar los presupuestos regionales y elegir al Presidente autonómico.
- **Gobierno o Consejo autonómico:** está formado por el Presidente del gobierno regional y los consejeros. Su misión es **ejecutiva,** es decir, hacer cumplir las leyes aprobadas por el Parlamento.
- En Canarias, cada isla está gobernada por un **cabildo insular;** y en las islas Baleares, por un **consejo insular.**

¿SABÍAS QUE...?

El proceso de construcción del Estado autonómico actual se realizó entre 1979 y 1983 mediante la aprobación, por las Cortes Generales, de los **Estatutos de Autonomía**. El proceso finalizó en 1995 con la aprobación de los estatutos de Ceuta y Melilla.

AYUDA

Para obtener información sobre los distintos Estatutos de Autonomía, puedes visitar la web: http://www.congreso.es/consti/estatutos/

Los desequilibrios territoriales

La diversidad del territorio y el distinto nivel de desarrollo de las regiones del Estado español ha dado lugar a importantes desequilibrios entre las Comunidades Autónomas:

- **Desequilibrios físicos:** las diferencias en extensión, tipo de relieve y clima entre las Comunidades Autónomas dan lugar a grandes diferencias en cuanto a la distribución de los recursos naturales (agua, fertilidad del suelo, yacimientos mineros, etc.).
- **Desequilibrios demográficos:** influyen el tamaño de las Comunidades Autónomas y la mayor densidad de población en zonas costeras o en la capital, Madrid.
- **Desequilibrios sociales:** hacen referencia a los distintos niveles de calidad de vida, de acceso a los servicios públicos, etc., que generalmente son más altos en las Comunidades Autónomas más ricas.
- **Desequilibrios económicos:** se interrelacionan con todos los anteriores. Existen grandes diferencias entre las Comunidades Autónomas más desarrolladas (País Vasco, Comunidad de Madrid, Comunidad Foral de Navarra, etc.) y las menos desarrolladas (Extremadura, Castilla-La Mancha, Andalucía).

Estos desequilibrios tratan de reducirse a través de ayudas del Estado (fondos de compensación interterritorial) y de la Unión Europea (fondos estructurales o de cohesión).

AYUDA

Para saber más sobre los desequilibrios territoriales, se puede visitar la web: http://www.ign.es/espmap/desequilibrios_eso.htm

ACTIVIDADES

8. Observa el mapa provincial y el de las Comunidades Autónomas y responde a las cuestiones:
   - ¿Cuántas Comunidades Autónomas hay en España?
   - Nombra las tres Comunidades Autónomas más extensas.
   - Nombra las Comunidades Autónomas que son uniprovinciales.
   - ¿Qué Comunidad Autónoma tiene más provincias y cuántas tiene?
   - ¿Qué Comunidades Autónomas son insulares? Nómbralas.
   - ¿Qué capitales autonómicas son costeras?
   - ¿Cuáles son las Ciudades Autónomas?
9. Busca información acerca de tu Comunidad Autónoma y responde:
   - ¿Quién es el presidente de tu Comunidad Autónoma? ¿Cuándo fue elegido? Cita también el nombre de algún consejero.
   - Indica el lugar donde se encuentra el Parlamento o Asamblea de tu Comunidad Autónoma.
   - ¿Cuándo se aprobó el Estatuto de Autonomía de tu Comunidad Autónoma? ¿Qué símbolos autonómicos recoge? Escríbelos en tu cuaderno.
10. Busca en Internet las banderas autonómicas y sitúalas sobre un mapa que dibujes en tu cuaderno.

El género dramático

Pertenecen al **género dramático** las obras escritas para ser representadas delante de un público. En ellas el autor cede su voz a unos **personajes** que intervienen en acciones y se intercambian sus sentimientos. La presencia del autor es escasa, salvo en las **acotaciones,** en las que indica los detalles para su representación.

Los textos dramáticos adquieren su verdadera dimensión cuando la obra se lleva a escena. Son los espectadores quienes desempeñan la función de receptor, además de los lectores.

Escena IV

DOÑA INÉS. ¿Qué es esto? Sueño..., deliro.

DON JUAN. ¡Inés de mi corazón!

DOÑA INÉS. ¿Es realidad lo que miro, o es una fascinación...?

Tenedme... apenas respiro...

Sombra... huye por compasión.

¡Ay de mí...!

(Desmáyase DOÑA INÉS y DON JUAN la sostiene. La carta de DON JUAN queda en el suelo abandonada por DOÑA INÉS al desmayarse.)

BRÍGIDA. La ha fascinado vuestra repentina entrada, y el pavor la ha trastornado.

DON JUAN. Mejor: así nos ha ahorrado la mitad de la jornada.

¡Ea! No desperdiciemos el tiempo aquí en contemplarla, si perdernos no queremos.

En los brazos a tomarla voy, y cuanto antes, ganemos ese claustro solitario.

BRÍGIDA. ¡Oh, vais a sacarla así!

DON JUAN. Necia, ¿piensas que rompí la clausura, temerario, para dejármela aquí?

Mi gente abajo me espera:

sígueme.

JOSÉ ZORRILLA: *Don Juan Tenorio.* Cátedra.

→ **Personajes:** Doña Inés, don Juan y Brígida.

→ **Espacio:** celda de doña Inés en un convento de clausura.

→ **Acción:** Don Juan entra en el convento de doña Inés. Ella se desmaya al verle; él la coge en brazos para secuestrarla y sacarla de allí, ante el estupor de Brígida, criada de doña Inés.

→ **Acotaciones:** el autor indica los movimientos que han de hacer los actores para representar sus papeles *(Desmáyase Doña Inés)* y también sobre algunos detalles relevantes para la intriga *(la carta queda en el suelo).* Informan de cambios de lugar, de entradas y salidas de personajes, de su ubicación en la escena, de sus gestos... e incluso de la iluminación, el decorado o los efectos especiales.

José Zorrilla

Estrenó en 1844 *Don Juan Tenorio,* drama considerado la obra por excelencia del Romanticismo español. El argumento se centra en la figura de don Juan, hombre arrogante, sin escrúpulos, que lleva a la muerte a su amada doña Inés. La venganza le perseguirá hasta el borde del infierno; sin embargo, su arrepentimiento y el amor verdadero le guiarán al paraíso para encontrarse con su amada.

Subgéneros dramáticos

Tragedia: presenta graves conflictos entre personajes elevados como héroes, príncipes, reyes... cuyo destino está abocado a un final trágico, incluso a la muerte.

Comedia: plantea conflictos sencillos entre personajes más cercanos a la vida cotidiana, tratados con cierto tono humorístico. Su final siempre es feliz: se resuelve el conflicto. La intención es divertir al público.

Drama: presenta graves conflictos entre personajes cercanos al público, con los que se siente identificado. A veces, puede que no se resuelva el conflicto para hacer reflexionar al público.

Géneros breves o menores: son aquellos que tuvieron vigencia en ciertos momentos de la historia y son obras de menor extensión:

Auto: pieza breve en verso con temática religiosa propia de la Edad Media.

Paso o entremés: obra breve y cómica de los Siglos de Oro que critica las costumbres, provoca la risa y está protagonizada por personajes estereotipados.

Sainete: pieza breve y cómica, desarrollada en el siglo XVIII, que refleja con humor las costumbres y suele estar protagonizada por muchos personajes en escenarios populares.

ACTIVIDADES

1 Compartid papeles y leed en voz alta este fragmento. Después justificad que este texto pertenece al género dramático analizando todos sus elementos caracterizadores:

CARMINA.— Por favor, Fernando... ¡Suélteme!

FERNANDO.— Cuando éramos chicos nos tuteábamos... ¿Por qué no me tuteas ahora? *(Pausa)*. ¿Ya no te acuerdas de aquel tiempo? Yo era tu novio y tú eras mi novia... Mi novia... Y nos sentábamos aquí *(señalando los peldaños)*, en ese escalón, cansados de jugar..., a seguir jugando a los novios.

CARMINA.— Cállese.

FERNANDO.— Eras una mujercita preciosa. Y sigues siéndolo. Y no puedes haber olvidado. ¡Yo no he olvidado! Carmina, aquel tiempo es el único recuerdo maravilloso que conservo en medio de la sordidez en que vivimos. Y quería decirte... que siempre... has sido para mí lo que eras antes.

CARMINA.— ¡No te burles de mí!

FERNANDO.— ¡Te lo juro!

CARMINA.— ¿Y todas... esas con quien has paseado y... que has besado?

FERNANDO.— Tienes razón. Comprendo que no me creas. Pero un hombre... Es muy difícil de explicar. A ti, precisamente, no podía hablarte..., ni besarte... ¡Porque te quería, te quería y te quiero!

CARMINA.— No puedo creerte. *(Intenta marcharse)*.

FERNANDO.— No, no. Te lo suplico. No te marches. Es preciso que me oigas... y que me creas. Ven. *(La lleva al primer peldaño)*. Como entonces. *(Con un ligero forcejeo la obliga a sentarse contra la pared y se sienta a su lado. Le quita la lechera y la deja junto a él. Le coge una mano)*.

ANTONIO BUERO VALLEJO: *Historia de una escalera*. Espasa Calpe.

2 Leed en voz alta este texto y reflexionad si pertenece a la comedia, a la tragedia o al drama, justificando adecuadamente vuestra respuesta:

*(*ELISA*, sentada en el diván, llora perdidamente, inútilmente consolada por* MARGARITA *y* EMILIANO*.* FLORENCIA*, de pie, aguarda con una taza de tila en una bandejita)*.

EMILIANO.— ¡Ánimo, Elisa!

MARGARITA.— Vamos, mamá, tranquilízate.

ELISA.— ¿Cómo quieres que me tranquilice, hija mía? ¿Cómo quieres que me tranquilice, si nos van a matar a disgustos? ¿Qué día es hoy? ¿Viernes?

EMILIANO.— No. Martes.

ELISA.— *(Volviéndose a ellos, más llorosa que nunca)*. ¡Ah! Martes... ¿Veis como tengo razón cuando digo que los sábados son para mí días de mala suerte?

EMILIANO.— *(Aparte)*. ¡Anda, morena!

FLORENCIA.— Tómese la señora esta tila... *(Brindándole la taza)*.

ELISA.— ¿Cómo se toma la tila?

MARGARITA.— Bebida, mamá.

ELISA.— ¡Ay, Dios del alma, qué cruz...! ¡Qué cruz...! Pero ¿qué he hecho para merecer a la vejez este castigo? Y el cuadro aquel... *(Señalando)*. Ponlo derecho, Emiliano, que ya sabes que no puedo aguantar nada torcido, hombre...

ENRIQUE JARDIEL PONCELA: *Cuatro corazones con freno y marcha atrás*
Vicens Vives

¿SABÍAS QUE...?

La dificultad de la lectura en voz alta de un texto dramático estriba en diferenciar claramente las partes en las que interviene un personaje (que sí se lee) de las indicaciones que aportan las acotaciones (que no se leen en voz alta pero hay que tenerlas en cuenta) Por ejemplo, si vemos: "Pedro.— *(Con rabia)*. Dejadme tranquilo." solo leeremos "Dejadme tranquilo", pero en la entonación debemos mostrar la rabia del personaje.

Antonio Buero Vallejo

Dramaturgo del siglo XX, dio un giro radical al teatro con el estreno de *Historia de una escalera* en 1949. Esta obra inicia el llamado drama social: en ella se plantean conflictos humanos como el egoísmo, las frustraciones, la infelicidad... en el rellano de la escalera de una casa de vecinos como único escenario.

Enrique Jardiel Poncela

Dramaturgo de principios del siglo XX que llevó a los escenarios un nuevo sentido del humor basado en situaciones absurdas e inverosímiles, como en *Cuatro corazones con freno y marcha atrás* (1936) y *Eloísa está debajo de un almendro* (1940).

¿SABÍAS QUE...?

Algunos dramaturgos de la historia pensaron que el teatro debía mostrar algo creíble para el público. Surgió así el respeto de las **tres unidades:**

- **de acción,** las obras desarrollan una única acción;
- **de lugar,** el desarrollo de la trama se producirá en un solo lugar;
- **de tiempo;** la acción no traspasa las 24 horas.

Pero el teatro también era considerado un espectáculo, por lo que muchos autores no respetaron estas normas.

Lope de Vega

Dramaturgo del siglo XVII que revolucionó el teatro de su tiempo. En *Peribáñez y el Comendador de Ocaña* trata el tema de la honra. El argumento parte de la boda del labrador Peribáñez y Casilda; pero muy pronto el poderoso Comendador pretenderá a la joven hasta acosarla. Peribáñez descubrirá sus intenciones y decidirá salvar su honra matando al Comendador.

Los diálogos teatrales

Un texto teatral se ha escrito con la intención de ser representado y los escritores han de dejar claro qué personaje interviene en cada momento. Por eso, la tipología idónea de una obra de teatro es el **diálogo;** de ahí que se escriba primero el nombre del personaje y a continuación el texto que ha de leer el actor cuando represente ese papel.

A veces, encontramos entre los diálogos una anotación que dice ***Aparte,*** quiere decir que el personaje expresa en voz alta su pensamiento para que el público lo conozca mientras los demás actores presentes fingen no oírlo.

Estos diálogos, la entonación, los apartes y las indicaciones sobre gestos en las acotaciones son los que nos ayudan a conocer el carácter de los personajes.

La estructura en una obra dramática

El mensaje que transmite un texto dramático se desarrolla en la llamada **acción,** que está basada en un **conflicto** o **intriga** en que suelen enfrentarse posturas contrarias. El contenido del mensaje se organiza así:

- **Estructura interna.** El mensaje dramático se organiza en relación al transcurso de la acción. De ahí que sea habitual, primero, un **planteamiento** o **presentación** de la acción dramática, de los personajes que en ella intervienen y del lugar y el tiempo en el que tiene lugar. Después, un **nudo,** en el que la acción se va desarrollando y complicando. Y, para terminar, un **desenlace,** en el que se resuelve el conflicto.
- **Estructura externa.** La división externa de las partes de una obra de teatro se hace en **actos** (similar a los capítulos de una novela). Cada acto suele corresponderse con la estructura interna: acto I, para el planteamiento o la presentación; acto II para el nudo; acto III para el desenlace. Los actos, además, se dividen en **escenas,** que tienen que ver con los cambios de escenario o con la aparición o desaparición de personajes.

ESCENA XVII

CASILDA.— Mujer soy de un capitán,
si vos sois Comendador.
Y no os acerquéis a mí,
porque a bocados y a coces
os haré...

COMENDADOR.— Paso, y sin voces.

ESCENA XVIII

(Sale Peribáñez).

PERIBÁÑEZ.— *(Aparte).*
(¡Ah, honra! ¿Qué aguardo aquí?
Mas soy pobre labrador.
Bien será llegar a hablalle[1].
¡Pero mejor es matalle![2]).
Perdonad, Comendador,
que la honra es encomienda
de mayor autoridad.

COMENDADOR.— ¡Jesús! ¡Muerto soy! ¡Piedad!

PERIBÁÑEZ.— No temas, querida prenda,
mas sígueme por aquí.

CASILDA.— No te hablo de turbada[3].
(Éntrense.)

LOPE DE VEGA: *Peribáñez y el Comendador de Ocaña.* Cátedra.

Escenas: XVII para el diálogo de Casilda y el Comendador y XVIII en la que también interviene Peribáñez.

Acotación: de salida al escenario de Peribáñez.

Aparte: todo lo que dice Peribáñez entre paréntesis no lo oye el Comendador pero sí el público.

1 Hablalle: hablarle; **2 matalle:** matarle; **3 de turbada:** de tan sorprendida como estoy.

ACTIVIDADES

3 Este fragmento corresponde a las dos primeras escenas de la obra de Lorca. Haced una lectura dramatizada cuidando la entonación. Después responderéis a las preguntas:

Escena I

(Al levantarse el telón la Zapatera viene de la calle toda furiosa y se detiene en la puerta. Viste un traje verde rabioso y lleva el pelo tirante, adornado con dos grandes rosas. Tiene un aire agreste y dulce al mismo tiempo).

ZAPATERA.— Cállate, larga de la lengua. Penacho de catalineta, que si yo lo he hecho... que si yo lo he hecho ha sido por mi propio gusto... Si no te metes en tu casa, te hubiera arrastrado... viborilla empolvada. Y esto lo digo para que me oigan todas las que están detrás de las ventanas... Que más vale estar casada con un viejo, que con un tuerto como tú estás. Y no quiero más conversación, contigo ni con nadie, ni con nadie. *(Entra dando un fuerte portazo).* Ya sabía yo que con esta clase de gente no se podía hablar ni un segundo... (...) *(Llaman a la puerta).* ¿Quién es? *(No responden y llaman otra vez).* ¿Quién es? *(Enfurecida).*

Escena II

NIÑO.— *(Temerosamente).* Gente de paz.

ZAPATERA.— *(Abriendo).* ¿Eres tú? *(Cambiando. Melosa y conmovida).*

NIÑO.— Sí, señora zapaterita. (...) Vengo con estos zapatos de charol, costaron cinco duros, para que los arregle su marido. Son de mi hermana la grande, la que tiene el cutis fino y se pone dos lazos, que tiene dos, un día uno y otro día otro, en la cintura.

ZAPATERA.— Déjalos ahí, ya los arreglarán.

NIÑO.— Dice mi madre que tengan cuidado de no darles muchos martillazos, que el charol es muy delicado, para que no se estropee el charol.

ZAPATERA.— Dile a tu madre que ya sabe mi marido lo que tiene que hacer, y que así supiera ella aliñar con laurel y pimienta un buen guiso como mi marido componer zapatos.

NIÑO.— *(Haciendo pucheros).* No se disguste conmigo, que yo no tengo la culpa y todos los días estudio muy bien la gramática.

ZAPATERA.— *(Dulce).* ¡Hijo mío! ¡Prenda mía! ¡Si contigo no es nada! *(Lo besa).* Toma este muñequito, ¿te gusta? Pues llévatelo.

NIÑO.— Me lo llevaré, porque como yo sé que usted no tendrá nunca niños...

ZAPATERA.— ¿Quién te dijo eso?

NIÑO.—Mi madre lo hablaba el otro día diciendo: "La zapatera no tendrá hijos"; y se reían mis hermanas y mi comadre Rafaela.

FEDERICO GARCÍA LORCA: *La zapatera prodigiosa*. Espasa Calpe.

- ¿A quién se dirige la Zapatera en la escena I? ¿Comparte el escenario con ese otro personaje?
- ¿Por qué hay un cambio de escena?
- Atiende a las palabras y a la entonación de la Zapatera. ¿Se percibe algún rasgo de su carácter? ¿Has notado algún cambio en ella?
- Teniendo en cuenta los comentarios del Niño, intuye el conflicto que se puede plantear en esta obra.
- Relee las acotaciones e imagina cómo ha de ser el decorado de esta obra.

Federico García Lorca

Dramaturgo de principios del siglo XX. Autor de numerosas obras de teatro ambientadas en Andalucía y en las que se plantean las frustraciones del mundo femenino en torno al amor, la libertad, el deseo, los sueños, la esterilidad... *(La casa de Bernarda Alba, Bodas de sangre, Yerma, La zapatera prodigiosa...).*

La mujer tiene una relevancia especial en el teatro de Lorca por sus frustraciones *(Yerma, Doña Rosita la soltera, La zapatera prodigiosa)* y heroicidades *(Mariana Pineda)*, acuarela de Alberto Sánchez.

Los personajes

En una obra de teatro ha de intervenir como mínimo un personaje, pero lo habitual es que haya muchos, entre ellos, un *protagonista* y varios *secundarios*. Son emisores y receptores entre sí porque se expresan en forma de diálogos.

A veces, el personaje en solitario comunica sus reflexiones al público: a esta circunstancia le llamamos **monólogo.** No ha de confundirse con el **aparte.**

ESCENA I

GASPAR: Dios creador, ¡qué maravilla!
¡No sé cuál es aquella estrella!
Ahora es la primera vez que es vista.
Poco tiempo ha que es nacida.
¿Nacido es el Creador
que es de las gentes señor?
No es verdad, no sé qué digo.
Todo esto no vale un higo.
Otra noche me lo cataré.
Si es verdad, bien lo sabré.

ANÓNIMO: *Auto de los Reyes Magos* (adaptado)

Monólogo del rey Gaspar cuando ve una estrella en el cielo pero duda de que sea la estrella de Oriente que anuncia el nacimiento de Jesús. Por eso, quiere esperar otra noche para asegurarse y tomar una decisión.

TIC

Los mejores monólogos de *El club de la comedia* puedes verlos en:
http://www.lasexta.com/videos-online/programas/club-de-la-comedia/monologos/

¿SABÍAS QUE...?

El auto de los Reyes Magos es la primera obra de teatro escrita en castellano (siglo XII). En sus orígenes, el teatro entronca con la tradición religiosa; por eso las primeras obras son de asunto religioso y se representaban en las iglesias y los conventos durante la Navidad o la Pasión.

La representación

Los **textos dramáticos** no se escriben únicamente para su lectura. Obviamente, se puede hacer de ellos una lectura dramatizada, pero el objetivo final que tienen es ser representados en el teatro para un público. Observa todas las personas que intervienen en la creación y en la **representación dramática:**

- **Autor** → **Inventa y escribe la obra en forma de diálogo. Incluye en el texto acotaciones que ayudan a:**
  - La dramatización de los actores.
  - La puesta en escena.
- **Director** → **Adapta la obra para la representación.**
- **Actores** → **Interpretan los roles de cada personaje.**
- **Equipo técnico**
  - **Vestuario** → Acorde con el tiempo histórico y el lugar.
  - **Escenografía** → Decorado, iluminación, utilería y tramoya.
  - **Sonido** → Música, efectos sonoros especiales.

¿SABÍAS QUE...?

El teatro profano aparece en los Siglos de Oro, con temas con los que el público se sentía identificado, como el amor y el honor, y con personajes tipo reconocibles por el pueblo (villano, poderoso, dama, caballero, criado, bobo...). Se representaban en los corrales de comedias dentro de un espectáculo que entre bailes, dramatización y loas podía llegar a durar más de 4 horas.

ACTIVIDADES

4 Haced, entre varios, una lectura dramatizada del siguiente fragmento que presentamos a continuación. Luego, realizad por grupos un pequeño proyecto teatral teniendo en cuenta las pistas que se proponen:

(La batalla hace furor. Se oyen tiros, bombazos, ráfagas de ametralladora. ZAPO, solo en escena, está acurrucado entre los sacos. Tiene mucho miedo. Cesa el combate. Silencio. ZAPO saca de una cesta de tela una madeja de lana y unas agujas. Se pone a hacer un jersey que ya tiene bastante avanzado. Suena el timbre del teléfono de campaña que ZAPO tiene a su lado).

ZAPO.— Diga... Diga... A sus órdenes mi capitán... En efecto..., soy el centinela de la cota 47... Sin novedad, mi capitán... Perdone, mi capitán, ¿cuándo comienza otra vez la batalla?... Y las bombas, ¿cuándo las tiro?... ¿Pero, por fin, hacia dónde las tiro, hacia atrás o hacia delante?... No se ponga usted así conmigo. No lo digo para molestarle... Capitán, me encuentro muy solo. ¿No podría enviarme un compañero?... Aunque sea la cabra... *(El capitán le riñe)*. A sus órdenes... A sus órdenes, mi capitán. *(ZAPO cuelga el teléfono. Refunfuña)*.

(Silencio. Entra en escena el matrimonio TEPÁN con cestas, como si viniera a pasar un día en el campo. Se dirigen a su hijo, ZAPO, que, de espaldas y escondido entre los sacos, no ve lo que pasa).

SR. TEPÁN.— *(Ceremoniosamente)*. Hijo, levántate y besa en la frente a tu madre. *(ZAPO, aliviado y sorprendido, se levanta y besa en la frente a su madre con mucho respeto. Quiere hablar. Su padre le interrumpe)*. Y ahora bésame a mí. *(Lo besa en la frente)*.

ZAPO.— Pero papaítos, ¿cómo os habéis atrevido a venir aquí con lo peligroso que es? Iros inmediatamente. (...)

SRA. TEPÁN.— Hemos pensado que te aburrirías, por eso te hemos venido a ver. Tanta guerra te tiene que aburrir. (...)

ZAPO.— Perdonadme. Os tenéis que marchar. Está prohibido venir a la guerra si no se es soldado.

SR. TEPÁN.— A mí me importa un pito. Nosotros no venimos al frente para hacer la guerra. Solo queremos pasar un día de campo, aprovechando que es domingo.

SRA. TEPÁN.— Precisamente he preparado una comida muy buena. He hecho una tortilla de patatas que tanto te gusta, unos bocadillos de jamón, vino tinto, ensalada y pasteles.

ZAPO.— Bueno, lo que queráis, pero si viene el capitán, yo diré que no sabía nada. Menudo se va a poner. Con lo que le molesta a él eso de que haya visitas en la guerra. Él nos repite siempre: "En la guerra, disciplina y bombas, pero nada de visitas".

FERNANDO ARRABAL: *Pic-nic*. Cátedra.

- Destacad las acotaciones y recoged la información que aportan para la puesta en escena y para la interpretación de los actores.
- Elegid a unos actores y actrices simulando un casting (pueden ser compañeros, amigos, profesores o actores y actrices actuales).
- Imaginad la decoración del escenario y realizad un boceto.
- Decidid la utilería, es decir, qué objetos serán necesarios para la representación y los efectos especiales que habrían que utilizarse.
- Diseñad el vestuario en unos figurines pintados en cartulinas.
- Y, por último, cread un cartel publicitario para promocionar la obra.

TIC

Puedes ver la representación de algunas obras relevantes de la dramaturgia española que han sido llevadas a la televisión en: https://www.youtube.com/watch?v=fcJ987Z-txXk&list=PLF80B329D3A86DEA6

Fernando Arrabal

Dramaturgo español del siglo XX, vinculado a las tendencias artísticas más modernas y provocadoras como el surrealismo. En *Pic nic* se dramatiza lo absurdo de las guerras, partiendo de la comicidad que provoca el hecho de que unos padres deciden visitar a su hijo (un soldado que está en el frente) para pasar con él un día de pic nic. Pero enseguida asoman las consecuencias trágicas de la guerra.

Aplica lo aprendido

LENGUA

COMUNICACIÓN

1. Clasifica estos géneros textuales dialogados en relación a si son escritos u orales, planificados o no: *entrevista en un periódico, comedia, guión de una serie, cómic, entrevista de trabajo, chat, monólogo.*

GRAMÁTICA

2. ¿A qué clase de sintagmas pertenecen los subrayados en este texto? Distingue sus núcleos y los otros elementos constituyentes:

Pau Gasol fue un chico muy disciplinado y aplicado en los estudios. Su madre quería que fuera músico. De hecho, entre los ocho y los trece años estudió solfeo y piano (...). El día que decidió estudiar medicina, abandonó definitivamente la música. Llegaba a las diez de la noche a casa después de un duro entrenamiento y aún era capaz de concentrarse para estudiar hasta altas horas de la madrugada. Sin embargo, su paso al profesionalismo le impidió proseguir estos estudios, fue uno de los factores que más pesó en la familia, sobre todo en la madre, para quien la formación intelectual es imprescindible «si se quiere tener un control de la vida», aunque sea difícil compaginarla con el deporte de élite.

www.biogafiasyvidas.com

LÉXICO

3. Explica, poniendo ejemplos, qué es la sinonimia y la antonimia.
4. Busca en el diccionario estas palabras. Indica si son monosémicas o polisémicas. Elige una de ellas y analiza su entrada: *pez, verbena, antídoto, metro, amnesia, pasional, triunfo, araña.*

ORTOGRAFÍA

5. Clasifica las siguientes palabras según la posición que ocupa la *sílaba con vocal tónica: turrón, césped, túnel, sucedáneo, quisisteis, sábado, clínica, buceo, sesión, centro.*
6. Justifica la presencia o la ausencia de tilde en estas palabras: *verdad, después, ágil, siempre, decírselo, latón, había, caótico, canoa, guía.*

HISTORIA

7. Responde las preguntas sobre el Imperio bizantino:
   a) ¿Cuándo surgió? ¿Cómo se llamaba con anterioridad?
   b) ¿Cuál fue la época de mayor esplendor?
   c) ¿Qué obras artísticas sobresalen durante el reinado de Justiniano?
8. Explica los orígenes del islam, teniendo en cuenta el papel que desarrolló Mahoma.
9. ¿Qué es el Corán? ¿Cuáles son los fundamentos musulmanes?
10. ¿A quiénes derrotaron los musulmanes antes de entrar en la Península? ¿En qué batalla?
11. Busca información en Internet sobre la mezquita de Córdoba y realiza un breve informe sobre esta construcción: etapas, constructores, materiales, salas, ampliaciones...
12. ¿Qué es la Reconquista? ¿Qué reinos cristianos impulsaron este proceso hasta el siglo XI? Haz una breve descripción de su situación histórica.

GEOGRAFÍA

13. Localiza y escribe sobre un mapa mudo las Comunidades Autónomas españolas. Sobre ese mismo mapa localiza el nombre de las islas que componen los archipiélagos canario y balear.
14. Explica los servicios que ofrecen los municipios, las provincias y las Comunidades Autónomas.
15. ¿Qué es el Estatuto de Autonomía?
16. ¿Qué tipo de desequilibrios territoriales existen en España? ¿Por qué? Explícalos brevemente.

LITERATURA

17. Justifica que este texto es teatral reconociendo sus elementos caracterizadores (personajes, acción y espacio). Relee las acotaciones y explica qué información aportan para su representación.

Unos momentos antes de levantarse el telón se apagan las luces. Al alzarse el telón aparece una pantalla de "cine" y en ella se proyecta un cristal que dice: "Descanso. Bar en el principal." Al cabo de breves momentos la proyección desaparece, y, al hacerse de nuevo la luz, empieza el prólogo (...).

ESPECTADOR 4.º.– ¡Vaya mujeres! *(Al otro)*. ¿Has visto?
ESPECTADOR 5.º .– ¡Ya, ya! ¡Qué mujeres! *(Hacen mutis por el foro[1] lentamente)* — 1: salir del escenario
ESPECTADOR 6.º .– ¡Vaya mujeres! *(Se va por el foro)*.
ESPECTADOR 1.º .– ¡Menudas mujeres!
ESPECTADOR 2.º .– *(Al 1.º)*. ¿Has visto qué dos mujeres?
ESPECTADOR 1.º .– Eso te iba a decir, que qué dos mujeres... *(Se vuelven hacia el Espectador 3.º, hablando a un tiempo)*.
ESPECTADORES 1.º Y 2.º.– ¿Te has fijado qué dos mujeres?
ESPECTADOR 3.º .– Me lo habéis quitado de la boca. ¡Qué dos mujeres! *(Se van los tres por el foro.)*.

ENRIQUE JARDIEL PONCELA:
Eloísa está debajo de un almendro. Espasa-Calpe.

18. Recoge y organiza en una línea del tiempo todas las obras citadas, con sus autores y el subgénero teatral al que pertenecen.

Técnicas de trabajo

● Cómo elaborar un diccionario visual

Durante la Edad Media los científicos necesitaban realizar inventos que permitieran mejorar la calidad de vida de sus contemporáneos.

Los inventos más importantes durante el medievo fueron:

- Molino de viento
- Reloj mecánico
- Máquina de tejer horizontal
- Gafas
- Astrolabio
- Brújula
- Imprenta

Elaboración del diccionario visual

1. **Describir** en el cuaderno cada **objeto:**
   - Material del que está hecho, así como el color, la forma, el tamaño y la textura.
   - Partes.
   - Utilidad de estos inventos; se debe emplear uno de estos verbos: sirve para, se utiliza para, se emplea para... (medir, tejer, orientarse, ver, imprimir...).
   - Quién los usaba.
2. **Tarea** para realizar el diccionario visual:
   - Rotulación de título, subtítulos y texto.
   - Selección de imágenes, impresión y pegado.
   - Redacción y presentación oral.
3. **Exposición** en clase del trabajo.

EJEMPLO:

Astrolabio

- El astrolabio es un antiguo instrumento mecánico, de metal brillante, que cabía en la palma de la mano.
- Consiste en una circunferencia graduada sobre cuyo eje gira una aguja con un punto de mira que apunta a la estrella elegida. El borde muestra una escala graduada en grados y, a menudo, también otra en horas y minutos. En la parte superior, hay una argolla de la que se suspende el instrumento en posición vertical para realizar las mediciones.
- Se empleaba para determinar la posición y altura de las estrellas sobre la bóveda celeste.
- Lo usaban los navegantes, astrónomos y científicos, para localizar los astros y observar su movimiento, para determinar la hora a partir de la latitud o, viceversa y para averiguar la latitud conociendo la hora.

Para saber más, consultad la web:

http://www.mecd.gob.es/dctm/redele/Material-RedEle/Revista/premios/terceros/unpaseoporlaedadmedia.pdf?documentId=0901e72b80f2d96f

Proyecto final

Jugamos a disfrazarnos

Objetivo: ser y actuar por un día como un personaje de la Edad Media.

Recursos mínimos: Internet para documentarse y materiales para realizar los disfraces.

Algunos personajes medievales que pueden imitarse:

- Juglar
- Caballero
- Dama de la corte o nobles
- Caballero templario
- Campesinos o campesinas
- Herreros o talladores de piedras
- Monje y abad
- Califa y familia
- Bufón de la corte
- Rey visigodo

Organización del trabajo: dos días dedicados a la investigación y realización del disfraz y un tercer día para recrear el ambiente medieval.

Primer día de clase: investigación en Internet acerca del personaje elegido. Además, cada personaje pensará **una escena y escribirá una frase,** relacionada con algún acontecimiento de su vida cotidiana o alguna gran hazaña.

Por ejemplo: si eliges ser un juglar cantarás un romance; si eres un fraile, rezarás en gregoriano o contarás una historia en prosa con su moraleja; si decides ser un caballero recordarás hazañas en una guerra; el que decida ser un rey medieval hará mención de sus logros en las cruzadas; la dama de la corte, se deleitará con las historias de amor; el bufón bailará, contará adivinanzas y hará reír a sus compañeros, etc.

Segundo día de clase: realizar el **disfraz,** y elegir también algún **complemento** (espada, crucifijo, laúd, pergamino, códice, herradura, escudo...), que esté relacionado con el personaje medieval elegido.

Señalad **una fecha para la recreación medieval** y elaborad una lista de algún **alimento o bebida** (en jarras de barro o metal) que pueda aportar cada uno para el día señalado. Recordad que no se usaban cubiertos.

Tercer día de clase: disfrutar de la recreación medieval con todos los personajes.

Algunas fuentes de documentación:

- http://arquehistoria.com/historiasvestimenta-en-la-edad-media-317
- http://www.arteguias.com/vidaedadmedia.htm
- http://es.scribd.com/doc/91382986/La-Moda-en-La-Edad-Media

4 Una sociedad en crisis

Para empezar

1. Observa la imagen y trata de explicar lo que ha sucedido antes.
2. ¿Qué diferentes personajes aparecen representados?
3. ¿Cuántas escenas diferencias?
4. En la imagen se aprecia la huella que la peste dejó en la población europea de la Baja Edad Media. ¿Recuerdas alguna imagen actual, película o dibujos que te recuerden esta escena? ¿Crees que tienen el mismo significado?
5. ¿Existe en la actualidad algún acontecimiento tan aterrador como el que se describe en la miniatura? ¿Crees que podría suceder algo así en el futuro?

Propuestas lúdicas

6. Construiremos una galería de imágenes. Según lo expuesto, las crisis pueden tener muchos aspectos. Elegid entre todos qué elementos de las crisis, presentes y futuras, queréis trabajar:
   - Crisis medioambiental, cambio climático, extinción de especies, huracanes, subida del nivel del mar, desertización, calentamiento global…
   - Crisis alimentaria: hambre y desnutrición, obesidad y sobrepeso…
   - Enfermedades endémicas: virus del ebola, gripe aviar, VIH, paludismo…
   - Guerra y terrorismo: armas de destrucción masiva.
7. Distribuid el trabajo por parejas. Teniendo en cuenta que toda crisis ofrece una oportunidad de cambio y mejora, cada pareja deberá exponer la crisis y su superación, lo peor de estas y la solución al problema. Un miembro de la pareja dibujará y explicará el aspecto negativo y el otro la superación de la crisis.
8. Finalmente, se expondrán todas las galerías de imágenes en clase y se analizarán.

La piel de la memoria

No supe que mi padre me estaba vendiendo ni siquiera cuando escuché aquel extraño diálogo.

—¿Cuánto?
—Veinte.
—Es mucho.
—Es fuerte.
—Está delgado.
—Pero es fuerte.
—¿Qué edad tiene?
—Catorce.

—No parece tener más de doce.

Iba a decir que tenía doce años, en efecto. No entendía por qué mi padre se equivocaba, o mentía. Pero cuando busqué sus ojos él me los hurtó, esquivos, lo mismo que un ciervo huyendo de la flecha que le persigue.

—Encontraré otro comprador.

Mi padre fue a cogerme de la mano.

—Espera —le detuvo el hombre—. Te doy diez.
—Es muy poco. Necesito veinte.
—Nadie te dará veinte.
—Diecinueve.
—Once.
—Dieciocho.
—Doce.

No sabía de qué hablaban, salvo que hablaban de mí.

Los ojos de mi padre siempre habían sido profundos, pero desde la muerte de mi madre, esa profundidad se había hecho angostura. La mirada surgía desde lo más hondo de aquellas cuevas, y era dolorosa. Por primera vez, en el último año, habíamos pasado hambre. La tierra se secaba y los animales se morían. Como ella. Como Kebila Yasee.

La recuerdo tan hermosa pese a que con el nacimiento de mi noveno hermano enfermó y perdió toda su energía.

—Diecisiete.
—Trece.
—Dieciséis.
—Catorce.
—Quince.
—Quince.

Se dieron la mano.

Después, el hombre extrajo de su bolsillo aquel dinero. Se llamaban dólares. Eran verdosos y estaban muy arrugados. Los contó y los entregó a mi padre.

Tras ello, mi padre me miró por última vez.

Y en lo más profundo de aquellas cuevas, en cuyo fondo estaban sus ojos, vi los ríos de la Luna amortiguados y contenidos por la presa de su emoción.

Mi padre no lloró ni con la muerte de mi madre, aunque pasó muchos días solo tras ella.

—Prométeme que tendrá una vida mejor —le dijo al hombre.
—La tendrá —aseguró él—. Una familia, estudiará, trabajará...

Jordi Sierra i Fabra

Novelista (Barcelona, 1947) que destaca por su amplia producción literaria. Su sencillez narrativa con abundantes diálogos, claridad y frases cortas, y el tratamiento de diversos temas le han dotado de una gran fama. Muchas de sus novelas están dirigidas a un público juvenil *(El cazador nocturno, Las chicas de alambre, El asesinato del profesor de matemáticas, La piel de la memoria...).*

Mi padre bajó la cabeza y, entonces, se dio media vuelta y echó a andar.

Yo traté de seguirle, pero el hombre me retuvo.

—¿Padre?

Silencio.

—¡Padre!

Quise caminar tras él. Entonces la mano que me retenía se hizo garra en mi hombro.

Forcejeé.

—¡Padre!

—Quieto —dijo el hombre.

Mi padre se empequeñeció. La distancia lo robó de mi cercanía. Su olor, su calor, su gesto. Todo se hizo difuso. Recuerdo sus pies desnudos hollando la senda que nunca volvería a pisar. Recuerdo su espalda encorvada. Recuerdo el recodo del camino que lo devoró igual que un león agazapado.

—Padre... —susurré por última vez.

Y al desaparecer él, en la mano del hombre apareció, como por arte de magia, una vara de madera con la que me golpeó de pronto.

—¡Vamos, andando! —me gritó.

JORDI SIERRA I FABRA: *La piel de la memoria*. Edelvives.

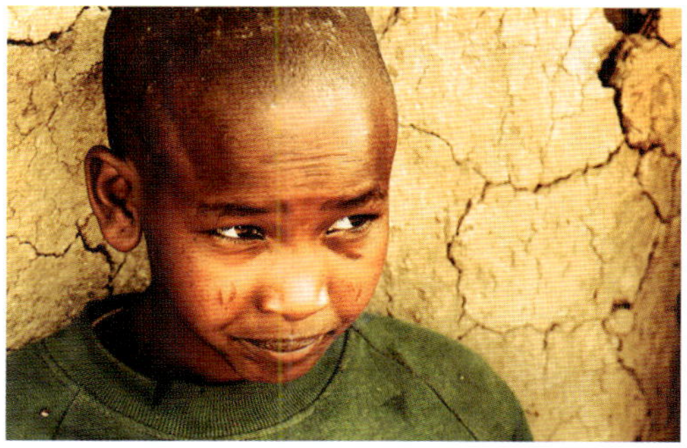

ACTIVIDADES

1. Habrás observado que en este texto predomina el diálogo, pero en él hay un narrador porque es una novela. Distingue qué partes son las dialogadas y cuáles son las narrativas.
2. ¿Qué tipo de narrador ha elegido el autor? ¿Por qué?
3. En este texto también hay pequeños fragmentos descriptivos. Fíjate, especialmente, en la descripción del muchacho, en los ojos y la mirada del padre y en el recuerdo de la madre, y escribe la información que proporcionan esas breves descripciones.
4. Elige en el texto alguna frase decisiva en la que el protagonista intuye su destino. Y tú, ¿cómo lo imaginas?
5. ¿Por qué crees que el padre decide vender a su hijo? Selecciona en el texto algún enunciado que evidencie la situación familiar como para que el padre adopte esa trágica elección.
6. ¿Qué tipo de vida se le ofrece al muchacho? ¿Qué entiendes tú por tener una vida mejor?
7. ¿Ocurren estas cosas en tu entorno? Investiga sobre el argumento de la novela para conocer la vida y el destino de su protagonista.
8. **Propuesta de expresión.** Empatiza con el protagonista y describe en tu cuaderno qué sentimientos pasarán por su cabeza cuando se sienta separado de su familia.
9. **Opina.** Reflexiona sobre la venta de niños, en qué partes del mundo se realizan esas prácticas, los motivos que llevan a esa extrema situación, qué otras formas existen de comercio ilegal de las personas... Tendrás que documentarte para apoyar y defender tus ideas ante tus compañeros.

TIC

Encontrarás el argumento de esta novela en: http://www.quelibroleo.com/la-piel-de-la-memoria

TIC

Encontrarás información sobre estos temas en: http://www.unicef.org/spanish/crc/index_30204.html

¿SABÍAS QUE...?

Existen varias clases de descripciones de personas: en una **prosopografía** se describen sus aspectos físicos; en una **etopeya**, solo su carácter; un **retrato** recoge tanto el físico como el carácter de la persona; y la **caricatura** exagera los rasgos para ofrecer una visión cómica o distorsionada.

Fueron muchas las caricaturas que se hicieron en vida de Darwin, en las que se le representaba con cuerpo de simio en relación con su teoría de la evolución.

Describir

Un **texto descriptivo** es aquel en el que un emisor presenta y explica cómo son los objetos, las personas, los lugares, las situaciones, los fenómenos, los animales, las emociones o los sentimientos.

El texto descriptivo responde a la pregunta: ¿cómo es?

Tipos de textos descriptivos

Los textos descriptivos pueden ser **objetivos** o **subjetivos**:

- La descripción **objetiva** se caracteriza por:
  - Incluir definiciones construidas con el verbo ser y con verbos que indican procesos *(se forma, se produce, consta, consiste...).*
  - La abundancia de adjetivos especificativos que aportan información del objeto descrito.
  - El presente de indicativo.
  - La abundancia de **tecnicismos**, que son los vocablos propios de una ciencia, profesión o arte.

  La descripción objetiva la encontramos en las *enciclopedias*, en los *libros de texto* y en otros *libros especializados*.
- La descripción **subjetiva** se caracteriza por:
  - El predominio de verbos copulativos *(ser, estar, parecer).*
  - La abundancia de adjetivos especificativos y explicativos que cualifican y valoran al objeto descrito.
  - El tiempo verbal utilizado es el presente o el pretérito imperfecto de indicativo.
  - La presencia de figuras literarias (símiles, metáforas, hipérboles...).

La descripción subjetiva solemos encontrarla en los textos de carácter literario combinada con la narración y el diálogo. A veces, puede influir en la opinión de los lectores.

Cómo se escribe un texto descriptivo

Para escribir un **texto descriptivo** habrá que:

1. Observar, primero, los rasgos más sobresalientes de aquello que queremos describir y seleccionar la información más oportuna.
2. Organizar esta información de manera ordenada, haciendo primero una presentación del objeto a describir y después desarrollando todas las informaciones con coherencia.
3. Elegir aquellos adjetivos que más se adaptan a lo descrito para crear una imagen "plástica" o "visible" fácil para nuestro destinatario.
4. Aplicar las características lingüísticas propias al tipo de descripción que queremos hacer (objetiva o subjetiva).

Los emoticonos

Por la brevedad que exige la escritura en los chats, describimos nuestras emociones incluyendo en ellos pequeños dibujos simbólicos que las representan. Hoy ya han constituido un nuevo código visual: son los llamados **emoticonos**.

☺ sonrisa. ☹ tristeza. **:-D** felicidad. **:-O** asombro.

ACTIVIDADES

1 Reconoce los rasgos de la descripción objetiva en este texto. ¿Qué diferencias encuentras con la descripción que acompaña a la imagen?

El Shar Pei es un perro que no pasa desapercibido. Prudente, misterioso, con cara de hipopótamo y cubierto de abundantes arrugas, ha pasado de ser "el perro más raro" al más popular. Es un perro muy inteligente y, enseñado bien desde pequeño, aprende rápido lo que está bien y lo que está mal. Es tranquilo, respetuoso, limpio, juguetón, fiel y sobre todo muy cariñoso y nada ladrador.

mundoanimalia.com

"Teo, mi gran amigo, es como un pequeño muñeco peludo y arrugado que me llena de amor con sus lengüetazos y con sus ojillos enternecedores."

2 En un cuento de Jorge Luis Borges, el autor ya mayor se reencuentra consigo mismo con treinta años menos. Imagina que te ocurre a ti algo parecido pero al revés: te encuentras contigo mismo con treinta años más. ¿Cómo serás dentro de tanto tiempo? Escribe tu futuro retrato. Y, si te atreves, exagéralo y dótalo de humor inventando una caricatura de ti mismo.

3 Escribe en tu cuaderno este fragmento novelístico y subraya los adjetivos y las expresiones que te podrían ayudar a dibujar al "visitante":

El aspecto de nuestro visitante fue una sorpresa para mí, dado que esperaba al típico médico rural. Sin embargo, me encontraba ante un hombre muy alto y delgado, de nariz larga y ganchuda, disparada hacia delante entre unos ojillos grises y penetrantes, muy juntos, que centelleaban como estrellas por detrás de unas lentes de montura dorada. Vestía de acuerdo con su profesión, pero de manera un tanto descuidada, porque su levita estaba sucia y los pantalones, raídos. Cargado de espaldas, aunque todavía era joven, caminaba echando la cabeza hacia delante y ofrecía un aire general de benevolencia corta de vista.

ARTHUR CONAN DOYLE: *El perro de los Baskerville*. Bruño.

Arthur Conan Doyle

Escritor británico (1859-1930) creador de uno de los detectives más famosos de la ficción novelesca: Sherlock Holmes.

4 **Propuesta de expresión.** Leed esta noticia y haced en grupos, con palabras y dibujos, un retrato robot con las características del profesor perfecto. Después las expondréis al resto de la clase y seleccionaréis las mejores. El resultado puede ser muy divertido y caricaturesco.

Los robots han venido para quedarse

Cada vez están más presentes: hablan, corren, vigilan e incorporan elementos de inteligencia.

El profesor Ishiguro ya se reúne con sus alumnos a través de Geminoid, su replicante; un androide que es su copia exacta, que mueve cejas y labios como él, que incluso emula el movimiento inconsciente del pecho al respirar. Esto no es *Blade runner*[1] ni una película de ciencia-ficción. Es simplemente uno de los campos en los que la investigación robótica empieza a producir resultados. "Teniendo una copia de mí puedo estar en lugares lejanos. Podría ir mañana mismo a dar una conferencia a España", dice por teléfono desde Nara, y se ríe para dentro. Se refiere a que el que vendría sería el robot, su replicante; él estaría conectado a Internet desde Osaka, con un micrófono, para ponerle voz a su copia. Ishiguro está encantado ante la perspectiva de ahorrarse las dos horas de tren que diariamente le supone ir a impartir sus clases.

JOSEBA ELOLA: *www.elpais.com*, 30 de septiembre de 2007

[1] ***Blade runner:*** película de ciencia ficción dirigida por Ridley Scott, en 1982, y candidata a dos Óscar. Relata la vida del futuro en el que se han fabricado humanos artificiales, a partir de la ingeniería genética, llamados "replicantes", que serán los esclavos de las colonias externas del planeta Tierra.

La oración

La **oración** es la unidad lingüística formada por sintagmas que permite expresar un significado completo.

Un solo sintagma apenas sirve para significar de modo completo una idea (un niño; un duende saltarín; solitario; por un bosque...), pero unido a otros sintagmas permite crear oraciones para expresar significados más completos:

Un niño estaba perdido.
Un niño caminaba solitario por un bosque tenebroso.
Un niño descubrió enseguida un duende saltarín entre unos arbustos.

En la lección anterior conocimos varios tipos de sintagmas. Pero el sintagma más importante para construir una oración es el **sintagma verbal**.

El sintagma verbal

El sintagma verbal es el grupo de palabras cuyo núcleo es el **verbo** y constituye el **predicado** de una oración, bien solo *(caminaba)*, bien acompañado de otros sintagmas que lo complementan *(caminaba solitario, caminaba por un bosque; descubrió un duende saltarín...)*.

Dentro de un sintagma verbal encontraremos, pues, otros sintagmas que desempeñarán diferentes funciones dentro del predicado de una oración:

- Un sintagma nominal: encontró un duende saltarín.
- Un sintagma adjetival: estaba perdido; caminaba solitario.
- Un sintagma adverbial: descubrió enseguida.
- Un sintagma preposicional: caminaba por un bosque, descubrió entre unos arbustos.

La estructura oracional

Una oración puede estar constituida por un predicado, pero lo asiduo es que la oración tenga también un **sujeto**, la persona que hace la acción:

¿Quién caminaba por un bosque? ¿Quién encontró un duende saltarín? Un niño.

O la persona con la que se identifica una cualidad:

¿Quién estaba perdido? ¿Quién caminaba solitario? Un niño.

En ambos casos, el sujeto es "un niño" y concuerda en persona y número con el verbo del predicado: *un niño caminaba, unos niños caminaban.*

La estructura habitual de una oración está formada por un **sujeto** y un **predicado**. El sujeto de la oración concuerda en número y persona con el verbo.

Dependiendo de la **actitud** y de la intención comunicativa de un emisor, se pueden distinguir las siguientes clases de oraciones:

- **Enunciativas:** el emisor ofrece una información objetiva.
- **Desiderativas:** expresa un deseo.
- **Exhortativas:** transmite una orden o un ruego a su destinatario.
- **Dubitativas y de probabilidad:** manifiesta sus dudas.
- **Interrogativas:** espera una respuesta de su destinatario.
- **Exclamativas:** expresa emoción o admiración.

¿SABÍAS QUE...?

Las oraciones exhortativas son las que se emplean habitualmente en publicidad dado que «invitan» a hacer algo.

ACTIVIDADES

1 Distingue sintagmas de oraciones:

- La piel de la memoria.
- Esa novela es muy interesante.
- En un lugar de la Mancha.
- Este invierno iremos a la montaña.
- Una entrañable historia.
- Es estupendo.

2 Completa en tu cuaderno estas oraciones con el tipo de sintagma que se indica:

- Encontraron (SN)... en la puerta de su casa.
- María (SV)...
- Pablo nunca entiende (SN)...
- Han llegado (SAdj.)... de la excursión.
- No llegues (SAdv.)... al concierto porque no te dejarán entrar.
- (SN)... visitaron a su sobrina (SPrep.).

3 Distingue el predicado de estas oraciones, escribe el núcleo y averigua qué tipos de sintagmas complementan al verbo:

- Una estupenda historia es esencial para una buena novela.
- Lara siente un gran amor hacia su perro Teo.
- Ese famoso cuadro de Picasso está en el Museo Reina Sofía.
- Nosotros ya vimos esa película en casa de Carlota.
- La fruta muy madura no me gusta.
- El bosque se ha quedado desnudo en el invierno.

4 Distingue el sujeto de las oraciones de la actividad 3 aplicando la regla de la concordancia. Señala el núcleo y los elementos que lo acompañan.

5 Copia este texto en tu cuaderno y destaca todos los predicados y sus sujetos; recuerda que algunos sujetos pueden estar omitidos:

La palabra poesía proviene del griego y significa "creación". En la antigüedad se consideraba la poesía como la manifestación de la belleza por medio de la palabra. Pero la poesía es también hablar con el corazón; ayuda a la expresión de los sentimientos, de las reflexiones, de las inquietudes de los hombres. La poesía hace universal al hombre.

6 Distingue las clases de oraciones según la intencionalidad del emisor:

- La buena convivencia exige a todos una gran responsabilidad.
- ¿No crees que es necesario decir siempre la verdad?
- Ojalá que todos tuviéramos las mismas oportunidades.
- Este fin de semana puede que haga buen tiempo.
- Deja ya de decir sandeces.
- ¡Qué momentos tan felices pasamos juntos!

7 **Propuesta de expresión.** En grupos pequeños podéis competir para ver quién es el compañero capaz de crear la oración simple más larga.

AYUDA

Unas estupendas historias son esenciales para una buena novela: Act. + CN + Núcleo.

La omisión del sujeto

Si construimos un texto utilizando los ejemplos iniciales de esta lección, observarás que omitimos el sujeto; el lector ya ha reconocido al comienzo quién es explícitamente la persona que realiza las acciones y no es necesario enunciarlo de nuevo:

> *Un niño estaba perdido, [el niño] caminaba solitario por un bosque tenebroso pero [el niño] descubrió enseguida entre unos arbustos un duende saltarín.*

Este podría ser el inicio de un cuento formado por tres oraciones: la primera oración tiene sujeto explícito ("Un niño") y las otras dos lo tienen pero está **omitido**.

La impersonalidad

Muchas oraciones carecen de sujeto. Ocurre en estos casos:

- En oraciones con verbos de significado meteorológico, que son impersonales *(llover, nevar, helar, tronar...): Mañana lloverá en el litoral mediterráneo.*
- En oraciones con el verbo *haber* en 3.ª persona del singular: *Hay muchas maneras de decir la verdad.*
- En oraciones con el verbo *hacer* en 3.ª persona del singular y con complementos temporales: *Hace demasiado frío. Hace mucho tiempo que ocurrió aquello.*

Pero en otras ocasiones somos los hablantes los que ocultamos intencionadamente el **agente**, es decir, la persona que realmente realiza la acción. Este recurso se utiliza para dotar de objetividad nuestros textos. Por ejemplo:

> *En esta clase estoy muy a gusto* (yo) → *En esta clase* ***se*** *está muy a gusto.*
>
> *El alcalde inauguró el nuevo puente* → ***Se*** *inauguró el nuevo puente.*

Observa cómo en ambos casos aparece la palabra **se**, porque es una marca de impersonalidad semántica. La primera oración impersonal del ejemplo carece de sujeto sintáctico. La segunda tiene sujeto sintáctico: *el nuevo puente,* pero no es el **agente** que realiza la acción sino el **paciente**, o sea, el objeto sobre el que recae la acción.

> El predicado es indispensable para formar una oración; no lo es, en cambio, el sujeto, ya que a veces este puede estar omitido o, sencillamente, no existir. Las oraciones que tienen sujeto, aunque esté omitido, se llaman **personales**; las que no lo tienen porque no existe se llaman **impersonales**.

Oraciones compuestas y textos

Una **oración compuesta** es la que está formada por dos predicados unidos generalmente por una conjunción. Construimos textos a partir de la combinación de oraciones simples (un solo predicado) con oraciones compuestas (varios predicados).

Un niño estaba perdido. Caminaba solitario por un bosque tenebroso pero descubrió enseguida entre unos arbustos un duende saltarín. Este duende lo miró con ojos expectantes aunque su intención no era lastimarlo. Mágicamente le señaló con un larguísimo dedo verde y brillante el camino de vuelta y entonces el niño consiguió salir de aquel tenebroso y horrible bosque.

RECUERDA

Las conjunciones sirven para unir unas oraciones con otras. Las más usuales son: y, pero, ni, aunque, o, sino.

ACTIVIDADES

8 Descubre en este microcuento qué oraciones tienen sujeto y cuáles lo tienen omitido:

Cubo y pala

Con los soles de finales de marzo mamá se animó a bajar de los altillos las maletas con ropa de verano. Sacó camisetas, gorras, shorts, sandalias..., y aferrado a su cubo y su pala, también sacó a mi hermano pequeño, Jaime, que se nos había olvidado.

Llovió todo abril y todo mayo.

CARMELA GRECIET en FERNANDO VALLS: *Mar de pirañas*. Menoscuarto.

9 Distingue en estas oraciones qué casos de impersonalidad se dan:

- Helará esta noche con toda seguridad.
- Hubo mucha gente en la manifestación del domingo.
- Se rompió el manillar al forzar la puerta.
- Este fin de semana hará un sol espléndido.
- En mi casa se cena muy pronto.

10 Convierte estas oraciones impersonales en personales.

- En este restaurante se comía antes muy bien.
- Se ha visto a un desconocido merodeando por el pueblo.
- En mi familia se piensa en aquella tragedia continuamente.
- Se acaba de inaugurar un espectacular puente en Cádiz.

11 Lee este fragmento de un artículo y después responde a las cuestiones:

El niño de la playa

Lo normal a los cinco años es que te hagas el muerto y no que lo seas, que sea divertido mojarte, que prefieras las olas grandes a las pequeñas, que le pidas al hermano mayor que te entierre vivo para que saques la cabeza y después, con el cuerpo embadurnado en arena, corras muy deprisa hacia el mar.

Lo normal a los cinco años es que poses para una foto en un lugar como éste que ven y que nadie tenga que pixelarte la cara.

La fotografía de Nilufer Demir ya forma parte del álbum migratorio de la infamia: un niño varado en la playa como si fuera un ballenato en pantalones cortos (...). Cinco niños. Refugiados sirios. Ahogados en aguas turcas. Tratando de alcanzar la isla griega de Kos (...).

No vas a entender la fotografía. Pero quiero que la mires y no olvides una cosa: ya te he dicho mil veces, hijo, que en las playas de verano puede hacer un frío hondo y oscuro.

PEDRO SIMÓN: *www.elmundo.es*, 2 de septiembre de 2015

a) ¿Quién es el emisor de este texto? ¿A quién crees que se dirige?

b) ¿Cuál es el mensaje que transmite? ¿En qué parte del texto se concreta la situación o el contexto para poder entender este artículo?

c) Descubre en qué oraciones el autor oculta los sujetos.

d) Localiza en el texto algunas oraciones compuestas; te ayudará subrayar los verbos y comprobar si sus predicados van unidos por una conjunción.

La situación lingüística actual en España

Lenguas y dialectos

Una **lengua** es un sistema de signos reconocido por los hablantes de una comunidad que lo utilizan para comunicarse. Posee un modelo lingüístico propio que lo diferencia del de otras lenguas. Un **dialecto** es la variedad geográfica de una lengua de la cual procede. Posee ciertas peculiaridades, sobre todo fonéticas y léxicas, que lo diferencian de otros dialectos.

Nuestro país es rico en cultura, en paisajes, en folclore, en gastronomía... y también lo es en el terreno lingüístico: su gran variedad merece la pena ser cuidada y conservada como un patrimonio de todos los españoles. El **español** o **castellano** es la lengua oficial de todos y tenemos el deber de conocerla y el derecho a usarla. Junto con el castellano son **cooficiales** las siguientes lenguas:

- **Catalán**, en la comunidad autónoma de Cataluña y en Illes Balears.
- **Valenciano**, denominación que el Estatuto de Autonomía de la Comunidad Valenciana da a la lengua propia de los valencianos; comparte el mismo sistema lingüístico del catalán.
- **Gallego**, en la comunidad autónoma de Galicia.
- **Vasco** o **euskera**, en el País Vasco y en el noroeste de Navarra.

¿SABÍAS QUE...?

El gallego, el catalán y el castellano provienen del **latín vulgar**. Tras la conquista musulmana en 711, los cristianos de la península, que hablaban ese latín, se dispersaron por el norte huyendo de los conquistadores. Este hecho histórico dio lugar a la diversificación del latín; de ahí que hoy el catalán, el gallego y el castellano sean lenguas tan parecidas.

Sin embargo, el vasco ya existía en la península antes de la llegada de los romanos en 218 a.C. Por eso es una lengua tan distinta a las demás.

Las lenguas de España

- Gallego y castellano.
- Euskera y castellano.
- Catalán y castellano.
- Valenciano y castellano.
- Castellano.

Bilingüismo y diglosia

La situación de **bilingüismo** en una zona, región o país significa que en ese lugar se hablan dos o más lenguas en las mismas condiciones de igualdad y reconocimiento desde los medios de comunicación, la enseñanza y las instituciones públicas.

La **diglosia**, por el contrario, se produce cuando una de las lenguas posee mayor reconocimiento que la otra.

ACTIVIDADES

1. Localiza en la Constitución Española el artículo que trata sobre las lenguas de España. ¿Qué quiere decir "deber de conocerla" y "derecho a usarla"? ¿Qué significa "patrimonio cultural"?

2. Investiga acerca del significado de estos términos en vasco, gallego y catalán. Averigua a qué lengua pertenece cada uno y relaciónalos con: a) lugares históricos y artísticos, b) folclore, c) gastronomía:

   Obradoiro, marmitako, castellets, queimada, panellets, pulpo a feira, Árbol de Gernika, Casa Batlló, esqueixada, aizkolaris, muñeira, txangurro, santo Entroido, calçotada, olentzero.

3. Lee estos textos en catalán y en gallego, respectivamente. Tienen algunas similitudes con el castellano; con ayuda de tu profesor o profesora, trata de traducirlos al castellano:

   Un postre molt típic i tradicional de la cuina catalana és la *crema catalana* o *crema de Sant Josep*. Els ingredients principals són llet, rovells d'ou, sucre, la pell d'una llimona y canonet de canyella. Es molt fácil de preparar.

   Esta é a historia dunha nena moi guapa e unha avoa que a quería moito. A avoa fíxolle unha carapucha vermella á nena para que non tivese frío. Como lle quedou tan ben todo o mundo chamouna dende ese momento Carapuchiña vermella.

4. Con ayuda de un diccionario, completa la tabla en tu cuaderno para conocer el nombre de los días de la semana en las cuatro lenguas oficiales del territorio español:

Castellano	Catalán	Gallego	Vasco
Lunes		Luns	
Martes	Dimarts		Asteartea
Miércoles	Dimecres		
Jueves		Xoves	
Viernes		Venres	Ostirala
Sábado	Dissabte		
Domingo			Igandea

   ¿Cuál es la lengua más diferente a las otras? ¿Por qué?

5. Averigua quién saluda en catalán, en vasco, en gallego y en castellano.

TIC

Para trabajar con la Constitución Española puedes hacerlo en Internet a través de su página web oficial: www.constitución.es

Uso de las letras *b, v; c, q, k, z*

"Lázaro de Tormes no sabía escribir, por eso le pidió a su amo, el escudero, que le escribiera una carta para hacérsela llegar a su madre, a la que no veía desde hacía mucho tiempo. El escudero escribió lo que Lázaro le dictaba:

Querida madre: llevo algunos días sin comer. Los amos a los que sirvo no pueden mantenerse a sí mismos, ¿cómo me van a mantener a mí? A veces soy yo el que va a pedir limosna y algunas gentes me ofrecen pan y beber de su jarrillo de vino. Mi vida no parece progresar. Te añora tu hijo Lázaro.

Luego el escudero le pasó el papel y le dijo que se fijara en las letras que había escrito en rojo, decidido a empezar a enseñarle a escribir."

Normas de escritura de *b, v*

- Se escriben con **b**:
  - Los verbos cuyo infinitivo termina en *-bir* y *-buir (escri**b**ir, distri**b**uir)* menos *hervir, servir* y *vivir.*
  - Las terminaciones *-ba, -bas, -bamos, -bais, -ban* de los pretéritos imperfectos de la primera conjugación *(ama**b**a, juga**b**ais)* y del pretérito imperfecto del verbo *ir (i**b**a, í**b**amos).*
  - Las sílabas iniciales *bu-, bur-, bus- (**b**ula, **b**urgués, **b**uscar)* y los prefijos *bi-, bis-, biz-, bien-, bene-, bio-, bibl-, ab-, sub- (**b**ianual, **b**isabuelo, **b**iznieto, **b**ienvenido, **b**enevolente, **b**iodegradable, **b**ibliobús, a**b**soluto, su**b**urbial).*
  - Los grupos consonánticos *br* y *bl (hom**b**re, ama**b**le).*
- Se escriben con **v**:
  - Las terminaciones de los adjetivos en *-ave, -eve, -avo/-a, -evo/-a, -ivo/-a,-voro/-a (gra**v**e, le**v**e, bra**v**o/-a, nue**v**o/-a, vi**v**o/-a, carní**v**oro/-a).*
  - Los verbos acabados en *-olver (resol**v**er).*
  - Algunas formas del verbo *ir (**v**oy, **v**ayas).*
  - El pretérito perfecto de indicativo del verbo *estar (estu**v**e)* y de los verbos *andar* y *tener* y sus derivados *(andu**v**e, tu**v**iste, detu**v**imos).*

Normas de escritura de *c, q, k, z*

- Se escribe **c**:
  - Cuando corresponde al sonido /z/ ante *-e,-i (**c**erilla, pa**cí**fico).*
  - Cuando corresponde al sonido /k/ ante *-a, -o, -u (**c**aótico, **c**opa, **c**ubierto).*
- Se escribe **cc** en la terminación de las palabras que derivan de otra que se escribe con el grupo *ct (perfe**ct**o > perfe**cc**ión).*
- Se escribe **z**:
  - Cuando corresponde al sonido /z/ ante *-a, -o, -u (**z**apato, **z**ócalo, **z**ulo).*
  - Al final de la palabra singular cuyo plural termina en *-ces (pe**z** > peces).*
- Se escribe con **q** cuando corresponde al sonido /k/ ante *e, i;* en estos casos va seguida de *u* muda *(**qu**emadura, **qu**iniela).*
- Se escribe **k** ante cualquier vocal cuando corresponde al sonido /k/ en palabras de procedencia extranjera que la mantienen *(**k**árate, **k**ebab, **k**iwi, **k**oala, **k**uwaití).*

¿SABÍAS QUE...?

Si tienes dudas de si una palabra termina en **-z** o en **-d** porque no se distinga bien en la pronunciación *(red/z, vez/d)* puedes recurrir a pasarla en plural. Si el plural termina en **-des,** el singular termina en **-d** *(re**des** > re**d**)*; pero, si el plural termina en **-ces,** el singular lo hará en **-z** *(nue**ces** > nue**z**)*.

ACTIVIDADES

1. Explica dónde reside la gracia de este chiste:

   En el púlpito, en pleno éxtasis, estaba el cura del pueblo haciendo su sermón:

   —Y dijo el Señor: "Lázaro, levántate y anda". Y Lázaro se levantó y andó.

   Y un feligrés, indignado, le reprendió:

   —¡Anduvo, ignorante...!

   —Bueno, anduvo ignorante, pero luego se le pasó—. Respondió el cura.

2. Justifica el uso de **b** en las siguientes palabras: *subcampeón, caminábamos, biografía, suscribir, bisílaba, bravo, burbuja, inolvidable.*

3. Justifica el uso de **v** en las siguientes palabras: *retuve, revolver, tuvisteis, longevo, insectívoro, vienen, contuvimos, onceavo.*

4. Algunas palabras que se escriben con **b** o con **v** no responden a una regla ortográfica, sino a su origen etimológico. Con ayuda de un diccionario, escribe las siguientes palabras en tu cuaderno sustituyendo los símbolos ♦ por **b** o **v**:

escla♦itud	♦eloz	♦í♦ora	ta♦erna
♦asallo	nie♦e	nu♦e	a♦iso

5. Copia las siguientes palabras sustituyendo los símbolos ♦ por **c** o **cc**:

reedi♦ión	suje♦ión	provoca♦ión	corre♦ión
rela♦ión	se♦ión	lo♦ión	reda♦ión

6. Escribe los plurales de las siguientes palabras y enuncia la norma que se aplica: *lápiz, ciudad, capaz, pez, red, redondez, audaz, maldad.*

7. Explica por qué las siguientes palabras se escriben con **c** o **z**: *cazo, aceptar, acabar, decisivo, colaboración, cumbre, zapatilla, azulado, cimiento.*

8. Con ayuda del diccionario, busca diez palabras que se escriban con **k** y averigua su procedencia.

9. Existen palabras que se parecen en su forma pero significan cosas diferentes: se llaman palabras parónimas. Busca en el diccionario el significado de las siguientes: *revelado / rebelado, acerbo / acervo; accesible / asequible; actitud / aptitud.*

10. Copia en tu cuaderno el texto siguiente sustituyendo el símbolo ♦ por la letra que corresponda. Después, reflexiona sobre el contenido del texto:

    Todo niño tiene derecho a ♦i♦ir. Esto significa que todo niño tiene derecho a no ser asesinado, a sobrevivir y a cre♦er en condi♦iones óptimas. Todo niño tiene derecho a re♦i♦ir una educa♦ión, a disfrutar de una vida so♦ial y a ♦onstruir su propio futuro. Este derecho es esen♦ial para su desarrollo e♦onómico, so♦ial y ♦ultural.

    Los niños de♦en ser protegidos de las enfermedades. Se les de♦e permitir cre♦er y ♦onvertirse en adultos sanos, esto contribuye de igual manera al desarrollo de una so♦iedad más a♦tiva y dinámica.

¿SABÍAS QUE...?

El fenómeno del **ceceo** consiste en pronunciar **/s/** en lugar de **/z/**: */relasión/ – relación*. A veces, el seseo da lugar a que palabras diferentes se pronuncien igual: /kasa/ - casa y /kasa/ - caza.

Es un rasgo propio de la pronunciación del andaluz, del canario, del español de América, etc. Si en tu pronunciación se da el ceceo, recuerda que los rasgos fónicos particulares de las distintas hablas solo tienen repercusión en la lengua oral. En la lengua escrita, se rigen por las normas ortográficas generales.

La península ibérica entre los siglos XI y XIII

Evolución de al-Ándalus (siglos XI-XIII)

En el año 1031 el califato de Córdoba se disgregó en numerosos **reinos,** llamados **taifas.**

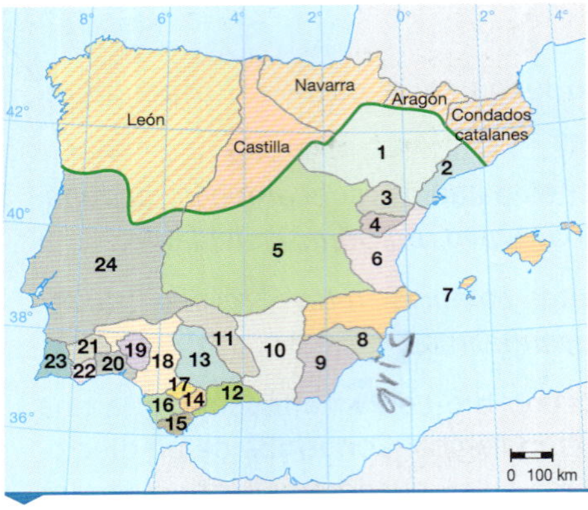

Reinos de taifas en el siglo XI.

Los reinos de taifas, acosados por la expansión de los reinos cristianos, se vieron obligados a pedir protección a los **almorávides,** pueblo del norte de África que cruzó el estrecho en el año **1086.** Estos derrotaron a los cristianos, primero, en la **batalla de Sagrajas** (1086) y, después, en la de **Uclés** (1108). Los almorávides consiguieron unificar al-Ándalus y frenar el avance cristiano. Su expansión en la península fue frenada por el rey de Aragón Alfonso I el Batallador.

A mediados del siglo XII llegaron a la Península los **almohades,** también procedentes del norte de África. Ante el nuevo poder musulmán, los reinos cristianos (Castilla, Aragón Navarra) se unieron, enfrentaron y vencieron a los almohades en la **batalla de las Navas de Tolosa** (1212). Esta victoria posibilitó, para los reyes cristianos, la conquista del sur y el este peninsular. Asimismo, Alfonso VIII, rey de Castilla, incorporó los territorios de Vizcaya, Guipúzcoa y Álava.

A finales del siglo XIII, el poder musulmán quedó reducido al **reino nazarí de Granada.**

La economía

La **agricultura** fue la principal actividad económica. Entre las principales aportaciones de los musulmanes a esta actividad sobresale la introducción de **nuevas técnicas de regadío** (norias, acequias, pozos y canales), y de **nuevos cultivos,** tanto de secano como de regadío (arroz, naranjo...).

Destacó también la **artesanía** que proporcionaba a los habitantes de la ciudad productos como tejidos, alfombras, lámparas, platos, muebles, vasijas, etc., que eran vendidos en los zocos.

El **comercio** también se desarrolló, tanto el interior como el exterior; los productos artesanales y agrícolas se exportaban a toda Europa, de donde llegaban madera y metal. Por el Mediterráneo llegaban productos de Oriente como especias y productos de lujo. Desde África se acercaron los mercaderes de oro, marfil y esclavos.

El comercio se vio favorecido por el uso de moneda, el **dinar.**

¿SABÍAS QUE...?

Durante el califato de Córdoba se produjo una cierta tolerancia religiosa, que se quebró a partir del siglo XII, con la llegada de los almohades. Estos, caracterizados por su mayor intolerancia, provocaron que muchos cristianos se vieran obligados a emigrar a los reinos del norte peninsular.

La actual Giralda era el antiguo alminar de la desaparecida mezquita de Sevilla, construida durante el dominio almohade en al-Ándalus.

La sociedad

Estaba formada por dos grupos:

- **Los musulmanes:** eran el grupo dominante y estaba formado sobre todo por árabes, que era una minoría formada por gobernantes, altos funcionarios y ricos propietarios que controlaban la mayor parte de las tierras y el comercio y ostentaban el poder religioso y político. También sobresalieron los **muladíes,** que eran antiguos cristianos que se habían convertido al islam, y los **bereberes,** de origen norteafricano, que llegaron como emigrantes o apoyando al ejército conquistador; eran de origen humilde y muchos eran pastores.
- **No musulmanes:** pagaban más impuestos que los anteriores y no tenían tantos privilegios. Entre ellos, destacaron los **mozárabes,** descendientes de los visigodos e hispanorromanos, que mantuvieron la religión cristiana. El otro grupo eran los **judíos,** que eran artesanos, cambistas, comerciantes, científicos y médicos.

Maimónides era judío y destacó, sobre todo, en el campo de la filosofía.

¿SABÍAS QUE...?

En el siglo XII existió otro científico ilustre de origen musulmán llamado Averroes. Destacó como filósofo, medico, matemático y astrónomo, entre otras cosas.

ACTIVIDADES

1. Resume brevemente la evolución de al-Ándalus desde el siglo XI al XIII.
2. Investiga cómo transcurrió la batalla de las Navas de Tolosa y realiza un breve informe: monarcas que se aliaron, cómo fue la batalla, etc.
3. Indaga en Internet qué otra importante construcción sevillana es también de época almohade y descríbela.
4. Busca información sobre Maimónides y Averroes y realiza dos fichas, una para cada uno, que contengan los siguientes datos: lugar y fecha de nacimiento, a qué se dedicaron, obras y trascendencia histórica.

En el siglo XIII Fernando III *el Santo* unificó definitivamente las coronas de Castilla y León. Bajo su reinado se conquistaron Córdoba, Murcia, Jaén y Sevilla.

¿SABÍAS QUE...?

Durante los siglos XII y XIII, el reino de Aragón conoció un período de auge económico y expansión territorial.

En el siglo XII Alfonso I *el Batallador* conquistó Daroca, Calatayud, Tudela y Zaragoza (1118). A su muerte, Navarra se disgregó de Aragón.

En el siglo XIII Jaime I *el Conquistador* conquistó las islas Baleares y el reino de Valencia.

A partir de la última década del siglo XIII Aragón pasó a denominarse **corona de Aragón.**

Los reinos cristianos (siglos XI-XIII)

Desde los siglos XI a XIII, los reinos cristianos experimentaron cambios importantes en los ámbitos territorial, político, económico y social.

Desde el punto de vista **territorial,** los monarcas iniciaron un proceso de recuperación de al-Ándalus. Ni la división de al-Ándalus en reinos taifas, ni la llegada de los almorávides, primero, y los almohades, después, frenaron el avance de los reinos cristianos. Para llevar a cabo la **Reconquista** los reyes cristianos contaron con el apoyo de:

- La **Iglesia,** que otorgó a la Reconquista el carácter de «cruzada»; es decir, de lucha de los cristianos contra los infieles.
- Las **órdenes militares,** que participaron en la reconquista de los territorios situados al sur de los ríos Tajo y Ebro.
- La **nobleza,** que colaboró con los reyes suministrando tropas.
- Numerosos **grupos de población** que se instalaron en los nuevos territorios conquistados y a los que se les impuso obligaciones militares y fiscales.

Durante los siglos XII y XIII, los reinos de Castilla y León y Aragón ampliaron sus territorios y asentaron la **monarquía feudal.** El reino de Navarra, en cambio, sufrió un debilitamiento territorial.

Conquistas castellanas en el siglo XIII.

La repoblación

La **repoblación** fue la ocupación de las tierras que los reyes cristianos habían conquistado a los musulmanes. Las nuevas tierras conquistadas se repoblaron con habitantes de los antiguos territorios de los reinos cristianos o con los huidos de las zonas controladas por los musulmanes (judíos y mozárabes).

La repoblación en Castilla y Aragón se caracterizó por:

- La labor realizada por los monasterios y las abadías.
- La dotación de **fueros** a los nuevos pobladores, lo que supuso la concentración de ciudadanos libres en aldeas y villas.
- La **construcción** de **ciudades,** alejadas de las zonas de conflicto, como por ejemplo Burgos, o en torno al Camino de Santiago, donde se instalaron mercaderes y artesanos.

- El **reparto de grandes propiedades** a la nobleza y a las órdenes militares que habían ayudado a los reyes en la conquista de nuevos territorios. En Castilla, las propiedades donadas se extendían por la zonas comprendidas entre el sur del río Tajo, Sierra Morena y Extremadura; en Aragón se extendían entre Teruel y Castellón.

La economía

Las principales actividades económicas fueron:

- La **agricultura:** se roturaron nuevas tierras y se produjo un **aumento** de la **producción agrícola.** Se producían cereales, como el trigo y la cebada, y junto a los ríos había huertas y arroz. Se consumían legumbres como garbanzos, judías y lentejas. Se extendieron los cultivos de viñedos y el olivar.
- La **ganadería:** se produjo un importante desarrollo de la **ganadería lanar,** que pertenecía a la nobleza, al clero y a las órdenes militares. Se organizaba en torno a los concejos de mesta.
- El **comercio:** los artesanos empezaron a agruparse en **gremios,** para organizar la producción y comercializar los productos elaborados. Además, se celebraban **ferias** donde comerciantes de varias comarcas acudían con sus productos, y se crearon **instituciones,** como los consulados, para agilizar el comercio exterior.

¿SABÍAS QUE...?

Durante la Edad Media los pastores se fueron organizando en asambleas o **mestas,** en las que se trataban los asuntos comerciales o se establecían las rutas de pastoreo. Con la ampliación del territorio conquistado y ante los enfrentamientos entre pastores y agricultores, Alfonso X *el Sabio,* rey de Castilla y León, creó, en 1273, el **Honrado Concejo de la Mesta** al que otorgó numerosos privilegios: vías de trashumancia a través de las cañadas, derechos de paso, etc.

Ovejas merinas estabuladas en las afueras de la ciudad de Écija (Sevilla).

La sociedad

Siguió siendo una **sociedad estamental.** La **nobleza** y el **clero** continuaron con sus **privilegios,** mientras que el **campesinado**, que era la mayor parte de la población, constituía el estamento **no privilegiado,** junto a artesanos, comerciantes, etc.

Alfonso X, *el Sabio.*

ACTIVIDADES

5. Por grupos, elaborad una ficha de cada uno de estos reyes cristianos: Alfonso I, *el batallador,* Jaime I, *el Conquistador,* Alfonso VIII y Alfonso X, *el Sabio.* Para ello, deberéis buscar información en Internet, y añadir imágenes de estos monarcas.
6. Busca información acerca de los gremios de artesanos y de las ferias comerciales y realiza en tu cuaderno un breve informe de ambos aspectos relacionados con la actividad comercial.

La crisis de los siglos XIV y XV en Europa

El siglo XIV estuvo marcado por un período de crisis agraria, social y demográfica, que comenzó a superarse a comienzos del siglo XV. Las **causas** de esta crisis fueron:

- La sucesión de varios años de **malas cosechas** debido a una climatología adversa, que provocó escasez y carestía de alimentos. Esta situación se tradujo en **hambre** y malnutrición.
- Las **guerras,** las **revueltas** campesinas y burguesas contra la nobleza y la **Guerra de los Cien Años** (1337-1453), que fue especialmente destructiva, devastaron los campos y diezmaron la población.
- La **crisis financiera** provocada por la falta de moneda que impedía desarrollar el comercio.
- Las **epidemias,** ya que la malnutrición y el hambre dejaban a la población desprotegida ante enfermedades como la gripe, la viruela, el cólera, el tifus, la lepra y otros males endémicos que se denominaron **pestes.** Especialmente grave fue la **peste negra** que se extendió por Europa entre 1347 y 1350, y que provocó una elevada mortandad.

¿SABÍAS QUE...?

La peste negra afectó primero a Asia y después a Europa.
El traslado de un continente a otro se produjo a través de las pulgas que llevaban las ratas de los barcos procedentes de Oriente y que desembarcaron en los puertos italianos de Mesina, Génova y Venecia. Desde aquí se extendió por el resto del continente europeo.

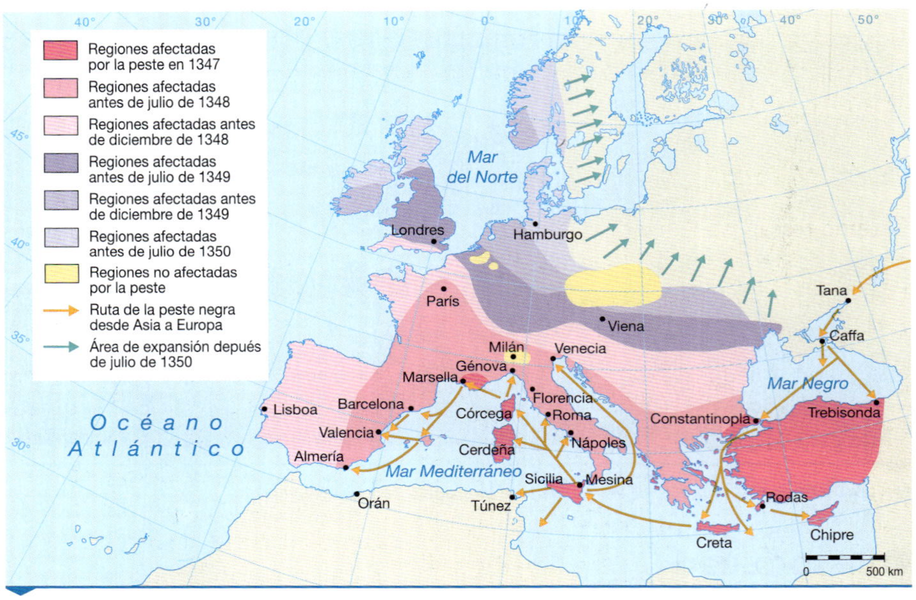

Mapa de propagación de la peste en el siglo XIV.

Consecuencias de la crisis

- **Demográficas:** incremento de la mortalidad catastrófica (se calcula que murió el 60 % de la población), disminución de la población y despoblación de algunas zonas de Europa.
- **Económicas:** caída de la productividad agraria, disminución de la superficie cultivada, subida de los precios de los alimentos y disminución de las rentas feudales.
- **Sociales:** el descontento de la población por las malas cosechas, la presión de la nobleza sobre los campesinos para que les pagasen las rentas y los impuestos, provocaron numerosas **revueltas sociales campesinas,** acompañadas de saqueos y quema de castillos.

La península ibérica en los siglos XIV y XV

Instituciones políticas

- **Reino de Castilla y León:** El órgano consultivo del rey era la **Curia regia ordinaria** que estaba formada por nobles, algunos obispos y familiares del rey. En el siglo XIV este órgano pasó a denominarse **Consejo Real.** Existían también las **Cortes estamentales** que eran asambleas formadas por la nobleza, el clero y los representantes de las ciudades. Su principal función era recibir el juramento del futuro rey y aprobar los impuestos.
- **La corona de Aragón:** estaba constituida por varios reinos, lo que obligaba a los monarcas a jurar los respectivos fueros para ser reconocidos como tales. Se crearon figuras (gobernadores, virreyes) que administraban el poder político y judicial en nombre del rey. El rey nombraba a los **justicias mayores** que se encargaban de solucionar los problemas que surgían entre la corona y la nobleza. El monarca, contó con la **Curia ordinaria, órgano asesor** que posteriormente se llamó **Consejo Real.** En las **Cortes aragonesas** estaban representados la alta y baja nobleza, la Iglesia y los representantes del estado llano. En los diferentes reinos de la corona de Aragón surgieron órganos similares a las Cortes: en Cataluña se crearon las **Corts.**

Durante los siglos XIV y XV se instauró la dinastía de los **Trastámara** en Castilla y Aragón. Ambos reinos se dedicaron, también, a la expansión territorial por el Atlántico y Mediterráneo.

Reino nazarí de Granada

El **reino nazarí de Granada** comprendía parte de las provincias actuales de Córdoba, Sevilla, Jaén, Murcia y Cádiz y la totalidad de Almería, Granada y Málaga. Fue reduciéndose paulatinamente, y en el siglo XV solo abarcaba las actuales provincias de Almería, Granada y Málaga.

La rendición de Granada.

El pago de impuestos a los monarcas castellanos fueron debilitándolo hasta que en el año **1492** los **Reyes Católicos** conquistaron la ciudad. Boabdil se convirtió en el último rey de la dinastía nazarí en Granada.

ACTIVIDADES

7. Dibuja en tu cuaderno una tabla en la que señales las causas y consecuencias de la crisis del siglo XIV, atendiendo a estas categorías: demografía, política, sociedad y economía.
8. ¿Quiénes integraban la Curia regia?
9. ¿Qué diferencias hay entre las Cortes de Castilla y León y las de Aragón?

Jaime I presidiendo las Cortes de Lleida en 1242.

¿SABÍAS QUE...?

Durante el siglo XIV se produjo en la península ibérica una profunda **crisis económica** provocada por la **peste negra** que afectó a los reinos de Castilla y León, Aragón y Navarra.

La **recuperación** tanto económica como demográfica fue lenta y se produjo en el siglo XV.

La recuperación en ambas coronas se produjo en medio de grandes luchas sociales: en Castilla, las hermandades de labradores protegían sus intereses frente a la nobleza; en Aragón se produjeron numerosas revueltas, como la de los **payeses de remensa,** que reivindicaban su desvinculación de la tierra y el poder ser hombres libres.

La población española

Movimientos naturales de población

La población española tiene características similares a la de otros países desarrollados que atraviesa el ciclo demográfico moderno. Estas son:

- Tasas de natalidad y mortalidad bajas.
- Crecimiento natural o vegetativo positivo, pero bajo.
- Envejecimiento de la población.
- Esperanza de vida alta.

La recepción de inmigrantes compensa esta situación, ya que rejuvenece la población y aumenta el crecimiento real.

- La **natalidad** en España es de las más bajas en el mundo (1,3 hijos por mujer en edad fértil). El descenso de la natalidad se debe:
  - Al retraso de la edad en que los jóvenes abandonan el hogar paterno y en la que tienen el primer hijo, debido a factores económicos.
  - A la disminución de las tasas de natalidad entre la población inmigrante, que siempre había sido alta.
  - A la emigración de muchos jóvenes en busca de trabajo.

Número de nacimientos en España (2003-2013)

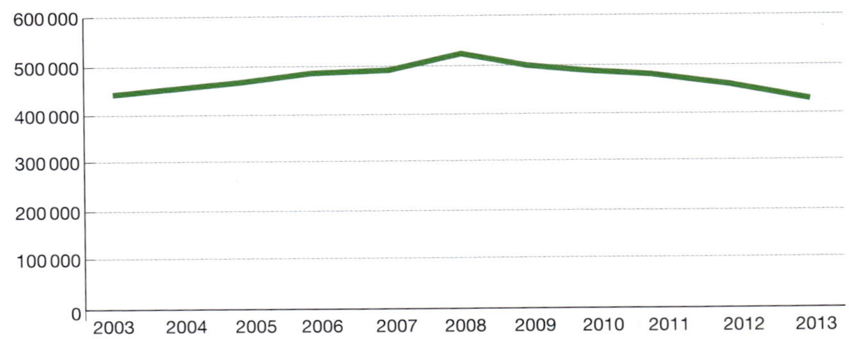

Fuente: España en cifras, 2015 (INE).

- La **mortalidad** española es muy baja debido a:
  - Los servicios e infraestructuras sanitarias.
  - Los adelantos de las técnicas médicas.
  - Una dieta saludable.

Ello implica una **esperanza de vida alta** y **un envejecimiento de la población.**

Tasa bruta de mortalidad en España (2003-2013)
(Defunciones por 1 000 habitantes)

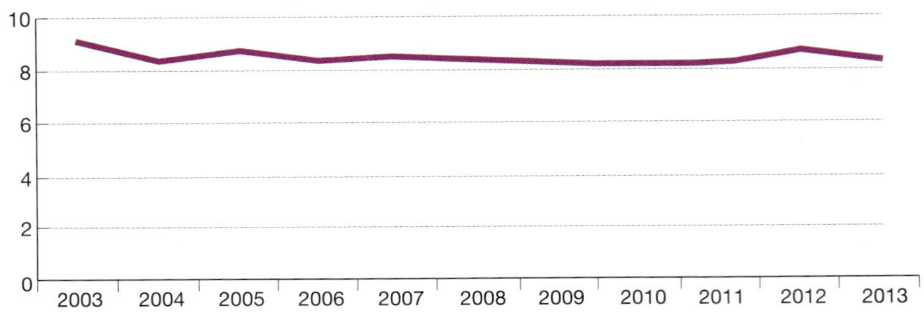

Fuente: España en cifras, 2015 (INE).

¿SABÍAS QUE...?

- La población española a fecha 1 de enero de 2014:era de 46 512 199 habitantes.
- La tasa de natalidad en 2013 era del 9,1 ‰.
- La tasa de mortalidad en 2013 era del 8,34 ‰.
- La esperanza de vida en 2013 se situaba en los 83 años: 80 para los hombres y 85 para las mujeres.

Fuente: España en cifras, 2015 (INE).

RECUERDA

- **Crecimiento natural o vegetativo:** hace referencia al número de nacidos y fallecidos en un año.
- **Crecimiento real:** es la suma del crecimiento natural o vegetativo y de los movimientos migratorios.

Densidad de población

La población española se encuentra distribuida de manera muy **desigual,** con unas comunidades autónomas muy pobladas frente a otras bastante despobladas.

- En el **interior peninsular** se localizan las zonas con menores densidades, exceptuando la Comunidad de Madrid.
- Las zonas con mayores densidades de población se sitúan en la **costa (litoralización),** en las **islas** y en las **capitales de provincia.**

Las razones que explican la concentración de la población en la costa son:

- Las condiciones climáticas más suaves y, salvo en la costa cantábrica, más propicias para la agricultura.
- El mayor desarrollo económico gracias al comercio y la pesca.
- El mayor dinamismo y apertura socio-económica debido al tránsito de los puertos.

Madrid, a pesar de estar en el interior peninsular, tiene mucha población por ser la capital de España.

Soria es ejemplo de ciudad interior con poca densidad de población.

ACTIVIDADES

1. Representa en un gráfico de barras los datos sobre población que aparecen reflejados en la tabla. Organízala por comunidades autónomas ordenadas de mayor a menor por número de habitantes.

	Población a 1 de enero de 2014
Andalucía	8 388 875
Aragón	1 331 301
Principado de Asturias	1 058 975
Illes Balears	1 115 841
Canarias	2 114 845
Cantabria	587 682
Castilla y León	2 495 689
Castilla-La Mancha	2 075 197
Cataluña	7 416 237
Comunitat Valenciana	4 956 427
Extremadura	1 096 421
Galicia	2 747 226
Comunidad de Madrid	6 378 297
Región de Murcia	1 461 303
Comunidad Foral de Navarra	636 450
País Vasco	2 167 166
La Rioja	315 223
Ceuta	84 674
Melilla	83 870
España	**46 512 199**

FUENTE: España en cifras, 2015 (INE).

¿SABÍAS QUE...?

La densidad de población española es de 92 hab/km^2.

AYUDA

Para elaborar un **gráfico de barras** debes situar los datos de la siguiente manera:

- En el eje horizontal, las comunidades autónomas de mayor a menor población.
- En el eje vertical, el número de habitantes, en intervalos de 500 000 habitantes, por ejemplo.

Estructura de la población

La **población** se clasifica por **grupos de edad** en tres grupos:

- **Población joven:** hasta los 15 años.
- **Población adulta:** entre 15 y 65 años.
- **Población anciana:** más de 65 años.

La **población** se clasifica **por sexo,** en mujeres y hombres.

Desde el punto de vista del **trabajo**, la **población** se clasifica en dos grupos:

- **Población activa:** son las personas adultas que tienen capacidad para trabajar. Las personas activas que trabajan forman la **población ocupada;** las que buscan un trabajo constituyen la **población parada.**
- **Población inactiva**: son las personas que no pueden trabajar o no cobran por su actividad: los jubilados, los menores de 16 años, los estudiantes, las amas de casa y los enfermos.

Para representar a la población de un lugar por grupos de edad y sexo se realizan **pirámides de población.**

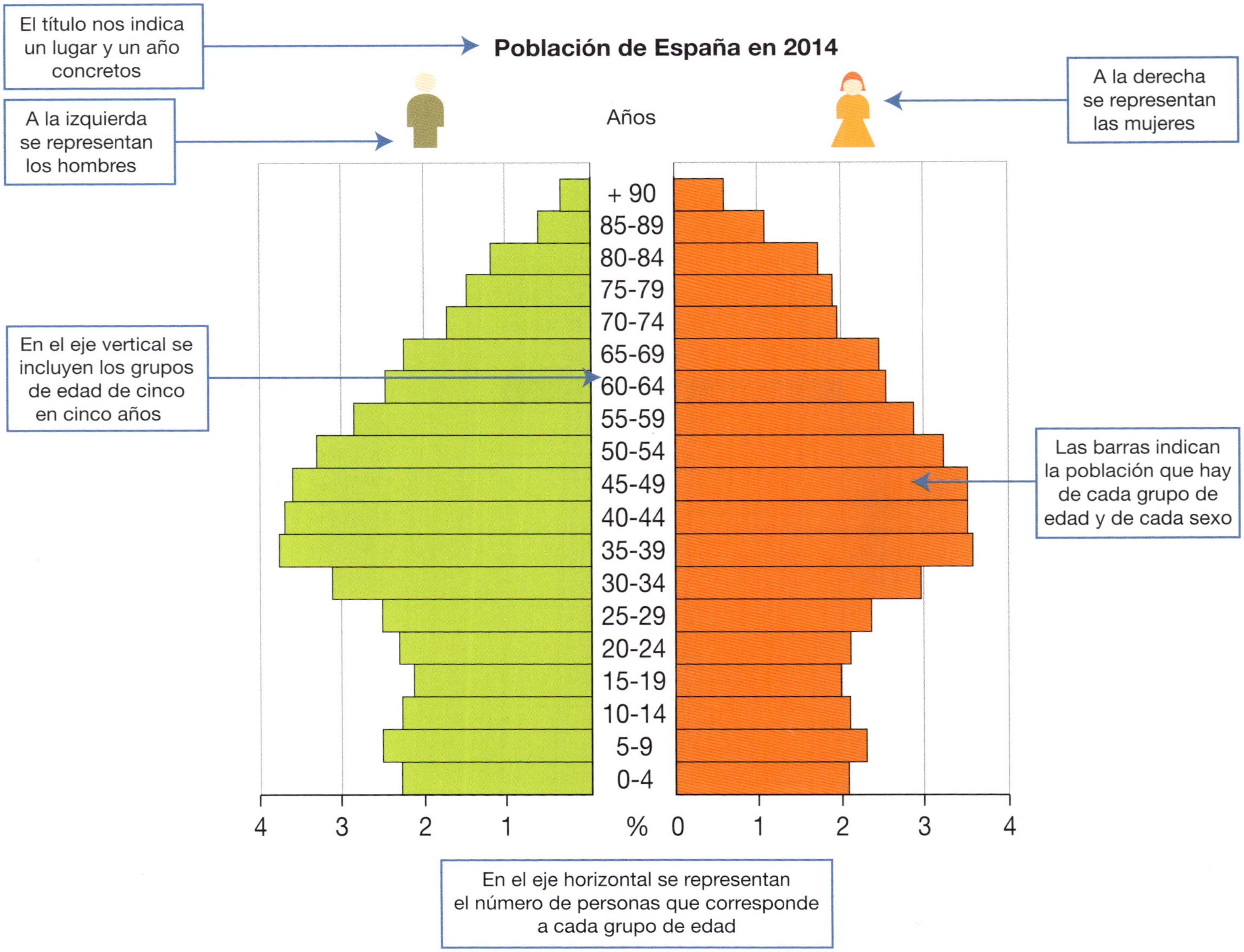

Para interpretar una pirámide de población hay que fijarse en su forma:

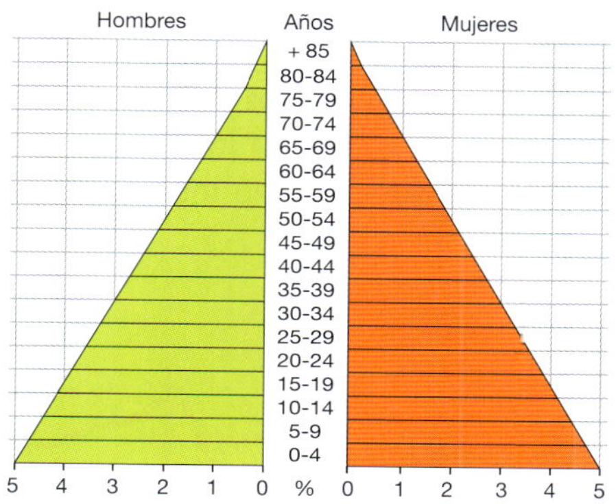

Pirámide progresiva o con **forma de pagoda.** Presenta una base ancha, con una disminución hacia la parte superior. Representa a una población joven con alta natalidad y rápido crecimiento de la población. Es el modelo típico de los países menos desarrollados.

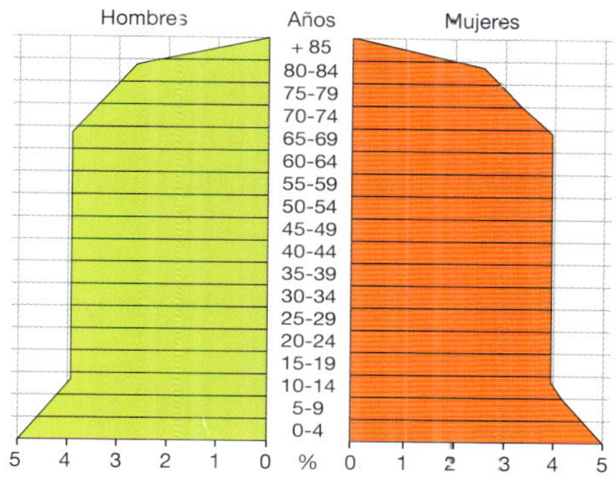

Pirámide estancada o con **forma de campana.** La población joven y la adulta son casi iguales. Representa a una población con una reducción o estancamiento de la natalidad. Es el modelo típico de los países en desarrollo.

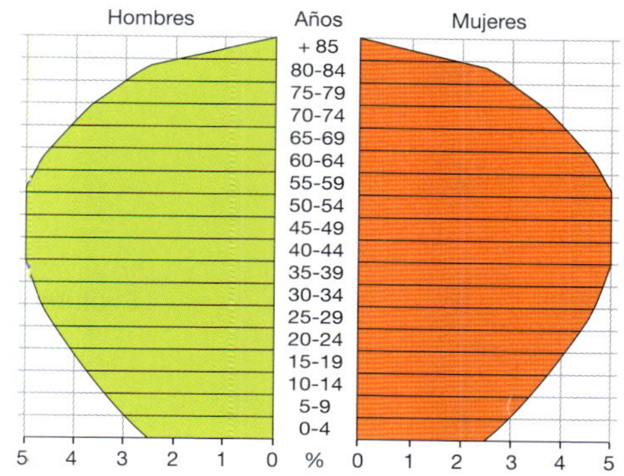

Pirámide regresiva o con **forma de tonel.** Presenta una base estrecha con una disminución de la natalidad, un débil crecimiento natural y una elevada esperanza de vida. Es el modelo típico de los países desarrollados.

ACTIVIDADES

2 Realiza en papel milimetrado la pirámide de población de Galicia (2014).

2014	Total	Hombres	Mujeres
Total	**2 748 695**	**1 325 657**	**1 423 038**
0-4	106 342	55 178	51 664
5-9	113 501	58 360	55 241
10-14	106 728	54 889	51 839
15-19	104 449	53 665	50 784
20-24	124 527	63 596	60 931
25-29	147 488	74 296	73 192
30-34	193 364	97 827	96 037
35-39	228 450	114 809	113 641
40-44	216 920	108 252	108 668
45-49	208 769	103 407	105 362
50-54	198 164	97 721	100 443
55-59	182 504	89 198	93 406
60-64	168 244	81 457	86 787
65-69	166 170	78 687	87 483
70-74	133 526	60 836	72 690
75-79	130 984	55 808	75 176
80-84	113 480	44 469	69 011
85 y más	103 885	33 202	70 683

FUENTE: Padrón municipal de habitantes (2015).

- Una vez realizada la pirámide de población explica a qué tipo de pirámide y, por tanto, de población se corresponde.
- ¿Cómo es la natalidad? ¿Y la mortalidad? ¿Y la esperanza de vida?

Evolución de la población española

Primera etapa: ciclo demográfico antiguo

La población española a lo largo de la historia mantuvo unos índices de crecimiento bastante bajos hasta finales del siglo XIX, debido a las hambrunas, epidemias, guerras, etc., factores propios de una sociedad no industrializada y rural.

Evolución de la población española 1594-2014 y proyecciones 2014-2042

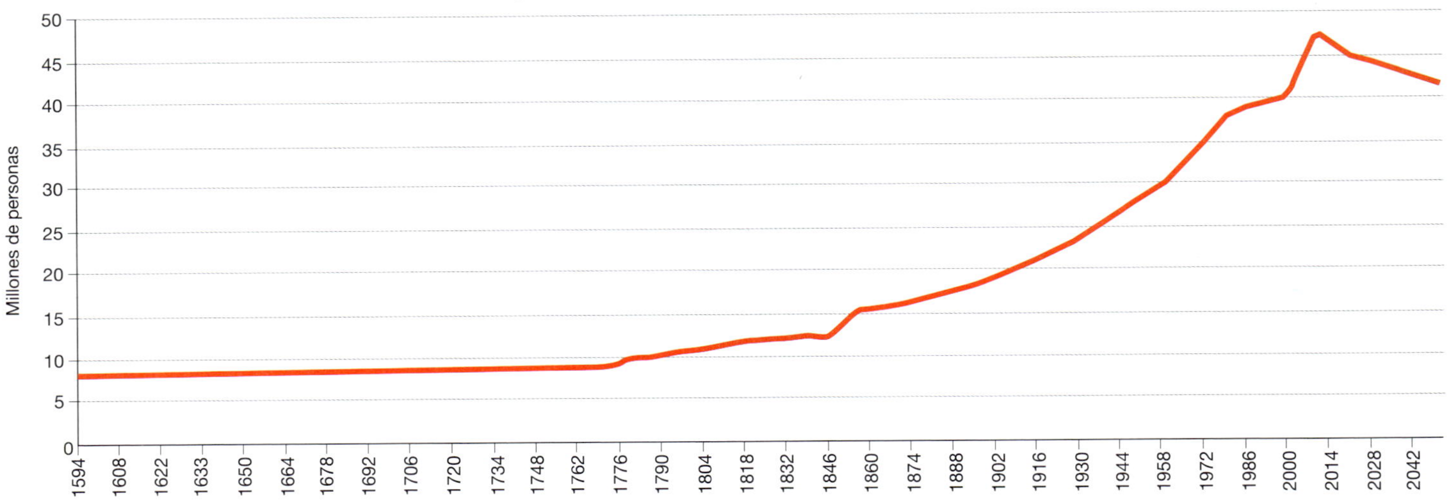

Fuente: INE.

Segunda etapa: ciclo demográfico de transición

A finales del siglo XIX España entró en esta etapa. Su población comenzó a crecer de forma elevada y sostenida. No obstante, no fue hasta los años sesenta y setenta del siglo XX, cuando España experimentó un auténtico *baby boom.*

Durante estos años del desarrollismo industrial la población española emigró del campo a las ciudades **(éxodo rural).** Además, el Estado franquista desarrolló políticas natalistas como:

- Las ayudas a las familias numerosas.
- La propaganda y los premios a la natalidad.
- La prohibición de los métodos anticonceptivos.

RECUERDA

Se conoce como ***baby boom*** a la explosión repentina de la tasa de natalidad, como la ocurrida tras la Segunda Guerra Mundial en los países que participaron en la contienda, que en el caso de España se produjo más tarde, gracias a la mejora de la calidad de vida.

Tercera etapa: ciclo demográfico moderno

Con la llegada de la democracia a finales de los setenta y la progresiva adquisición de nuevos modelos de vida (incorporación de la mujer al trabajo, comercialización de anticonceptivos, etc.), el crecimiento se fue ralentizando y España entró en esta etapa, que es en la que el país se encuentra en la actualidad.

La llegada de emigrantes **a finales de los noventa** permitió un cierto crecimiento y recuperación de la población: España pasó de 40 a 47 millones de habitantes de 2001 a 2010.

Desde el año 2012 España ha perdido población debido a que la crisis económica de 2007 ha provocado:

- El retorno de los emigrantes a sus países de origen.
- El envejecimiento proporcional de la población española.
- La emigración de los jóvenes españoles.

¿SABÍAS QUE...?

La población extranjera residente en España se sitúa en 4 677 059 personas y se reduce un 7,8% respecto a 1 de enero de 2013.
Los extranjeros representan el 10,1% de la población total.
Fuente: España en cifras, 2015 (INE).

Evolución de la población española en los últimos años*

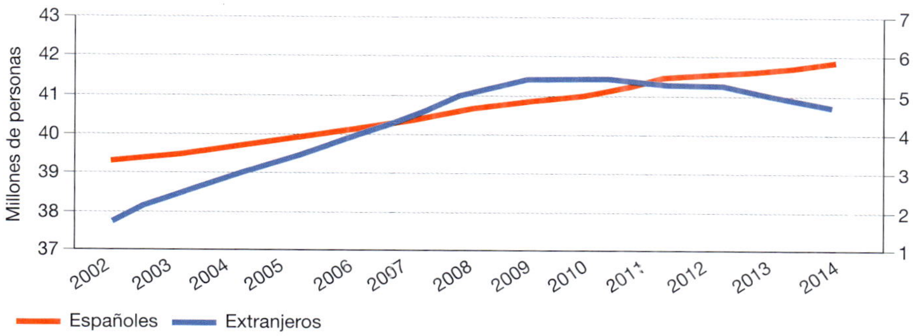

* La población está referida a 1 de enero de cada año

Fuente: España en cifras, 2015 (INE)

ACTIVIDADES

❸ Elabora un gráfico lineal con los siguientes datos acerca de la proyección de la población española desde el año 2015 hasta el 2064.

Año	Población residente a 1 de enero
2015	46 436 797
2019	46 171 990
2024	45 829 722
2029	45 484 908
2034	45 154 897
2039	44 822 879
2044	44 434 981
2049	43 872 621
2054	43 075 084
2059	42 059 994
2064	40 883 832

Fuente: INE, octubre 2014.

❹ Lee atentamente esta noticia y realiza un breve comentario en tu cuaderno acerca de ella.

Echar la vista atrás permite dar una perspectiva más amplia sobre los avances sociales. En 1975, año de inicio de la transición hacia la democracia, la esperanza de vida media de un ciudadano español rondaba los 73 años. Cuatro décadas después, la cifra ha aumentado en diez años.

Según los datos revelados por el Instituto Nacional de Estadística (INE), y correspondientes a 2014, la expectativa vital de una mujer en España al nacer es de 85,6 años, mientras que en el caso de los hombres alcanza los 79,97 años. Si contabilizamos a ambos sexos, la media es de 82,82.

Es la primera vez que la esperanza de vida en España supera esta barrera, hasta ahora reservada a países como Japón (80 años para los hombres y 87 para las mujeres) o Suiza (80,7 y 85,1, respectivamente).

Fuente: http://www.economiadigital.es/es/notices/2015/06/ e INE, 2015 (Adaptación).

AYUDA

Todas las Comunidades Autónomas tienen su propia web para extraer información acerca de los datos de población.

Existen también otras webs como las del padrón municipal.

TIC

Para buscar cualquier dato relativo a la población de España (y otros temas), puedes acudir a la web del Instituto Nacional de Estadística (INE): http://www.ine.es

Los movimientos migratorios

Los **movimientos migratorios** han tenido una gran importancia en la evolución de la población española desde comienzos del siglo XX, tanto los **interiores** como los **internacionales.**

- **Migraciones interiores:** han sido fundamentales desde mediados del siglo XX. No obstante, antes de esta fecha, se venía produciendo un traslado de población hacia las zonas más industrializadas, como País Vasco y Cataluña, y las ciudades más importantes, como Madrid. Fue en la posguerra, debido al hambre y a la falta de trabajo, cuando se produjo un fortísimo **éxodo rural.** Este hecho fue una de las causas del despoblamiento del interior peninsular y del envejecimiento de la población de las zonas rurales. Esta tendencia migratoria continúa produciéndose en la actualidad, de forma que estos problemas se acentúan. Ante el éxodo rural, las ciudades tuvieron que responder a la masiva llegada de población y generar suficientes servicios para atender la demanda de sus nuevos habitantes, lo que provocó la aparición de las ciudades dormitorio alrededor de las grandes ciudades y la construcción de viviendas baratas de mala calidad en los años sesenta y setenta.
- **Migraciones internacionales:** España fue un país de emigrantes durante casi todo el siglo pasado, para pasar a convertirse, en la última década del siglo XX, en un país receptor de emigrantes.

RECUERDA

Saldo migratorio: es la diferencia entre el número de emigrantes y el de inmigrantes en un determinado lugar y en un período de tiempo concreto.

¿SABÍAS QUE...?

Las comunidades con mayor porcentaje de extranjeros son Illes Balears (19,3%) y Región de Murcia (14,4%), mientras que Extremadura y Galicia (con un 3,3% y 3,4% respectivamente) son las que tienen menor porcentaje de población extranjera.

Fuente: España en cifras, 2015 (INE).

Población extranjera según nacionalidad (1 de enero 2014)

	Total extranjeros	% del total
Total	**4 677 059**	**100,0**
Rumania	728 253	15,6
Marruecos	717 992	15,4
Reino Unido	310 052	6,6
Ecuador	214 039	4,6
Italia	180 823	3,9
Colombia	173 193	3,7
China	165 978	3,5
Alemania	148 502	3,2
Bulgaria	139 931	3,0
Bolivia	127 477	2,7
Portugal	108 984	2,3
Francia	99 486	2,1
Perú	84 235	1,8
Ucrania	81 802	1,7
Otras nacionalidades	1 396 312	29,9

Fuente: España en cifras, 2015 (INE).

- **España, país emigrante:** desde 1880 hasta mediados del siglo xx aproximadamente se produjeron varias oleadas de emigraciones importantes debido a crisis políticas y económicas (Guerra Civil, posguerra...) que asolaron el país y a la búsqueda de nuevas oportunidades. El lugar de destino fue principalmente América. Posteriormente, en los años cincuenta, tras la Segunda Guerra Mundial, la reconstrucción de Europa requirió mucha mano de obra, lo que sumado a la larga posguerra española impulsó a un porcentaje elevado de la población a emigrar a Europa a trabajar.
- **España, país de acogida:** a partir de los años noventa del siglo pasado, y especialmente a partir de 1998, la situación se transformó. La mejora de la calidad de vida en España se convirtió en un atractivo para la población extranjera, sobre todo de países de habla hispana, por la lengua y las similitudes culturales. Asimismo, la cercanía a las costas africanas, atrajeron también a la población de origen magrebí (norte de África), especialmente marroquíes, y subsaharianos.

Actualmente, la tendencia ha vuelto a cambiar, ya que los españoles salen de nuestro país en busca de mejores oportunidades. Según distintas fuentes, se calcula entre 225 000 y 700 000 las personas que han emigrado desde el principio de la crisis (año 2007). Entre ellos sobresalen los jóvenes altamente cualificados (fuga de cerebros).

Actualmente, los jóvenes españoles se ven obligados a marcharse a otros países en busca de nuevas oportunidades laborales.

¿SABÍAS QUE...?

Por nacionalidades, los mayores descensos de población extranjera en España se dan entre los nacionales de Perú, Colombia, Bolivia y Ecuador. En todos estos casos, los descensos son superiores al 20% respecto al 1 de enero de 2013.

Fuente: España en cifras, 2015 (INE).

ACTIVIDADES

5 Observa la tabla de población extranjera en España según nacionalidad, de la página anterior, y responde:

- ¿Cuáles son los países de procedencia de los inmigrantes de mayor a menor importancia?
- ¿Qué causas crees que provocan la inmigración?
- Haz una lista de atractivos que crees que tiene España para estas personas, respecto a sus países de origen.

El género lírico

Un texto **lírico** es aquel en el que el escritor expresa subjetivamente su **mundo interno,** sus emociones, sus sentimientos. De ahí que sea frecuente oír su "propia voz" y que la **expresión** se transforme de manera radical. Suele ir acompañado de **ritmo,** por lo que la mayoría de los textos líricos están escritos en verso.

Si la noche se hace oscura
y tan corto es el camino,
¿cómo no venís, amigo?
La media noche es pasada,
y el que me pena no viene;
mi ventura lo detiene
porque soy muy desdichada.
Véome desamparada;
gran pasión tengo conmigo.
¿Cómo no venís, amigo?

Anónimo. Villancico medieval.

→ **Voz lírica:** es la persona que expresa el sentimiento, un emisor en primera persona, que suele dirigirse a un destinatario. En el poema es una mujer.

→ **Destinatario:** es el receptor del mensaje poético (amigo, madre, lector, amada, Dios...). Se le reconoce a través de los *vocativos* o invocaciones a alguien o a algo en concreto: en este caso es el *amigo* (el amado).

→ **Mensaje:** es el sentimiento que expresa el autor: amor, desamor, muerte, angustia, recuerdo... En nuestro villancico es el dolor por la ausencia del amado.

→ **Ritmo y musicalidad:** para acentuar los sentimientos, el autor recurre a la rima y a otros efectos fónicos que contribuyen a acentuar los sentimientos. En este caso ha elegido un verso sencillo, con rima asonante y repite las invocaciones al amado, cambiando la entonación *(¿cómo no venís, amigo?)* como si fuera un estribillo.

Subgéneros líricos

Oda: poema, de origen clásico, que ensalza o alaba a alguien o a algo.

Elegía: poema extenso que expresa sentimientos de dolor y tristeza ante una desgracia o ante la muerte de un ser querido.

Égloga: poema protagonizado por jóvenes pastores que se intercambian sus problemas amorosos en medio de una naturaleza idealizada.

Sátira: poema que ridiculiza vicios y defectos, con intención moralizante, divertida o burlesca.

Canción: composición lírica destinada al canto, con estribillos y paralelismos.

Romance lírico: composición poética con un número indeterminado de versos octosílabos y rima asonante que expresan diversos sentimientos.

Para aprender a recitar un poema de forma adecuada puedes seguir estas sencillas pautas:

a) Lee el poema en silencio para interiorizar su contenido;
b) realiza ejercicios de vocalización para pronunciar correctamente;
c) piensa en el tono y en la entonación que se merece el poema;
d) haz pausas donde lo indique un signo de puntuación y no al final de un verso, si no es necesario.

¿SABÍAS QUE...?

Un **vocativo** es la llamada a un destinatario que se hace de manera literal en un enunciado: *¡Oh,* ***Amada,*** *hoy es el dulce tiempo de la primavera!* (Rubén Darío).
Van siempre enmarcados con comas.

ACTIVIDADES

1 Muchos poetas han utilizado la poesía para hablar de la misma poesía. Lee estos textos, reflexiona sobre sus mensajes y después trata de elaborar una teoría sobre los significados y la utilidad de la poesía:

¿Qué es poesía?, dices mientras
clavas en mi pupila tu pupila azul.
¿Qué es poesía? ¿Y tú me lo
preguntas? Poesía... eres tú.

(GUSTAVO ADOLFO BÉCQUER)

Tal es mi poesía: poesía-
herramienta a la vez que latido
de lo unánime y ciego.
Tal es, arma cargada de futuro
expansivo con que te apunto al
pecho.

(GABRIEL CELAYA)

Un buen verso
no saca el hambre.
Un buen verso
no construye un jardín.
Un buen verso
no derriba al tirano.
Un verso en el mejor de
los casos consigue cortarte
la respiración (la digestión
casi nunca) y su ritmo
insinúa otro ritmo posible
para tu sangre y para los
planetas.

(JORGE RIECHMANN)

2 Reconoce en el poema de Bécquer la voz lírica, el destinatario y el mensaje.

3 ¿Qué temática aborda Gabriel Celaya en su poesía? ¿Hay ritmo o musicalidad en el poema de Jorge Riechmann?

4 Lee estos poemas. Descubre cuál es la intención comunicativa de sus autores y descubre cuál es la oda, cuál la elegía y cuál el poema satírico:

(En Orihuela, su pueblo y el mío, se
me ha muerto como del rayo Ramón
Sijé, con quien tanto quería.)
Yo quiero ser llorando el hortelano
de la tierra que ocupas y estercolas,
compañero del alma, tan temprano.
Alimentando lluvias, caracolas
y órganos mi dolor sin instrumento
a las desalentadas amapolas
daré tu corazón por alimento.
Tanto dolor se agrupa en mi costado,
que por doler me duele
hasta el aliento.

(MIGUEL HERNÁNDEZ)

Érase un hombre a una nariz pegado,
érase una nariz superlativa,
érase una nariz sayón y escriba,
érase un pez espada muy barbado.

(FRANCISCO DE QUEVEDO)

Oh mar, así te llamas,
oh camarada océano,
no pierdas tiempo y agua,
no te sacudas tanto,
ayúdanos.
somos los pequeñitos pescadores,
los hombres de la orilla,
tenemos frío y hambre
eres nuestro enemigo,
no golpees tan fuerte,
no grites de ese modo,
abre tu caja verde y déjanos
a todos en las manos tu regalo
de plata: el pez de cada día.

(PABLO NERUDA)

Conoce a estos grandes poetas:

FRANCISCO DE QUEVEDO, poeta barroco del siglo XVII.

GUSTAVO ADOLFO BÉCQUER, poeta romántico del siglo XIX.

MIGUEL HERNÁNDEZ, poeta de la Generación del 27.

GABRIEL CELAYA, poeta social de la posguerra española.

PABLO NERUDA, poeta chileno de la segunda mitad del siglo XX.

JORGE RIECHMANN, poeta actual cercano al compromiso político y social.

¿SABÍAS QUE...?

Muchos textos son líricos aunque estén escritos en prosa, como este fragmento de la poetisa chilena Gabriela Mistral:

Donde haya un árbol que plantar, plántalo tú. Donde haya un error que enmendar, enmiéndalo tú. Donde haya un esfuerzo que todos esquivan, hazlo tú. Sé tú el que aparta la piedra del camino.

Antonio Machado

Poeta (1875-1939) de gran sensibilidad, humildad y compromiso. Su poesía inicial es modernista y muy íntima *(Soledades)*. Su estancia en Soria como profesor y la muerte de su esposa, aportarán un matiz noventayochista a sus poemas *(Campos de Castilla)*. Su sencillez poética y meditativa es el rasgo más notable de toda su poesía.

La forma poética

Lo habitual es que los textos líricos tengan forma de **poemas,** formados por varios **versos** que son cada una de sus líneas. A veces, estos versos se organizan en **estrofas** con un esquema fijo (copla, cuarteto, lira...), y tienen medida y rima para resaltar su musicalidad.

Aprende a analizar la **métrica** de un poema (o medida de versos) siguiendo este esquema:

1. Cuenta el número de sílabas que tiene cada verso, pero:
   - si acaba en palabra aguda, añade una sílaba;
   - si acaba en palabra esdrújula, resta una sílaba;
   - si dentro del verso aparece alguna palabra acabada en vocal y a esta le sigue otra que empieza por vocal, únelas en una misma sílaba. Esto se llama *sinalefa*.
2. Descubre qué versos riman entre sí fijándote en la última palabra a partir de la última sílaba tónica:
   - su rima será **consonante** si se repiten todos los sonidos vocálicos y consonánticos;
   - su rima será **asonante** si solo se repiten los sonidos vocálicos.
3. Indica con la misma letra los versos que riman entre sí:
   - con minúscula (**a, b**...) si el verso tiene 8 o menos de ocho sílabas;
   - con mayúscula (**A, B**...) si el verso tiene más de 8 sílabas;
   - cada letra ha de ser la misma en los versos que riman entre sí; si un verso no tiene rima con otros, se indica con una rayita.
4. Reconoce dónde empieza y acaba una estrofa. Suelen separarse por un espacio en blanco. (En el Anexo de la página 223 encontrarás una clasificación de los tipos de estrofas más habituales).

Anoche cuando dormía
soñé, ¡bendita ilusión!
que era a Dios lo que tenía
dentro de mi corazón.

(Antonio Machado)

1. 4 versos con 8 sílabas:
   A-no-che-cuan-do-dor-mí-a (8)
   so-ñé-ben-di-tai-lu-sión (7+1)
   quee-raa-Dios-lo-que-te-ní-a (8)
   den-tro-de-mi-co-ra-zón (7+1)
2. Rima consonante:
   ía –ón –ía –ón
3. El esquema métrico es:
   8a / 8b / 8a / 8b
4. El poema tiene una sola estrofa que es una copla.

Principales composiciones

La poesía ha cambiado muy poco con el paso del tiempo. Por un lado, los sentimientos humanos son universales; por otro, las formas que han acogido esos sentimientos han seguido cultivándose desde sus orígenes remotos. Por ejemplo:

- Las **canciones** y los **romances** anónimos y populares de la Edad Media han sido imitados por autores cultos hasta nuestra actualidad.
- Los **sonetos** llegaron a la literatura española de los Siglos de Oro bajo la influencia italiana de los poetas renacentistas y han sido muy cultivados por los poetas de todos los tiempos.

Sin embargo, en la poesía más cercana a nuestro tiempo se han creado nuevas formas, como por ejemplo, los **poemas en versos libres**, en los que los poetas eliminan la rima.

ACTIVIDADES

5 Aplica tus conocimientos sobre la medida y la rima en este texto lírico. Consulta el anexo para saber a qué estrofa corresponde:

Hojas del árbol caídas,
juguetes del viento son,
las ilusiones perdidas
ay, son hojas desprendidas
del árbol de mi corazón.

(José de Espronceda)

6 Las canciones se caracterizan porque tienen estrofas y estribillos o versos que se repiten antes o después de la estrofa. Compara la forma de estas dos canciones, una es medieval y la otra contemporánea. ¿En qué coinciden ambas? ¿Recuerdas el estribillo de alguna canción actual?

¿Por qué me besó Perico?,
¿por qué me besó el traidor?
Dijo que en Francia se usaba
y por eso me besaba
y también porque sanaba
con el beso su dolor.
¿Por qué me besó Perico?,
¿por qué me besó el traidor?

(Anónimo. Edad Media)

El mar. La mar.
El mar. ¡Solo la mar!
¿Por qué me trajiste, padre, a la ciudad?
¿Por qué me desenterraste del mar?
En sueños, la marejada me tira del corazón; se lo quisiera llevar.
Padre, ¿por qué me trajiste acá?

7 Lee este romance de Juan Ramón Jiménez. Analiza su métrica y compárala con la métrica de algún romance popular.

Adolescencia

En el balcón, un instante
nos quedamos los dos solos.
Desde la dulce mañana
de aquel día, éramos novios.
–El paisaje soñoliento
dormía sus vagos tonos,
bajo el cielo gris y rosa
del crepúsculo de otoño-.
Le dije que iba a besarla;
bajó, serena, los ojos
y me ofreció sus mejillas,
Como quien pierde un tesoro.
–Caían las hojas muertas
en el jardín silencioso,
y en el aire erraba aún
un perfume de heliotropos–.
No se atrevía a mirarme;
Le dije que éramos novios,
... y las lágrimas rodaron
de sus ojos melancólicos.

8 Lee el poema entero de Quevedo, "Érase... pegado" para descubrir cuál es el esquema métrico de un soneto.

9 En este poema el autor evita la rima pero ha creado un ritmo poético interno a partir de algunas repeticiones. ¿Cuáles son?

Señor, Señor, ¿por qué consientes que te nieguen ateos?
¿Por qué, Señor, no te nos muestras sin velos, sin engaños?
¿Por qué, Señor, nos dejas en la duda, duda de muerte?
¿Por qué te escondes?
¿Dónde estás, mi Señor, acaso existes?

(Miguel de Unamuno)

Conoce a estos grandes poetas:

JOSÉ DE ESPRONCEDA, poeta romántico del siglo XIX.

RAFAEL ALBERTI, poeta de la Generación del 27.

MIGUEL DE UNAMUNO, escritor de la Generación del 98.

JUAN RAMÓN JIMÉNEZ, poeta Premio Nobel de la primera mitad del siglo XX.

TIC

Podrás leer los romances populares, anónimos y medievales que se recogieron en el Romancero Viejo en www.cervantesvirtual.com

TIC

https://es.wikipedia.org/wiki/A_una_nariz

El mensaje poético

Los poetas utilizan el cauce de la poesía para expresar sus sentimientos. Si relees todos los poemas que han aparecido en esta unidad, descubrirás que han sido muchos esos sentimientos tan íntimos y personales: el dolor por la ausencia del amado, la pérdida de un ser querido, la poesía misma, las dudas religiosas, el primer amor, la nostalgia, el desamor...

La **descripción de los sentimientos** no es tarea fácil, porque se trata de describir algo abstracto que no se percibe a través de los sentidos. Es muy subjetiva y por ello en el poema predomina una voz lírica en **primera persona;** su expresión se cuida mucho y se aleja bastante del lenguaje cotidiano.

Recursos lingüísticos

En estas descripciones los escritores utilizan **verbos** *(sentir, temer, notar, entristecerse, alegrarse, soñar, llorar, sonrojarse, recordar...)*, **sustantivos** *(miedo, temor, tristeza, alegría, angustia, sueño, llanto, recuerdo...)* y **adjetivos** *(feliz, triste, nostálgico, atemorizado...)* que le permiten transmitir sus emociones.

Observa cómo describe Bécquer sus sentimientos de tristeza en este poema:

No sé lo que **he soñado**
en la noche pasada.
Triste, muy **triste** debió ser el **sueño,**
pues despierto la **angustia** me duraba.
Noté al incorporarme,
húmeda la almohada
y por primera vez **sentí,** al notarlo,
de un **amargo placer** henchirse el alma.
Triste cosa es el **sueño**
que **llanto** nos arranca,
mas tengo en mi **tristeza** una **alegría...**
¡Sé que aún me quedan **lágrimas!**

Figuras literarias

Para llamar la atención sobre el mensaje, el poeta hace uso de las figuras literarias. Observa en este poema de Gloria Fuertes cómo, para transmitir su gran sentimiento solidario, enumera, repite y cambia la entonación.

No perdamos el tiempo

Si el mar es infinito y tiene redes,
si su música sale de la ola,
si el alba es roja y el ocaso verde,
si la selva es lujuria y la luna caricia,
si la rosa se abre y perfuma la casa,
si la niña se ríe y perfuma la vida,
si el amor va **y** me besa **y** me deja temblando.
¿Qué importancia tiene todo esto,
mientras haya en mi barrio una mesa sin patas,
un niño sin zapatos o un contable tosiendo (...)?

Anáfora: se repite la misma palabra al principio del verso.

Paralelismo sintáctico: se repite la misma estructura sintáctica.

Polisíndeton: repetición innecesaria de la conjunción en una enumeración

Interrogación retórica: pregunta que no se responde pero crea reflexión en el lector.

Entre las figuras literarias más frecuentes en la poesía se encuentran las metáforas, las anáforas, los paralelismos, las ironías y los símiles.

Gloria Fuertes

Poetisa (1917-1998) marcada por sus vivencias durante la Guerra Civil *("sin la tragedia de la guerra quizá nunca hubiera escrito poesía")*. Su poesía solidaria y social ha llegado profundamente a muchos *(Aconsejo beber hilo)*, y ha sido muy conocida por dedicar gran parte de su producción al mundo de los niños.

ACTIVIDADES

10 Atrévete a recitar este poema y disfruta de su ritmo. Después responde:

El viaje definitivo

Y yo me iré. Y se quedarán los pájaros cantando.
Y se quedará mi huerto con su verde árbol,
y con su pozo blanco.
Todas las tardes el cielo será azul y plácido,
y tocarán, como esta tarde están tocando,
las campanas del campanario.
Se morirán aquellos que me amaron
y el pueblo se hará nuevo cada año [...];
en el rincón secreto de mi huerto florido y encalado,
mi espíritu de hoy errará, nostáljico...
Y yo me iré, y seré otro, sin hogar, sin árbol
verde, sin pozo blanco, sin cielo azul y plácido...
Y se quedarán los pájaros cantando.

(JUAN RAMÓN JIMÉNEZ)

- ¿Cómo es su rima? ¿La métrica del poema responde a algún esquema conocido?
- Averigua cuál es la idea que pretende transmitirnos Juan Ramón:
  - a) el poeta decide viajar a otro lugar por eso recuerda lo que deja atrás;
  - b) el poeta tiene un sueño en el que recuerda su lugar de la infancia;
  - c) el poeta piensa en su futura muerte y en el estado permanente de las cosas que le rodearon en vida.
- Fíjate en la palabra que más se repite al principio de los versos. ¿Por qué crees que el poeta utiliza esa repetición? ¿Qué nombre recibe esa figura literaria?
- Subraya los sustantivos y adjetivos del poema. ¿Qué crees que es lo que está recordando el poeta?

11 Interpreta qué sentimientos han motivado a Bécquer para escribir estos poemitas. Después localiza algunas figuras literarias como la anáfora, el paralelismo sintáctico, la elipsis, la hipérbole o la interrogación retórica:

Rima XIII

Por una mirada, un mundo;
por una sonrisa, un cielo;
por un beso..., ¡yo no sé
qué te diera por un beso!

Rima VIII

Los suspiros son aire y van al aire.
Las lágrimas son agua y van al mar.
Dime, mujer: cuando el amor se olvida,
¿sabes tú adónde va?

12 **Propuesta de expresión.** Localiza el vídeo y la letra de la canción *No importa que llueva* de Efecto Pasillo y descubre qué sentimiento transmite el cantante, cómo es la rima de la canción, qué estribillo tiene y descubre algunas figuras literarias. Después, elige algún verso que te haya llamado especialmente la atención.

«A las siete y cuarto: agua alta y verde. Antecielo de nubarrones azul cobalto. Cielo gris. Trascielo de oro». Con estas palabras describe Juan Ramón Jiménez el mar del atardecer, a la manera de un pintor. *Subida de la marea* (1930), F. Vallotton.

TIC

Vídeo de Efecto pasillo: https://www.youtube.com/watch?v=n9qU9kVc6jM
Letra de la canción: http://www.musica.com/letras.asp?letra=2111456

Aplica lo aprendido

LENGUA

COMUNICACIÓN

1. Justifica que este fragmento es una descripción subjetiva:

Era don Cayetano un viejecillo de setenta y seis años, vivaracho, alegre, flaco, seco, de color de cuero viejo, arrugado como un pergamino al fuego, y el conjunto de su personilla recordaba, sin que se supiera a punto fijo por qué, la silueta de un buitre de tamaño natural; aunque, según otros, más se parecía a una urraca, o a un tordo encogido y despeluznado. Tenía sin duda mucho de pájaro en figura y gestos, y más, visto en su sombra.

LEOPOLDO ALAS "CLARÍN": *La Regenta*. Alianza.

GRAMÁTICA

2. Escribe estas oraciones en tu cuaderno e identifica el sujeto y el predicado. Señala también a qué clase de oraciones pertenecen según la intencionalidad del emisor:

Tal vez nos lleven mis padres al partido del sábado.
¿Todavía no ha *llegado María de su viaje?*
La llegada de refugiados es algo inminente.
Pon el despertador a las siete.

3. Reconoce qué oraciones tienen el sujeto omitido y cuáles son impersonales:

Hay demasiada gente interesada en esa oferta.
Apareció de repente en el umbral de la puerta.
No se ha arreglado todavía la ventana rota.
Hace un poco de frío en esta sala.

CULTURA LINGÜÍSTICA

4. Nombra todas las lenguas de España e indica en qué regiones se hablan.

ORTOGRAFÍA

5. Justifica, según las reglas, el uso de **b, v, c** o **cc** en las palabras destacadas del siguiente texto:

***Estuvieron** mucho tiempo esperando en la **estación** y, por fin, el tren ya se aproximaba lentamente. A través de la ventanilla se veía a los tres niños, saludando y poniéndose los **abrigos;** enseguida, todos bajaron **felices** al andén. Después de un gran **abrazo**, Clara **contuvo** unas lágrimas en sus ojos; **aseguraba** a sus sobrinos que a partir de entonces todo iría a la **perfección,** que las secuelas de la guerra en aquel pueblo se olvidarían, **probablemente,** muy pronto.*

HISTORIA

6. ¿Qué son los reinos de taifas?

7. Explica cómo era la economía y la sociedad de al-Ándalus entre los siglos XI y XIII.

8. ¿Qué es la repoblación?

9. ¿Cuáles eran las principales actividades económicas de los reinos cristianos entre los siglos XI y XIII?

10. Indica cuál es el origen y las funciones del Honrado Concejo de la Meseta.

11. ¿Cuáles fueron las principales causas de la crisis europea de los siglos XIV y XV?

12. Explica y describe las principales instituciones políticas de los reinos de Castilla y León y Aragón durante los siglos XIV y XV.

GEOGRAFÍA

13. Pincha en este link y realiza, sobre papel milimetrado, la pirámide de población de la ciudad de Valencia en 2015:

https://www.valencia.es/ayuntamiento/laciudad.nsf/vDocumentosTituloAux/E4195297FF0B550CC1257F290037F529?OpenDocument&bdOrigen=ayuntamiento%2Flaciudad.nsf&idapoyo=&lang=1&nivel=4_2_1

A continuación, coméntala: ¿a qué tipo de pirámide se parece?, ¿cómo es la natalidad, la mortalidad y la esperanza de vida?

14. Pincha en el siguiente link y comenta, en tu cuaderno, la noticia indicando las ideas importantes que se exponen.

http://sociedad.elpais.com/sociedad/2014/06/30/actualidad/1404121049_262083.html

LITERATURA

15. Analiza cómo ha conseguido Rafael Alberti el ritmo y la musicalidad en esta canción. ¿Qué sentimientos se desprenden de su voz lírica? ¿Reconoces alguna figura literaria?:

Si mi voz muriera en tierra,
llevadla al nivel del mar
y dejadla en la ribera.
Llevadla al nivel del mar
y nombradla capitana
de un blanco bajel de guerra.
¡Oh mi voz condecorada
con la insignia marinera:
sobre el corazón un ancla
y sobre el ancla una estrella
y sobre la estrella el viento
y sobre el viento la vela!

16. Recoge todos los poetas que has conocido en esta unidad y organízalos en una línea del tiempo.

Técnicas de trabajo

Cómo presentar un texto escrito con procesador

La herramienta que más se utiliza actualmente para presentar un texto es el ordenador; se usa para escribir empleando un procesador de textos, es decir un programa que, además de escribir, permite cambiar, modificar, ordenar y dar forma al texto escrito.

Habitualmente los procesadores de textos llevan correctores ortográficos. Aun así, el ordenador no reconoce, a veces, algunas de nuestras palabras, por lo que conviene repasar el texto escrito.

Un procesador de textos permite:

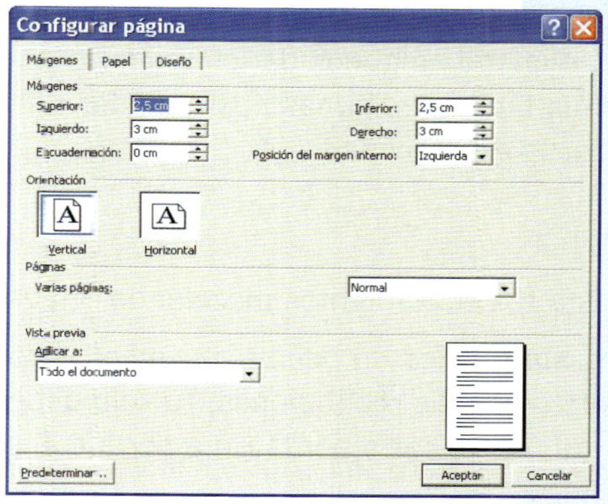

- Seleccionar el **tamaño del papel:** el formato más común es DIN A 4; pero hay otros, por ejemplo, DIN A 3 para carteles, DIN A 6 para tarjetas....
- **Configurar la página:** vertical u horizontal (esta última es la idónea para esquemas, mapas conceptuales, tablas...).
- **Elegir la fuente:** Arial, Times New Roman, Comic Sans...; el estilo de la fuente (**negritas,** *cursivas,* <u>subrayado</u>, MAYÚSCULAS...) y el tamaño: 9, 10, 11, 12...
- **Elegir el interlineado:** 1 - 1,5 - 2 - 2,5...
- **Sangrar** la primera línea del párrafo, es decir, hacer que empiece a la derecha del resto de líneas.
- **Borrar** o **corregir** errores cometidos.
- **Guardar** el documento escrito para otros e imprimirlo.
- **Imprimir** el texto.

Observa este ejemplo para comprobar su uso

- La página tiene una configuración vertical.
- La fuente es Arial.
- Se ha optado por destacar el título en mayúsculas, negrita y subrayado. Además, se han destacado en negrita y ***negrita cursiva*** algunos términos del texto que tienen especial relevancia.

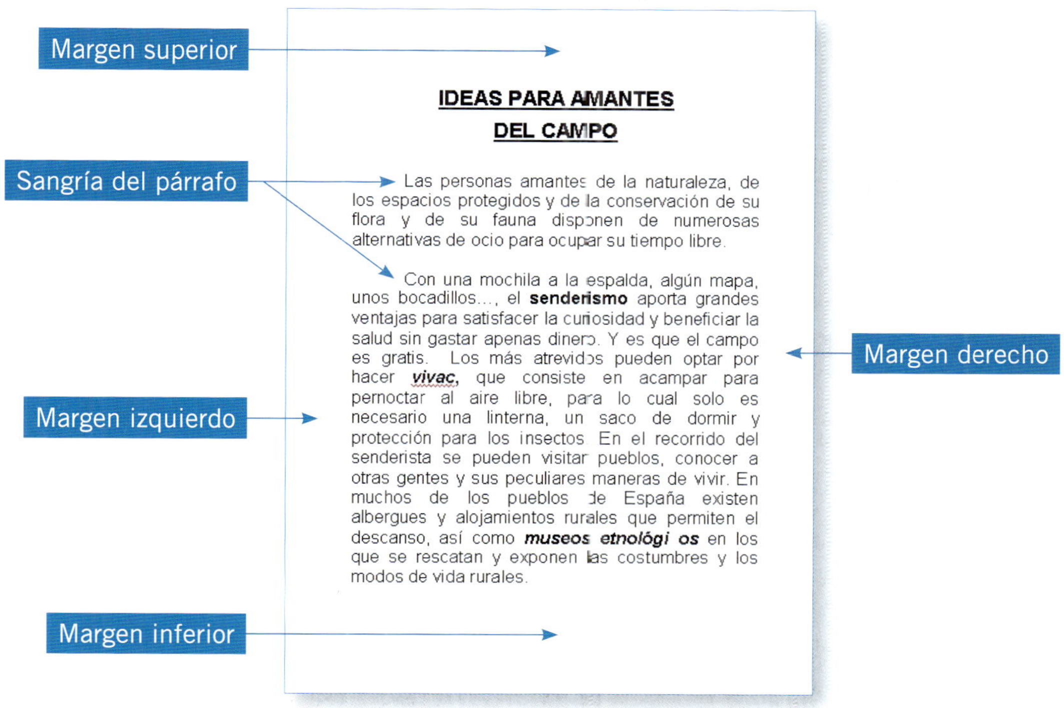

IDEAS PARA AMANTES DEL CAMPO

Las personas amantes de la naturaleza, de los espacios protegidos y de la conservación de su flora y de su fauna disponen de numerosas alternativas de ocio para ocupar su tiempo libre.

Con una mochila a la espalda, algún mapa, unos bocadillos..., el **senderismo** aporta grandes ventajas para satisfacer la curiosidad y beneficiar la salud sin gastar apenas dinero. Y es que el campo es gratis. Los más atrevidos pueden optar por hacer ***vivac,*** que consiste en acampar para pernoctar al aire libre, para lo cual solo es necesario una linterna, un saco de dormir y protección para los insectos. En el recorrido del senderista se pueden visitar pueblos, conocer a otras gentes y sus peculiares maneras de vivir. En muchos de los pueblos de España existen albergues y alojamientos rurales que permiten el descanso, así como ***museos etnológicos*** en los que se rescatan y exponen las costumbres y los modos de vida rurales.

Proyecto final

Hacemos una antología de poemas

Objetivo: elaborar una **antología poética** con poemas impactantes; se pueden utilizar algunas técnicas novedosas para su creación.
Temas: la solidaridad, el amor, la esperanza o la amistad.
Recursos: papel continuo o corchera grande, cartulinas y folios de colores, rotuladores, acceso a internet e impresora, algunas fotografías, dibujos o ilustraciones para decorar las creaciones.

Organización del trabajo

Fase individual. Crearéis poemas personales sobre los temas planteados. Y lo haréis de la manera más creativa posible, eligiendo algunos de los modelos que se proponen. Los pasaréis a limpio en papel de color. Buscaréis también algunas ilustraciones o fotografías, o realizaréis dibujos, acordes con el tema para reforzar la expresividad.

Modelos

Collage: manifiesta tus sentimientos mezclando imágenes con palabras.

Poema en versos libres: crea un poema en versos libres dedicado a tu mejor amigo o amiga. Te ofrecemos un esqueleto con las repeticiones; tú solo debes completar los versos con tus deseos e intenciones y no has de preocuparte por la rima porque el poema ya tiene ritmo interno:

¡amigo/a!
que me..., que me...
que...
que...
¿escuchas? esta es...

¿respondes? esas son...
dime que...
que nos..., que nos...
¡eres...!

Caligramas: crea poemas visuales en los que dibujarás con palabras aquello que quieres expresar.

Haikús: imita la poesía japonesa con estos minipoemas de 17 sílabas en total organizadas en 3 versos (de 5-7-5 o 5-5-7 sílabas cada uno). No es necesario que pongas título y puedes prescindir de los signos de puntuación y de las letras mayúsculas.

Jitanjáforas: son creaciones que no se dirigen a la razón, sino más bien a la sensación y a la fantasía. Juega con las palabras: depende de ti darle un sentido.

Caligrama

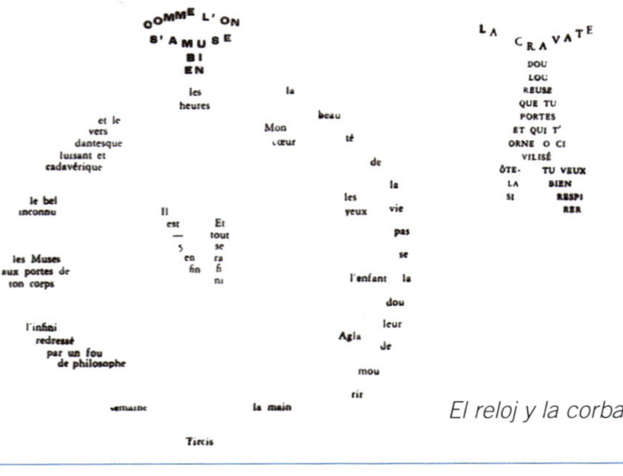

El reloj y la corbata.

Haiku

¿Es o no es
el sueño que olvidé
antes del alba?

Jitanjáfora

Zap, zap odip ay
aim al amot, onam ut emad
Zap al odip olos, zap.

Fase grupal. Un cadáver exquisito: entre toda la clase, podéis crear un *cadáver exquisito*. Es una técnica surrealista basada en un juego entre varias personas; sirve para crear poemas insólitos. Consiste en que el segundo participante solo puede leer la parte final del verso escrito por el primero y escribir debajo el suyo propio; el tercero hará lo mismo con el segundo, y así, sucesivamente.

Fase final. Ya solo queda montar una exposición para hacer públicos vuestros poemas. Recortadlos y pegadlos en el papel continuo o en la corchera, buscando una vistosa presentación.

5 Convivir en la ciudad

Para empezar

1. ¿Qué elementos de la imagen son característicos de una ciudad?
2. ¿Qué es una ciudad para ti? Entre todos recoged la información más objetiva para definir qué es una ciudad.
3. Destaca algún detalle que te llame especialmente la atención y explica por qué.
4. Ponle nombre propio a la imagen. ¿Se asemeja a algún lugar concreto de tu ciudad o de otras ciudades que conozcas?
5. ¿Por qué crees que muchas personas abandonan su lugar de origen para vivir en una gran ciudad?
6. ¿Qué alternativas de ocio ofrece la ciudad?

Propuestas lúdicas

7. *La ciudad de tus sueños.* Piensa en la ciudad donde resides o en alguna ciudad que conozcas bien, en las cosas buenas que tiene y en algunos defectos. A partir de ahí, crearás con tus compañeros la ciudad de tus sueños. Poneos de acuerdo en las preferencias; ahí van algunas pistas: ¿Rascacielos o barrios residenciales? ¿Varios jardines pequeños o un par de grandes parques? ¿Un gran hospital o varias clínicas pequeñas y dispersas en los barrios? ¿Tranvía, metro o autobús? ¿Grandes centros comerciales o pequeños comercios? ¿Zonas peatonales y grandes vías de circunvalación o calles pequeñas con aceras y calzadas?, etc.
8. Tras estas reflexiones, ya podéis hacer un boceto en una cartulina de cómo sería *la ciudad soñada*. Y cerraréis esta propuesta debatiendo sobre este tema: ¿Vivir en el campo o vivir en la ciudad?

Ray Bradbury

Escritor estadounidense (Illinois, 1920-2012) obsesionado por cuestionarse el modo de vida actual. Su preocupación por el futuro de la humanidad, el dominio de las máquinas, la guerra o el racismo son temas frecuentes en su narrativa. Su originalidad reside en conjugar lo fantástico y lo maravilloso con temas humanísticos y morales. Entre sus novelas destacan *Crónicas marcianas, El hombre ilustrado y Fahrenheit 451.*

Una ciudad sin libros

Era una casa descascarada de tres pisos, en la parte vieja de la ciudad, que tenía cien años. Pero, como a todas las casas, se la había recubierto hacía varios años con una fina capa de material plástico, incombustible, y esta cubierta protectora parecía ser lo único que sostenía la casa.

–¡Llegamos!

La máquina se detuvo, Beatty, Stoneman y Black corrieron calle arriba, de pronto desagradables y gordos en sus hinchados trajes incombustibles. Montag caminó detrás de ellos.

Los tres hombres echaron abajo la puerta de la casa y agarraron a una mujer, aunque ella no intentaba escapar. La mujer estaba allí, de pie, balanceándose, con los ojos clavados en una pared sin nada, como si le hubiesen golpeado fuertemente la cabeza. (...)

Y los hombres se lanzaron a una oscuridad mohosa, esgrimiendo unas hachas de plata contra puertas que estaban, al fin y al cabo, abiertas. Buscaron como niños, gritando y retozando.

–¡Eh! (...)

Los libros yacían como grandes montículos de pescados puestos a secar. Los hombres bailaban, resbalaban, y caían sobre ellos. Los dibujos dorados de los títulos brillaban y desaparecían.

–¡Kerosene!

Los bomberos bombearon el frío fluido desde los tanques numerados 451 que llevaban en los hombros, y bañaron los libros y las habitaciones.

Luego corrieron escaleras abajo. Montag los siguió también, tambaleándose, envuelto en vapores de kerosene.

–¡Vamos, mujer!

La mujer, arrodillada junto a los libros, tocaba los cueros y telas empapadas, leyendo los títulos dorados con los dedos, y acusando con los ojos a Montag.

–Nunca tendrán mis libros –dijo la mujer.

–Ya conoce la ley –dijo Beatty– ¿No tiene sentido común? Ninguno de estos libros está de acuerdo con los demás. Se ha pasado la vida encerrada en una condenada torre de Babel. ¡Salga de ahí! La gente de esos libros no existió nunca. ¡Vamos, salga!

La mujer sacudió la cabeza.

–Vamos a quemar la casa– Dijo Beatty. (...)

Montag puso una mano en el codo de la mujer.

–Venga conmigo, por favor.

–No –dijo la mujer–. Gracias, de todos modos.

–Voy a contar hasta diez –dijo Beatty–. Uno. Dos.

–Por favor –insistió Montag.

–Váyanse –dijo la mujer.

–Tres. Cuatro.

Montag tiró de la mujer.

–Vamos.

La mujer replicó con una voz serena:

–Quiero quedarme.

–Cinco. Seis.

–Puede dejar de contar –dijo la mujer. Abrió los dedos de una mano, ligeramente, y en la palma de la mano apareció un objeto único y delgado.

Un fósforo común de cocina.

RAY BRADBURY: *Fahrenheit 451*. Minotauro.

"Allí donde se queman los libros, se acaba por quemar a los hombres".

HEINRICH HEINE

En la película *Farenheit 451* los libros son el elemento central. En una sociedad en la que los libros están prohibidos y la misión de los bomberos es quemarlos, surgen los «hombres-libros». Estos personajes tienen que memorizar todos los que puedan para evitar que caigan en el olvido.

ACTIVIDADES

1. Distingue en el texto las partes narrativas y las dialogadas, y algún fragmento descriptivo. Justifica tus respuestas.
2. El autor, para mostrar al lector una imagen de cómo estaban colocados los libros, recurre al uso de un símil. Localízalo en el texto.
3. ¿Cuántos personajes intervienen? ¿A qué profesión se dedican los hombres? ¿Cómo van vestidos? ¿En qué consiste, realmente, su trabajo?
4. Averigua qué es el queroseno y para qué se utiliza en la vida real.
5. ¿Qué final se presagia a partir de las últimas palabras de la mujer?
6. ¿El texto reproduce una escena cercana a la realidad o que se aleja mucho de ella? ¿Sabes qué nombre recibe este tipo de novelas?
7. **Opina.** Imaginad, por un momento, un mundo sin libros. ¿Qué cosas de nuestro mundo podrían hacer que los libros desapareciesen? Si los libros desaparecen, ¿qué repercusiones habría en los seres humanos?
8. **Propuesta de expresión.** El protagonista, Montag, confiesa a su esposa: *"Tiene que haber algo en los libros, cosas que no podemos imaginar, para que una mujer se deje quemar viva. Tiene que haber algo. Uno no muere por nada".* Inventa un pequeño relato basado en cómo sería la vida de un personaje como Montag, intrigado por los libros en una sociedad en la que están prohibidos.
9. **Propuesta de expresión.** La novela de Bradbury fue llevada al cine en 1966 por François Truffaut. Este es un fotograma de la película. Aparecen personajes que leen libros andando en un lugar inhóspito. ¿Qué pueden estar haciendo a la luz de lo que ya sabes de la novela?

¿SABÍAS QUE...?

Hay textos expositivos que organizan su información de manera muy peculiar. Por ejemplo, en una **noticia** la información puede organizarse en forma *piramidal* porque aparecerán desarrolladas primero las informaciones de mayor importancia y después las que van teniendo menos importancia. En el **prospecto de un medicamento** todas las informaciones tienen la misma importancia y en un **manual de instrucciones** encontraremos, incluso, más imágenes que palabras porque nos ayudarán a entender mejor la información.

Exponer

Un **texto expositivo** es aquel en el que el emisor transmite información de carácter objetivo sobre algún aspecto de la realidad.

Clases de textos expositivos

El **objetivo** de la exposición es lograr que el destinatario conozca y comprenda mejor la realidad de la que se habla. La **información** que aportan los textos expositivos puede hacerse a través de un canal oral o de un canal escrito.

En el entorno académico se utilizan abundantes textos expositivos como son las *enciclopedias*, los *diccionarios*, los *libros de texto*, la *explicación de un profesor*, un *trabajo escolar*, un *examen*... En los periódicos son textos expositivos algunas *noticias*. Y en la vida diaria también lo son los *manuales de instrucciones*, los *reglamentos deportivos*, los *conjuntos de normas o de leyes*, los *prospectos de los medicamentos*, los *tutoriales* en la red, las *recetas de cocina*...

Estructura de un texto expositivo

La organización del contenido de un texto expositivo suele organizarse en tres partes:

a) **Introducción:** se presenta el tema sobre el que se va a informar.

b) **Desarrollo:** es el conjunto de informaciones particulares que aporta el autor sobre el tema y lo organizará libremente, utilizando diversas fórmulas como la enumeración, el orden cronológico, la presentación de causas y de consecuencias, el planteamiento de un problema y sus propuestas de solución, etc.

c) **Conclusión:** es la parte final que cierra el texto y resume lo fundamental de todo lo expuesto.

Cómo se prepara un texto expositivo

Para presentar oralmente o por escrito un texto expositivo conviene conocer algunos rasgos lingüísticos que aportan información objetiva sobre un tema:

- Respeta el orden lógico de una oración: primero el sujeto y luego el predicado *(La contaminación acústica provoca un problema ambiental en las ciudades).*
- Utiliza verbos en tiempo presente, en modo indicativo y en tercera persona para lograr la objetividad de tu exposición *(La luna es un satélite de la Tierra).* Si utilizas adjetivos, procura que no sean valorativos.
- Cohesiona las ideas expuestas con algunas expresiones cuya utilidad permitirán organizar la información en el desarrollo *(en primer lugar, también, a continuación, por último...),* ordenarla cronológicamente *(al principio, poco tiempo después...),* proponer una causa *(porque, ya que)* o una consecuencia *(por lo tanto, así es que)*, concluir el texto anticipando su cierre *(en conclusión, en resumen, en definitiva...).*
- La aparición de dibujos explicativos, gráficos, mapas... ayudarán a comprender mejor la información que estás exponiendo.

ACTIVIDADES

1. Lee este texto y justifica que es expositivo. Observa cómo la información se ha organizado con una **introducción**, donde aparece la idea más genérica, y un **desarrollo**, en donde se ofrecen ideas más particulares y concretas. Distingue estas dos partes en el texto. Fíjate en las expresiones subrayadas y explica su utilidad:

   El verano encierra multitud de alternativas de ocio para alejarse de la ciudad. Hay muchos que prefieren disfrutar de unos días entre montañas.

   Las actividades más demandadas son, en primer lugar, el senderismo, que consiste en recorrer a pie rutas a orillas de los ríos o a través de los valles de las montañas; también, la escalada, deporte que exige estar en buena forma y puede practicarse durante todo el año, incluso, en la ciudad; además, el ciclismo, pues hay numerosas carreteras secundarias en nuestro país que permiten la práctica de este deporte. Otros, en cambio disfrutan de la montaña buscando el silencio y las espectaculares vistas que ofrece la naturaleza.

2. Resume las ideas que se exponen en esta noticia y numéralas. De todas ellas, ¿cuál es la que te parece más importante?:

   Viaje al inframundo de las ratas y la suciedad

   F. JAVIER BARROSO. Madrid.

   El poblado chabolista del Gallinero se encuentra a tan solo 15 kilómetros de la Puerta del Sol. Es la distancia que separa la urbanidad, las calles y los servicios de la suciedad, la pobreza y las ratas. Adentrarse en esta zona de infraviviendas (...) es meterse de lleno en barrizales donde las casas están identificadas con grandes números pintados en los tableros de madera que hacen las veces de paredes. La basura se amontona por todos los lados y resulta chocante que muchos tejados estén cubiertos de viejos juguetes. (...) Los vecinos cogen agua de la única fuente que hay fuera del poblado con grandes garrafas. La ropa, una vez lavada, es tendida fuera de las chabolas.

   El País, 22 de noviembre de 2015.

3. Lee este texto enciclopédico y responde:

   Los huesecillos del oído

   Los huesos del oído son los más pequeños del cuerpo humano y se encuentran dentro de la cavidad timpánica, un espacio hueco dentro del oído medio. Su función principal es transmitir al oído interno las vibraciones sonoras que capta el tímpano. El **martillo** es el primero de los tres huesecillos y tiene forma de martillo; conecta el oído medio con la faringe y transmite las vibraciones sonoras al yunque. El **yunque** se encuentra ubicado entre el martillo y el estribo, y tiene la forma de un yunque de herrero; su función consiste en dar paso a las vibraciones hacia el estribo. El **estribo** es el hueso más pequeño del cuerpo humano y recuerda por su forma al estribo de un jinete; se encarga de mandar las vibraciones al oído interno.

   - ¿Cuál es su utilidad? ¿La imagen ayuda a entender su contenido?
   - Destaca algunos rasgos lingüísticos propios de los textos expositivos.
   - Siguiendo las características de este texto, selecciona algún contenido científico o histórico que estés estudiando y prepáralo para exponerlo oralmente en tu clase.

¿SABÍAS QUE...?

Conviene distinguir en un texto la **objetividad** (no se aporta ninguna opinión: *La contaminación es un problema medioambiental propio de las ciudades*) de la **subjetividad** (sí se aporta: *Me preocupa mucho la contaminación de mi ciudad*).

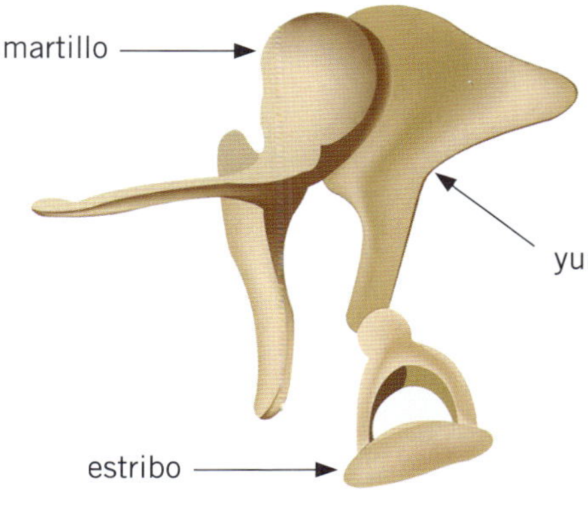

La oración (II)

La oración es una unidad lingüística que sirve para crear **enunciados que permiten la comunicación.** La relación que mantienen sus elementos entre sí ha de ser, por tanto, coherente. Por ejemplo: *La piedra ha comprado esta mañana el periódico,* es incoherente o incorrecta **semánticamente** porque el verbo *comprar* exige un sujeto animado.

La semántica de la oración

Como has podido comprobar en el ejemplo anterior, es el verbo de la oración el que exige una determinada coherencia. Por ese mismo motivo, todos los sintagmas en una oración exigen una coherencia semántica entre sí.

Las **principales funciones semánticas** de una oración son:

- **Acción:** indica el proceso o estado (esta función la realiza el verbo):
  El secretario entregaba esta mañana los informes al Ministro.
- **Agente:** realiza la acción (esta función la realiza el sujeto):
  Rafa Nadal ha conseguido un nuevo triunfo en París.
- **Objeto:** completa el significado de la acción del verbo:
  Rafa Nadal ha conseguido un nuevo triunfo en París.
- **Beneficiario:** es el destinatario de la acción del verbo:
  La maestra ha leído hoy unos divertidos relatos a sus alumnos.
- **Paciente:** recibe la acción verbal:
  Ha sido reconstruido ***el viejo viaducto de la carretera.***
- **Circunstancias:** expresan lugar, modo, tiempo, finalidad... en que se realiza la acción:
  Al atardecer daremos un paseo por la ribera del río.

Una oración puede definirse, desde el punto de vista semántico, como un conjunto de sintagmas que poseen **coherencia** entre sí. Reconocer las funciones semánticas te ayudará a descubrir las funciones sintácticas dentro de una oración, que estudiarás el próximo curso.

Observa este ejemplo:

Oración	*La maestra*	*ha leído*	*hoy*	*unos divertidos relatos*	*a sus alumnos*
Semántica	Agente	Acción	Circunstancia	Objeto	Beneficiario
Sintaxis	Sujeto	Núc. Pred.	Complemento Circunstancial de Tiempo	Complemento Directo	Complemento Indirecto

ACTIVIDADES

1 Reconoce por qué son incoherentes estas oraciones:

- *Mi casa está construida dentro de ese gran centro comercial.*
- *El policía pidió el carné de identidad a los visigodos.*
- *María escribe filetes a sus amigos pero tiene problemas ortográficos.*
- *Afortunadamente, en mi oficina ponen aire acondicionado durante el invierno.*
- *Mi perro practica alpinismo con un club de montaña.*

2 ¿Qué función semántica desempeñan los sintagmas destacados en estas oraciones?:

*Ana mima demasiado **a su hijo pequeño.***

A mi sobrino** le han dado **una beca universitaria.

*Compramos unas aceitunas de oferta **en el hipermercado.***

El cantante** fue aclamado **por el público.

Lola** ha preparado **a Fernando** por su cumpleaños **una fiesta.

*No me sorprenden **las ideas de Paula.***

*Llegaremos **en bicicleta** hasta los estanques.*

3 Estos verbos exigen ciertas funciones semánticas. Copia en tu cuaderno las dos columnas y relaciona cada acción con su complemento, e identifica cuáles son objetos y cuáles son circunstancias.

Salir	*a tu ciudad natal*
Realizar	*toda la verdad*
Demostrar	*del cine*
Volver	*a casa*
Decir	*un buen trabajo*
Regresar	*un problema*
Viajar	*un buen trabajo*
Resolver	*a un país oriental*

4 Identifica en este microcuento: a) un agente; b) dos acciones; c) dos objetos; d) dos circunstancias:

El náufrago, abrumado por la soledad, arrojó al océano una botella con su nombre escrito en un papel. Muchos, muchos años más tarde, las corrientes marinas trajeron la botella de vuelta a la isla... El náufrago recogió el mensaje con alegría: después de tanto tiempo se había olvidado de su nombre.

5 Inventa oraciones con coherencia siguiendo estas estructuras semánticas:

Agente + Acción

Agente + Acción + Beneficiario

Acción + Objeto

Paciente + Acción

Acción + Objeto + Circunstancia

Agente + Acción + Objeto + Beneficiario + Circunstancia

RECUERDA

Se pueden construir textos a partir de la combinación de oraciones simples y de oraciones compuestas.

La ciudad es un conjunto de edificios y de calles. Su población es densa y sus habitantes se dedican a actividades no agrícolas. La ciudad está regida por un ayuntamiento que es presidido por un alcalde.

Oraciones compuestas

Una **oración compuesta** es la que posee más de un predicado, es decir, es aquella en la que se expresan dos acciones que suelen estar ligadas por una conjunción. Cada predicado puede tener su propio sujeto.

Sin perder la coherencia, podemos distinguir diferentes tipos de oraciones compuestas en función de aquello que pretende comunicar un emisor.

Las oraciones coordinadas

El emisor expresa coherentemente la realización de dos acciones o más porque:

- añade información a algo ya expresado:
  Ha conseguido un estupendo empleo y está muy contento por ello.
- plantea una opción a elegir entre una información u otra:
  Por las noches Marcos lee o escucha la radio.
- explica lo que ya ha dicho con anterioridad para que se entienda mejor:
  Tariq es espeleólogo, es decir, investiga el interior de las cuevas.
- plantea alguna contrariedad a lo que ha expresado con anterioridad:
  Ha realizado un buen trabajo pero aún le falta más experiencia.

Observa en los ejemplos expuestos cómo aparecen dos acciones y cómo se han coordinado con algún nexo o conjunción.

Las oraciones yuxtapuestas

En estas oraciones compuestas el emisor no utiliza ninguna conjunción para relacionar los dos predicados; las ha sustituido por un signo de puntuación. Por ejemplo:

- Ha conseguido un estupendo empleo; está muy contento por ello.
- Tariq es espeleólogo: investiga el interior de las cuevas.
- Ha realizado un buen trabajo; aún le falta más experiencia.

Las oraciones compuestas pueden combinar la coordinación y la subordinación: *Manuel utiliza el monopatín* ***que le ha prestado Carmen*** (subordinada) ***pero aún está aprendiendo*** (coordinada).

Las oraciones subordinadas

Las oraciones subordinadas las construye un emisor para completar una información o para precisar algunas circunstancias por las que se realiza una acción principal.

Observa estos ejemplos y comprobarás cómo somos más precisos en la comunicación utilizando oraciones subordinadas:

- María informó de "aquello" → María informó "de que hoy llegaría más tarde".
- Nos comentó Noelia "su disgusto" → Nos comentó Noelia "que le había disgustado aquella decisión".
- Mi amigo "turolense" viene este verano a mi casa → Mi amigo, "que es de Teruel", viene este verano a mi casa.
- Pasaremos las vacaciones "allí" → Pasaremos las vacaciones "donde tú nos recomiendes".
- Haremos una fiesta "así" → Haremos una fiesta "como te mereces".
- Lo haremos "entonces" → Lo haremos "cuando tú lo creas oportuno".
- María nos lo comentó "por eso" → María nos lo comentó "porque era importante para ella".

ACTIVIDADES

6 Justifica la incoherencia de estas aparentes oraciones coordinadas:

- Han talado los árboles de mi calle y mañana tengo un examen.
- María es simpática pero le gustan las novelas de misterio.
- Juan tiene una casa en la playa y es calvo.
- Carlos es cirujano, o sea, es muy feliz.

7 Distingue qué intencionalidad motiva a un emisor para expresar estas oraciones coordinadas:

- Iremos a la montaña aunque el tiempo empeorará.
- ¿Estudias o trabajas?
- A Mireia le gusta mucho el cine, ir de compras y salir con sus amigas.
- Mateo es bilingüe, o sea, habla perfectamente dos lenguas.
- Saldremos a dar una vuelta aunque llueve.

8 Copia en tu cuaderno las oraciones del ejercicio anterior; señala las acciones y el nexo que las une. Intenta convertirlas en yuxtapuestas sustituyendo el nexo o conjunción por un signo de puntuación.

9 Copia en tu cuaderno las siguientes oraciones y señala las dos acciones que contienen. Averigua si la subordinación se expresa para ampliar una información o para especificar una circunstancia:

- Pablo nos dijo que estaba muy enfadado por aquel asunto.
- El presidente ha informado a la nación de que habrá elecciones en junio.
- Estaremos puntuales donde acordamos ayer.
- La estrella que más brilla en el firmamento es Venus.
- Hemos visitado a Marina porque está muy enferma.

10 Infórmate sobre las ofertas para la juventud en tu ciudad y construye un texto expositivo en el que aparezcan, al menos: a) dos oraciones coordinadas; b) una yuxtapuesta y c) dos subordinadas.

11 Lee este texto y reflexiona sobre su contenido. Distingue en él qué oraciones son simples o compuestas, siguiendo estos consejos:

1. Subraya los verbos para localizar las acciones.
2. Descubre si hay nexos o conjunciones que puedan relacionar dos acciones o más.
3. Señala con un paréntesis dónde empieza y dónde acaba cada oración.

12 Descubre en el texto la existencia de algún signo de puntuación que pudiera sustituir a algún nexo o conjunción:

Un pescador encuentra una botella en el mar. De ella sale un genio que le ofrece tres deseos. El pescador piensa en su primer deseo. Le pide al genio que le dé mucha inteligencia; así elegirá mejor sus otros dos deseos. El genio se lo concede y después le pregunta por los otros dos deseos. El pescador le dice: "Gracias. No tengo más deseos".

AYUDA

Iremos a la montaña aunque el tiempo empeorará: añade una contrariedad.

AYUDA

Pablo nos dijo que estaba muy enfadado por aquel asunto: informa del motivo de su enfado.

Los dialectos

En una comunidad o región la lengua puede hablarse de manera diferente porque adquiere la forma de dialecto. Un **dialecto** es la variedad geográfica de una lengua y posee como modelo lingüístico el de su lengua de origen. Se caracteriza por ciertas peculiaridades, sobre todo fónicas y léxicas, que lo diferencian de otros dialectos.

Los dialectos del castellano

En nuestro país se hablan cuatro dialectos del castellano: el **andaluz**, el **extremeño,** el **murciano** y el **canario.** Se llaman también **dialectos meridionales** porque surgieron en la mitad sur del territorio español.

Estos dialectos, aunque son diferentes, presentan **características comunes** que se manifiestan, sobre todo, en la pronunciación, como son:

- **Seseo:** pronunciación de ***/s/*** en lugar de ***/z/:*** */sapato/* por */zapato/.*
- **Ceceo:** pronunciación de ***/z/*** en lugar de ***/s/:*** */coza/* por */cosa/.*
- **Aspiración o desaparición de la */s/* final de sílaba:** */loh díah de la semana/* en lugar de */los días de la semana/.* La aspiración es una pronunciación similar a la de una ***j*** muy suave.
- **Pérdida de la */d/* intervocálica:** */partío/* en lugar de *partido.*
- **Cambio de */l/* por */r/*** en posición final de sílaba: */a**r**ma/* en lugar de */a**l**ma/.*

Algunas peculiaridades de los dialectos meridionales son el uso del pronombre *ustedes* como equivalente a *vosotros-as* (sobre todo en algunas zonas de Andalucía): *¿Ustedes venís hoy?* Y las terminaciones peculiares para los diminutivos *(-illo, -ino, -ico): chiqu**illo**, chiquin**ino**, pajar**ico**.*

Además, un rasgo destacable en estos dialectos es la presencia de **palabras propias:** *malaje, camelar, relente, calentito* (del andaluz); *pañocho, ñora, estufío* (del murciano); *merendillar, bochinche* (del extremeño); *guagua, cholas, enroñar* (del canario).

Los dialectos históricos

Son los que perviven del latín vulgar que se hablaba antiguamente en nuestra península. Actualmente, distintos organismos se preocupan de su conservación para que estos dialectos no lleguen a perderse:

- **El asturiano o bable.** Se habla en Asturias. Entre sus rasgos sobresalen: las terminaciones plurales en ***-es*** en lugar de en ***-as;*** las terminaciones cerradas en ***u*** en lugar de ***o;*** las contracciones *(nes*, en las; *nos*, en los) y la conservación de la ***f*** inicial latina.
- **El leonés.** Se habla en territorios de León, Zamora y Salamanca. Algunos de sus rasgos característicos son similares a los del asturiano: las terminaciones cerradas en ***u***; las contracciones: *pula* (*por la*), *na* (*en la*). Se distingue por el abundante empleo de la ***x*** en lugar de la ***j/g,*** o la ***ch.***
- **El aragonés.** Procede del antiguo navarro-aragonés y se habla en algunas zonas pirenaicas de Huesca y de la región ribagorzana. Recuerda mucho al antiguo latín pues conserva la ***f*** inicial latina y los grupos consonánticos ***pl*** o ***cl*** propios del latín sin evolucionar a ***ll*** y ***j*** respectivamente.

¿SABÍAS QUE...?

Otros dialectos

El gallego, el vasco y el catalán tienen sus propios dialectos; conviene destacar, por el número de hablantes, el *balear*, que es el dialecto del catalán que se habla en Islas Baleares.

ACTIVIDADES

❶ Confecciona un mapa lingüístico utilizando el que aparece en la unidad 4 pero ampliándolo con los dialectos del castellano y los dialectos históricos. Puedes hacerlo con esta leyenda:

Dialectos del castellano

andaluz | murciano | canario | extremeño

Dialectos históricos

leonés | asturiano | aragonés

❷ Investiga y nombra qué dialectos son propios de tu región.

❸ Observa cómo el autor ha reproducido la pronunciación de Paca. ¿A qué tipo de dialecto crees que se debe?

No se habían pasado diez minutos (...) cuando apareció, por la boca del puente, Paca. En la primera mirada que me dirigió comprendí que todo se había perdido.

–No ha querido contestar, ¿verdad? –le pregunté sin saludarla, esforzándome por sonreír.

–¡Uf! ¡Cómo está con uté, señorito! Ni por un Señor Crucificao ha querío tomar la carta. Me ha dicho: "Paca, si no quieres que riña contigo, no vuervas en tu vía a hablarme de ese..."

–¿De ese qué? –pregunté, viendo que se detenía.

–De ese tío –agregó avergonzada–. Uté dispense, señorito.

ARMANDO PALACIO VALDÉS: *La hermana San Sulpicio*. Porrúa.

❹ Reconoce algunos rasgos del leonés en el texto A y del asturiano en el texto B. ¿Encuentras algunas semejanzas entre ellos?:

a) L'asociación PuntuLLi participóu autivamente y cumu collaboradora na celebración del III Día de la Llingua Llïonesa entamáu pula Conceyería de Cultura Llïonesa del Conceyu de Llión, organismo que hiciera n'esta edición un especial apueste pulas nuevas teunoloxías y pul oxetivu en comuña d'algamar un dominiu propiu pa las páxinas web que tean dientru de la diáspora de la nuesa cultura y el nuesu idioma.

www.puntulli.org

b) El próximu vienres, día 8 de mayu, va celebrase'l XXXVI Día de les Lletres Asturianes a les 20'30 hores nel Teatru Campoamor d'Uviéu. Nesti actu l'Academia dela Llingua Asturiana quier facer reconocencia pública del llabor de la XUNTA POLA DEFENSE DE LA LLINGUA ASTURIANA por 30 años de llucha pola Oficialidá de la nuesa llingua.

www.academiadelallingua.com

❺ Este otro fragmento corresponde a un texto escrito en aragonés. Descubre algunas diferencias con la lengua castellana:

A Propuesta Ortografica de l'aragonés permite escribir d'una traza homochenia totz es dialectos aragoneses, parando cuenta en que a pronunciación puet diferir d'unas parlas enta atrás. Por un regular, un fablant d'aragonés sabe cómo se pronuncia o suyo dialecto y, por tanto, sabe leyer os textos que con ell s'escriban.

www.academiadelaragones.org

TIC

Puedes conocer algunas palabras propias de los dialectos de tu localidad en:
www.elcastellano.org.
www.andalu.wikia.com
www.gobiernodecanarias.or
www.educarex.es
wikipedia.org/wiki/dialecto_murciano

Uso de las letras *h, ll, y, g, j, x*

En la clase se ha hecho un juego titulado **Los peligros de la homofonía.** Los alumnos se han organizado en dos grandes grupos: A y B. La profesora ha llevado algunos diccionarios a la clase y ha escrito en la pizarra dos listas de palabras semejantes. Ha explicado que tenían que construir un enunciado con cada una de ellas de manera que todas estuvieran bien escritas y el mensaje tuviera sentido. Las palabras eran: *ingiere, espiró, hojea, echo, onda, cayó* (para el equipo A); *injiere, expiró, ojea, hecho, honda, calló* (para el equipo B).

Al finalizar el juego, los alumnos y las alumnas se dieron cuenta de que, para no cometer errores ortográficos, habían necesitado consultar el diccionario ya que las palabras se parecían mucho.

Normas de escritura de *h*

Se escriben con **h:**

- Las formas de los verbos *haber, hacer, hallar, habitar* y *hablar.*
- Las palabras que empiezan por los diptongos *ia, ie, ue* y *ui:* ***h**iato, **h**ielo, **h**uevo, **h**uida.*
- Las palabras que empiezan por los prefijos cultos: *hecto-, hema-, hemato-, hemo-, hetero-, hepta-, hidra-, hidro-, hiper-, hipo-, homo-...:* ***h**ectómetro, **he**matíes, **h**emorragia, **h**ereroxesual, **h**eptasílabo, **h**idráulico, **h**ipermercado, **hi**popótamo, **h**omofonía...*
- La interjección *¡ah!*

Normas de escritura de *ll, y*

Se escriben con **ll:**

- Las palabras terminadas en *-illa, -illo: costi**ll**a, cigarri**ll**o.*
- La mayoría de los verbos terminados en *-illar, -ullar, -ullir: tri**ll**ar, apabu**ll**ar, bu**ll**ir.*

Se escriben con **y:**

- El gerundio del verbo *ir:* ***y**endo.*
- Las formas verbales que contienen las sílabas *-yo-, -ye-* de verbos cuyo infinitivo no tiene ni *y* ni *ll: cre**yó**, le**ye**ron.*
- Las palabras que terminan con el sonido */i/* tras vocal: *bue**y**, mu**y**, so**y**.*
- Las palabras que contienen la sílaba *-yec-: pro**yec**ción, in**yec**tar.*

Normas de escritura de *g, j*

Se escriben con **g:**

- Los verbos acabados en *-igerar, -ger* y *-gir* (excepto *tejer* y *crujir*): *ali**g**erar, prote**g**er, sur**g**ir.*
- Las palabras que empiezan por *geo-* y *gest-*: ***geo**lógico, **gest**ión.*
- Las palabras que acaban en *-gia* (excepto *paraplejia*): *-gio, -gión, -gente, -gencia, -logía, -gogia* y *-gogía: re**g**io, reli**gión**, tan**gente**, a**gencia**, teolo**gía**, demago**gia**, pedago**gía**.*

Se escriben con **j:**

- Las terminaciones en *-aje, -eje* y *-jería*: *pea**j**e, here**j**e, relo**j**ería.*
- Los verbos acabados en *-jar* y *-jear: traba**j**ar, co**j**ear.*
- El pretérito perfecto simple y el imperfecto de subjuntivo de los verbos *traer, decir* y sus derivados, y de los verbos terminados en *-ducir: tra**j**imos, di**j**iste, contra**j**o, contradi**j**e, dedu**j**era.*

En la Edad Media la **X** representaba un sonido similar a la **/ch/** y a partir del siglo XVI evolucionó a **/j/**. Palabras como México, Texas, Oaxaca mantienen esa grafía pero ha de pronunciarse como **/j/**, no como **/ks/**.

Normas de escritura de *x*

Se escriben con **x:**

- Las palabras que empiezan por la sílaba *ex-* seguida de *-pla, -pli, -plo, -pre, -pri*: *e**x**planada, e**x**plicación, e**x**plorar, e**x**presar, e**x**primir.*
- Las palabras que empiezan por los prefijos *ex-* y *extra-*: *e**x**carcelar, e**x**traordinario.*

Las reglas ortográficas que se aplican a unos vocablos (excavar) se deben tener en cuenta para todas las palabras de su misma familia (excavadora).

ACTIVIDADES

1. Copia en tu cuaderno las siguientes oraciones y escribe *a, ah, ha, a ver* y *haber* donde corresponda:

   Iremos (...) la última película que (...) dirigido Almodóvar.

   (...) cómo te portas en casa de tus tíos.

   ¡(...).! ¡Deberías (...) venido antes si querías llegar al postre!

   Mi primo Andrés (...) venido (...) visitarnos.

2. Justifica el uso de ***h*** en las siguientes palabras: *hidratación, hueco, homogéneo, hiena, hipertenso, huerto, huir, hipótesis.*

3. Selecciona las palabras que sean diminutivos y escribe la regla que se aplica del uso de la ***ll:*** *cerilla, pajarillo, semilla, membrillo, anillo, mesilla, bolsillo.*

4. Explica por qué se escriben estas palabras con ***y:*** *ley, cayó, proyecto, voy.*

5. Escribe la 3.ª persona del singular del pretérito perfecto simple de indicativo de los verbos: *deducir, producir, maldecir, conducir.* ¿Qué norma comparten?

6. Sustituye en tu cuaderno los símbolos por ***g*** o ***j***: *le♦ión, persona♦e, conser♦ería, aler♦ia, cole♦io, equipa♦e, pla♦io, ma♦ia, mensa♦e, empare♦ar, tradu♦e.*

7. Completa en tu cuaderno las siguientes palabras con ***g, gu, gü*** (sonido */g/*). Justifica la diferencia de grafías: *apa♦ar, a♦ujero, a♦ita, ♦erra, ♦illotina, lin♦ística.*

8. Enuncia las dos reglas de la escritura de la ***x*** y clasifica estas palabras en cada una de ellas: *exprimidor, extraordinario, explorar, extraterrestre, expresión, excomulgar, explicación, extradición, explanada.*

9. Justifica la ortografía de las palabras destacadas en el texto y reflexiona sobre su contenido:

   En muy poco tiempo se **produjo** el cambio: España pasó de ser un país emisor de emigrantes a ser un país de acogida. La aceptación de una realidad actual, en la que **habitan** entre nosotros gentes de otros países, debería **explicarse** simplemente con una mirada al pasado histórico, y es que la historia siempre ha demostrado que nuestro país está preparado para la **heterogeneidad** cultural. Aun así, como sociedad democrática que somos **habrá** que revisar esa **ley** de **extranjería**, la que regula la entrada y la estancia de los extranjeros **extracomunitarios**, sus derechos y sus libertades, en función de la concordia, convivencia y respeto que ha de fomentarse, **incluyéndonos** a nosotros mismos.

AYUDA

Se escriben con ***g*** */g/* las sílabas *ga, go, gu*, pero, ante *e, i*, se escribirá ***gu*** *(u muda)* y se pondrá diéresis ***gü*** ante *e, i* cuando hayan de pronunciarse los tres sonidos */g/, /u/, /i/* o */e/*.

AUTOCORRECCIÓN: una buena forma de reconocer y corregir los errores ortográficos es anotarlos en listas (primero, escribiendo el fallo y, después, corrigiendo el error). Pueden organizarse en dos grupos: **tildes** (clasificando las palabras en agudas, llanas, esdrújulas, diptongos, triptongos, hiatos) y **letras** (clasificadas en ***b, v, c, q, k, z, h, ll, y, g, j, x).*** Así nos daremos cuenta de que, tal vez, solo cometemos errores en algunos casos, por lo que centraremos la atención en sus reglas concretas.

El renacimiento urbano

Entre los siglos XI y XIII se produjo el **desarrollo de las ciudades,** que se especializaron en la artesanía y el comercio. Esta circunstancia, estuvo motivada por el **progreso agrario** y el **aumento de los rendimientos.**

La recuperación urbana

Tras la caída del Imperio romano de Occidente, la población emigró al campo y abandonó las ciudades. Sin embargo, a partir del siglo XI esta tendencia cambió y se produjo en Europa un **renacimiento urbano.** Se revitalizaron **antiguas ciudades romanas** y surgieron otras alrededor de castillos y monasterios, que abastecían a la nobleza y al clero, en cruces de caminos o puentes, y en puntos de mercado.

Las ciudades impulsaron **nuevas funciones económicas,** como el comercio, la artesanía y la banca. Estas actividades atrajeron población que creó arrabales o **burgos.**

RECUERDA

Los **burgos** son barrios de artesanos y comerciantes surgidos fuera de la ciudad y que precisaron posteriormente la construcción de nuevas murallas, ampliando los recintos urbanos.

Construcción de una ciudad medieval.

En el siglo XIII las ciudades se convertirán en foco de riqueza y sus habitantes, los **burgueses,** formarán un nuevo grupo social enriquecido. Este grupo lo constituían maestros y oficiales artesanos y grandes y pequeños mercaderes.

Las ciudades se convirtieron en sedes del **poder religioso,** con nuevas catedrales góticas, y en centros culturales y científicos, con la fundación de **universidades.** Además, lucharon por que les fueran reconocidos sus derechos y su propio **poder político,** mediante **fueros** que les permitieron fundar ayuntamientos y comunas. La ciudad tuvo un papel fundamental en la formación y el desarrollo de Europa, ya que una **red de ciudades** cubrió el territorio europeo.

A partir del siglo XIV se produjo una profunda crisis en Europa que afectó a la sociedad y duró hasta buena parte del siglo XV.

La ciudad medieval europea

La ciudad medieval europea era pequeña, desordenada y laberíntica.

En ella destacan algunos elementos:

- La **muralla:** a menudo rodeada por un foso y jalonada de torres de vigilancia. Tenía una triple función:
  - **Defensiva** frente al enemigo.
  - **Sanitaria,** para impedir la entrada de epidemias y facilitar las cuarentenas.
  - **Fiscal,** pues permitía el pago de los impuestos a quienes querían entrar para realizar sus actividades comerciales y de negocios.
- El **ayuntamiento:** en él se reúnen los representantes de los barrios para administrar la ciudad. Es el órgano de gobierno.
- La **catedral:** si la ciudad era suficientemente grande y próspera, tenía catedral propia. Además existían otras edificaciones religiosas como parroquias, monasterios y la sede del obispado.
- Las **plazas:** en ellas se celebraban las **ferias** y los **mercados.** La más importante era la **plaza mayor,** donde solía edificarse el ayuntamiento y la catedral.
- Los **palacios**: eran las residencias de los nobles y la alta burguesía.
- Los distintos **barrios** agrupaban a los artesanos por oficios: calle de los curtidores, calle de cuchilleros... Existían otros barrios poblados por las minorías: por los judíos, **juderías,** y por los musulmanes, **morerías.**

Murallas de la ciudad medieval de Carcassonne (Francia).

ACTIVIDADES

1. ¿Cuándo se produjo el desarrollo de las ciudades? ¿Qué circunstancia lo provocó?
2. ¿Qué nuevas funciones económicas impulsaron las ciudades?
3. ¿Por qué las ciudades se convirtieron en sedes de poder político, cultural y religioso?
4. Indaga en Internet si en tu provincia, localidad o Comunidad Autónoma han existido barrios de artesanos por oficios.
5. Busca información en Internet sobre las ciudades andalusíes y realiza un dibujo localizando los edificios más importantes.

¿SABÍAS QUE...?

Las **ciudades musulmanas** estaban rodeadas de una muralla y se localizaban en zonas altas para facilitar la defensa. Resultaban laberínticas y caóticas. Se organizan por barrios según los oficios, aunque no hay una planificación de calles ordenada.

- La **medina** era su núcleo principal.
- Las **mezquitas** ocupaban un lugar importante dentro de la ciudad.
- Tenían un **zoco** o mercado.
- Otros edificios eran la **madrasa** (escuela del Corán), los **baños,** la **alhóndiga** (edificio con habitaciones, establos y almacenes, donde se hospedaban los comerciantes que llegaban a la ciudad, se almacenaban sus mercancías), etc.
- Los **arrabales** eran barrios extramuros debido al crecimiento de la población.

TIC

Para saber más sobre las ciudades medievales, accede a este link:
http://www.artehistoria.com/v2/videos/88.htm

¿SABÍAS QUE...?

La **sociedad urbana** estaba constituida por dos grupos:

- El **patriciado urbano:** era una minoría privilegiada por su riqueza y prestigio social. Estaba formada por la nobleza urbana y la burguesía (banqueros, mercaderes y los principales maestros artesanos de los gremios). Dirigía el gobierno de la ciudad.
- Los **grupos populares**: lo formaba la masa urbana que englobaba oficiales, aprendices, artesanos sin cualificar, criados, pobres, marginados y minorías (judíos).

Interior de la lonja de Palma de Mallorca. Las lonjas eran edificios destinados al comercio y a la contratación mercantil, que se construyeron en algunas ciudades.

Las actividades urbanas

- **Manufacturas urbanas:** los mayores cambios se dieron en la construcción naval y en la producción textil.
  - La **construcción de naves** para el comercio y la guerra fue una actividad industrial dirigida por los monarcas.
  - Las novedades en las técnicas textiles y en los materiales para tejer, junto al comercio internacional y la mayor capacidad de compra de la población, facilitaron el incremento de la **producción textil,** fomentaron la diversificación de los productos y la mejora de su calidad.
- Los **gremios** eran las agrupaciones que incluían a todos los artesanos de la ciudad de un determinado oficio y controlaban todo el proceso de producción: autorizaban la apertura de talleres y el desempeño del oficio; regulaban la producción, la calidad de los productos y el precio; fijaban la jornada laboral y el calendario, protegían a los miembros del gremio y garantizaban la subsistencia de los huérfanos y viudas del mismo. Los gremios del mismo oficio solían agruparse en las mismas calles de la ciudad. Existían tres categorías de trabajadores:
  - Los **maestros,** son los dueños del taller, que conocían las técnicas y habían obtenido el título elaborando una «obra maestra».
  - Los **oficiales** dominaban las técnicas y algunos llegaban a ser maestros. Recibían un sueldo a cambio de su trabajo, pero no podían abrir su propio taller sin el permiso del gremio.
  - Los **aprendices,** comenzaban su formación de niños trabajando en el taller de un maestro para aprender el oficio, a cambio de casa y comida. El aprendizaje solía durar años, hasta que pasaban a ser oficiales, tras un examen.
- **Comercio urbano:** solían celebrarse **mercados locales** y **comarcales** que, diaria o semanalmente, ofrecían alimentos y productos básicos para la población de la ciudad y de su comarca. A partir del siglo XII empezaron a celebrarse **ferias,** que eran encuentros periódicos de mercaderes en una ciudad y en una fecha establecida; normalmente se celebraban una vez al año. Podían durar una o varias semanas. Gozaban de la protección de los reyes y señores, que ofrecían seguridad y ventajas económicas y comerciales. El desarrollo del comercio dio origen a las **lonjas.**

Mercaderes cerrando tratos comerciales. Pintura italiana del siglo XIV.

El comercio

Los **mercaderes** impulsaron el comercio a larga distancia, asumieron riesgos y obtuvieron altos beneficios. Los caminos de época romana estaban muy deteriorados y durante la Alta Edad Media el comercio fue casi inexistente por las invasiones y luchas feudales. A partir del siglo XIII se desarrollaron las **rutas comerciales.**

- Las **rutas terrestres** unían regiones comerciales importantes. La principal unía **Flandes** y el **norte de Italia.** Las ciudades de Brujas y Florencia y las ferias de Champagne fueron dinámicos centros comerciales.
- Las **rutas marítimas** se impusieron por los progresos de la navegación, junto con el desarrollo de la banca, los sistemas de crédito y los medios de pago.
  - La **Hansa germánica** fue una asociación de ciudades del norte de Europa que mantenía rutas comerciales desde Burdeos (Francia) hasta las ciudades del mar Báltico. Controlaron el comercio de la sal y de los tejidos holandeses e ingleses.
  - El **comercio del Mediterráneo** estuvo controlado por las ciudades italianas de Venecia, Génova y Pisa, centradas en las especias de Oriente, la seda, el algodón y las mercancías de lujo compradas a musulmanes y bizantinos. Posteriormente, movieron por el Mediterráneo los paños flamencos y los tejidos italianos.

¿SABÍAS QUE...?

Los cambistas o **banqueros** tasaban las monedas, las cambiaban en las ferias y prestaban dinero a los mercaderes para financiar sus negocios, dando origen al **crédito.**
El comercio entre ciudades necesitó de la **letra de cambio,** que permitía cobrar por las mercancías en distintas ciudades, impulsando el desarrollo de la **banca**.

ACTIVIDADES

6. Define los siguientes términos: patriciado urbano, gremio, feria, lonja, letra de cambio.
7. Observa el mapa del comercio europeo del siglo XIII y contesta:
   - ¿Cuáles fueron las principales rutas terrestres?
   - ¿Y las rutas marítimas?
   - ¿Qué era la Hansa?

El comercio durante el siglo XIII en el mundo occidental.

El gobierno de las ciudades

Las primeras ciudades medievales estaban protegidas por el rey o los nobles.

Con el paso del tiempo, para favorecer el gobierno de las ciudades, el monarca consiguió el apoyo de los burgueses debilitando, así, el poder de la nobleza.

Las ciudades se gobernaban a través de varios instrumentos en los que estaban muy presentes los reyes:

- Los monarcas otorgaron beneficios y **fueros** a las ciudades lo que debilitó paulatinamente el poder de los señores feudales y otorgaba libertad a los ciudadanos.
- Las **cartas puebla,** otorgadas también por los reyes, permitieron el crecimiento urbano. A los campesinos que abandonaban el feudo y llegaban a las ciudades se les ofrecía casa, tierras o el privilegio de no pagar impuestos durante un tiempo.
- Uno de los privilegios de los burgueses era el **control** de la **ciudad** a través de los **ayuntamientos,** que hacían las leyes, recaudaban impuestos e impartían justicia.
- La convocatoria de **asambleas** o **parlamentos** por parte de los monarcas, a finales del siglo XII y durante el siglo XIII. Estas asambleas se reunían cuando las convocaba el rey y tenían **carácter consultivo.** En ellas participaban las personas de mayor relevancia social y los grupos más poderosos: la nobleza, el clero y la alta burguesía. Entre otras cosas, se juraba fidelidad al rey, se aprobaban impuestos extraordinarios y se decidían cuestiones de política exterior.

Jaime II, rey de Aragón, presidiendo las Cortes de Barcelona.

RECUERDA

Los **fueros** eran un conjunto de leyes dispuestas por la corona que se aplicaban a particulares, ciudades o concejos. Regulaban los privilegios y los deberes.

¿SABÍAS QUE...?

Las asambleas o parlamentos recibieron nombres distintos: *Parlamento* en Inglaterra, *Estados Generales* en Francia, *Dieta* en el Sacro Imperio Romano Germánico y *Cortes* en la península ibérica.

La cultura de las ciudades

Con el resurgir de las ciudades, a partir del siglo XI, empezaron a crearse **escuelas episcopales urbanas,** donde se desarrollaron nuevos métodos o técnicas de pensamiento.

A partir de las escuelas urbanas nacieron, a finales de la Edad Media, las **universidades.** Surgieron como asociaciones de maestros y escolares que buscaban la mayor autonomía posible frente al poder del obispado que las había creado. Estaban regidas por un rector y organizadas en **facultades:** Teología, Artes, Derecho y Medicina.

A finales del siglo XI surgieron las universidades de Bolonia y Oxford; en el siglo XII aparecieron las de París y Módena, y a comienzos del siglo XIII las de Salamanca, Padua, Cambridge o Palencia.

Los libros eran el instrumento básico de estudio y la lengua utilizada era el latín, lo que permitía a los profesores visitar diferentes universidades.

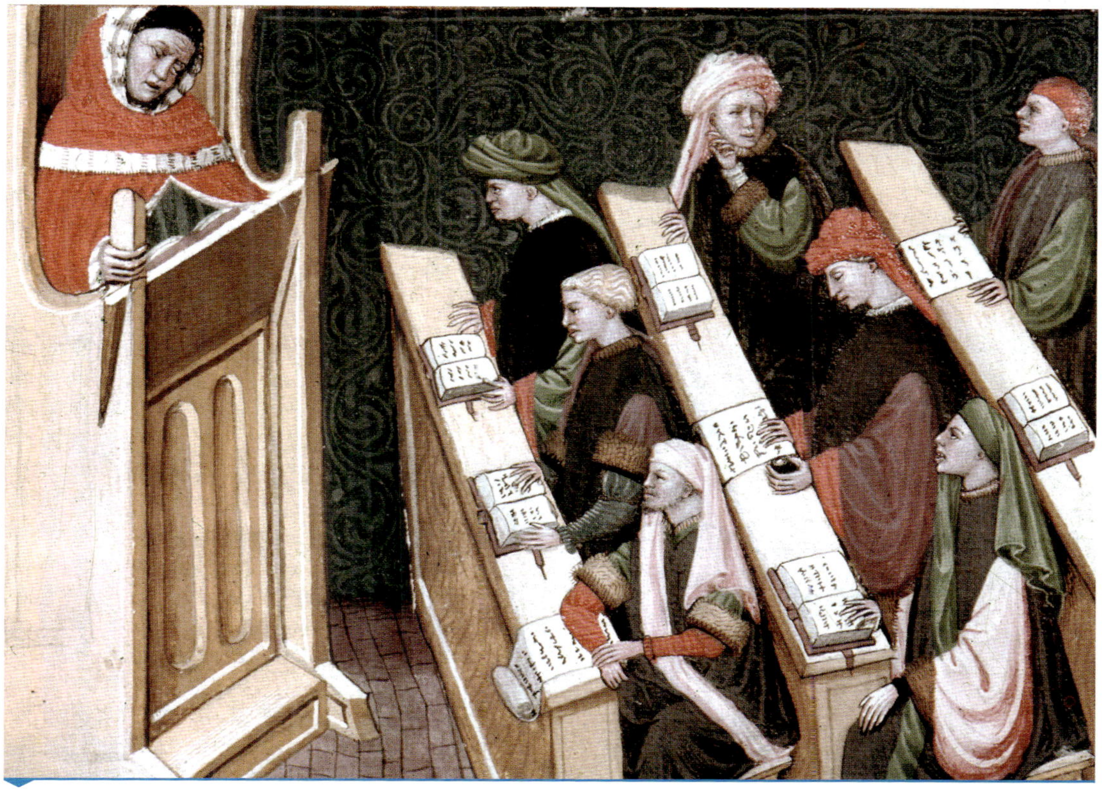

Universidad medieval en un manuscrito fechado en el siglo XV.

ACTIVIDADES

8. ¿A través de qué instituciones e instrumentos los monarcas y la burguesía consiguieron gobernar las ciudades? Explícalas en tu cuaderno.

9. Indica si las siguientes afirmaciones son verdaderas o falsas y corrige estas últimas en el cuaderno:
   - Las asambleas se reunían cuando las convocaba el rey y tenían carácter consultivo.
   - Las asambleas o parlamentos recibieron nombres distintos: *Parlamento* en Francia, *Estados Generales* en Inglaterra, *Dieta* en Alemania y *Cortes* en Italia.
   - Los fueros eran un conjunto de leyes que regulaban los privilegios y los deberes.
   - A partir de las facultades nacieron, a finales de la Edad Media, las universidades.
   - Las escuelas episcopales urbanas surgieron a partir del siglo XII.
   - Las universidades se organizaban en facultades: Teología, Artes, Derecho y Medicina.
   - Los principales instrumentos de estudio empleado en las universidades eran los manuscritos realizados por los copistas de los monasterios.

La historia de las ciudades europeas

Las ciudades europeas acumulan una extensa historia en sus planos, en el trazado de las calles, en sus edificios, etc., que reflejan los períodos históricos en los que se han construido.

Acrópolis de Atenas.

Las ciudades en la Antigüedad:

- Las **polis griegas** surgieron en el siglo VIII a. C. Se construyeron en zonas altas, para facilitar la defensa, y estaban integradas por una **acrópolis** en la parte más alta de la ciudad que albergaba los templos, y el **ágora** (plaza pública). Destacaron Atenas y Esparta.
- Las **ciudades romanas:** la ciudad tenía un plano ortogonal o en damero, con dos calles principales **cardo** (norte-sur) y **decumano** (este-oeste), que se cruzaban en el **foro** (plaza).

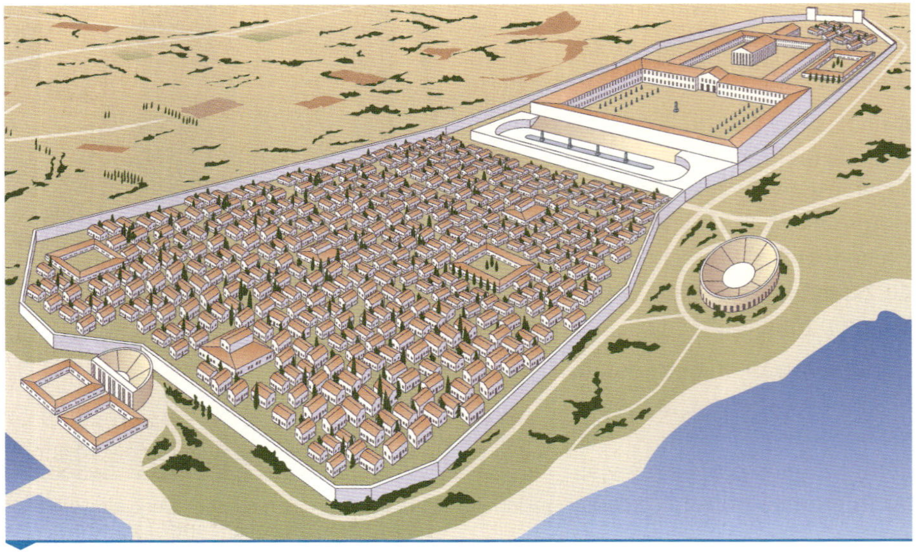

Plano ortogonal de Tarraco, ciudad romana, actual Tarragona.

San Giminiano, en la Toscana (Italia), mantiene en la actualidad su plano de ciudad medieval: se encuentra situada en lo alto de una colina, rodeada de una muralla.

Las ciudades medievales: con la caída del Imperio romano de Occidente y la etapa de crisis e invasiones, las ciudades se despoblaron en beneficio del medio rural. A partir del siglo XI se produjo un resurgimiento urbano. Los elementos característicos de la ciudad medieval son la **muralla,** la **catedral** y la **plaza.** En las ciudades medievales primaba la **función defensiva,** por ello buscaban un emplazamiento elevado y las rodeaban de una muralla para defender la ciudad. La ciudad medieval responde a una diversidad de tipos:

- Ciudades de **origen romano** que se despoblaron durante algún tiempo.
- Los **burgos,** pequeños enclaves urbanos que estaban amurallados y fueron construidos a lo largo de la Edad Media.
- Las ciudades del **Camino de Santiago** (Puente la Reina o Santo Domingo de la Calzada) levantadas en la ruta de peregrinación, con una calle principal que albergaba servicios para los peregrinos.
- Ciudades fundadas con **objetivos militares,** entre las que destaca Ávila, levantada como ciudad militar y de repoblación durante el avance territorial de los reinos cristianos peninsulares.
- Las **«bastidas»,** ciudades defensivas nuevas, construidas con planos ordenados.

La ciudad renacentista: se realizaron intervenciones en plazas, calles y jardines. Para transformar las ciudades se escribieron **tratados de urbanismo,** inspirados en la cultura de la Antigüedad clásica.

Modelo ideal de una ciudad renacentista en el siglo XV.

La ciudad en los siglos XVII y XVIII: la instalación de las cortes en las capitales europeas promovieron la construcción de **palacios reales**, jardines, **plazas reales** y **plazas mayores.**

La ciudad industrial: en el contexto de la Revolución industrial, las fábricas y el ferrocarril se convirtieron en los elementos impulsores de las ciudades, que atrajeron a población procedente del campo. El **incremento demográfico** del siglo XIX provocó diversos **problemas:** la contaminación e insalubridad en las calles, la escasez de viviendas y sus pésimas condiciones de habitabilidad e higiene y la ausencia de equipamientos en los barrios obreros.

La ciudad del siglo XIX: destacan tres modelos de transformación urbana:

- La **reforma interior:** se derribaron numerosos edificios, se ensancharon las calles y se crearon nuevas avenidas.
- Los **ensanches:** son planes urbanísticos que aprovecharon el derribo de las murallas y construyeron bulevares y residencias de la burguesía con un plano ortogonal o radiocéntrico.
- La **ciudad jardín:** introduce la naturaleza en la ciudad dotando de árboles a las calles y de jardín a las parcelas de viviendas; además se rodea la ciudad de un cinturón verde.

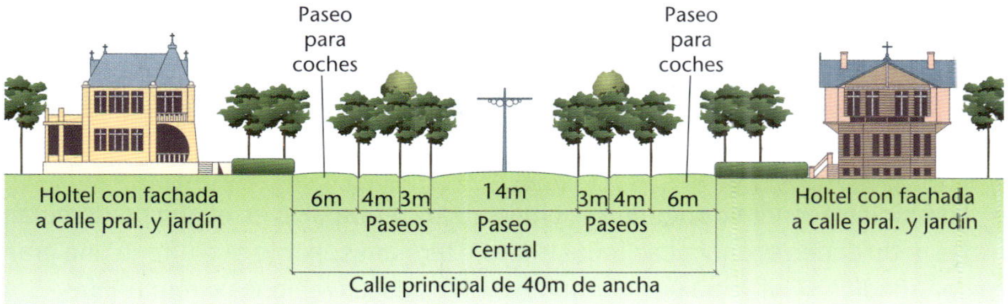

Perfil transversal de la Ciudad Lineal, proyectada por Arturo Soria. Es una variación del modelo de ciudad jardín.

RECUERDA

Los planos de las ciudades pueden ser de tres tipos:

- **Irregular:** está formado por un entramado de calles estrechas y cortas con callejones sin salida.
- **Radiocéntrico:** las calles salen de un punto central en sentido radial, y se cortan formando círculos concéntricos.
- **Ortogonal, en cuadrícula o damero:** las calles son rectas y se cruzan perpendicularmente.

ACTIVIDADES

1 Dibuja una tabla en tu cuaderno y resume la evolución de las ciudades europeas recogiendo sus características más destacadas.

Antigüedad	Edad Media	Renacimiento	Siglos XVII y XVIII	Revolución industrial	Siglo XIX

¿SABÍAS QUE...?

En todas las ciudades se desarrollan un conjunto de **actividades económicas.**
Entre las funciones urbanas destacan:
- **Comercial:** es la función primordial de las ciudades.
- **Industrial:** es propia de las ciudades que cuentan con industrias.
- **Política y administrativa:** las capitales de los Estados acogen las instituciones políticas.
- **Cultural y educativa:** es propia de las ciudades con importantes museos y patrimonio cultural.

Diferencias entre el medio rural y el urbano

Existen numerosos factores que diferencian el medio rural del urbano:

- El concepto de ciudad está relacionado con el **número de habitantes.** En cada país europeo la cantidad de personas que permite establecer el límite entre un pueblo y una ciudad difiere, ya que depende, entre otras cosas, de la distribución de la población: en España y otros muchos países, el límite está en 10 000 personas, mientras que en Dinamarca se considera una ciudad a partir de los 200 habitantes.
- Otra característica que diferencia un pueblo de una ciudad es su **morfología**, es decir, su aspecto. Mientras que en una ciudad existe un ordenamiento urbano, en los pueblos predomina la asimetría en el trazado de las calles y la falta de planificación. También los edificios son diferentes, pues en la ciudad hay un proceso de verticalización, con edificios de gran altura que albergan viviendas, mientras que en el medio rural los edificios son más horizontales, extendidos a lo largo del territorio. En ocasiones, las casas rurales comparten la función residencial, con la productiva (almacén de grano, establos, etc.).

La ciudad de París.

- La **función económica** define a la ciudad como el espacio en el que predominan las actividades económicas industriales y terciarias, por lo que ofrece una gran cantidad de servicios a sus habitantes y a los de las regiones circundantes. Sin embargo, en el medio rural las actividades están ligadas al sector primario, es decir, a los recursos naturales: agricultura, ganadería, pesca, silvicultura..., aunque cada vez aparecen más actividades terciarias ligadas al turismo rural.
- La **población** de la ciudad es diferente a la del medio rural. Las urbes tienen un ritmo más acelerado, debido a la complejidad de los medios de transporte y las prisas por no llegar tarde a los lugares de trabajo, de residencia, etc. Además, es característica la diversidad de sus habitantes y el anonimato en las relaciones sociales. Por el contrario, los ritmos de vida en el campo vienen determinados, en gran medida, por los ciclos estacionales y las tareas agrarias. También la población rural es más homogénea y se reconocen entre ellos debido, principalmente, al menor número de habitantes.

El estilo de vida urbano

Los "pros" de la vida en la ciudad

- Las ciudades son el **motor del crecimiento** y el desarrollo europeo.
- La **formación educativa** de los habitantes de las ciudades es mucho mejor que la de los demás ciudadanos, lo que favorece el desarrollo de la sociedad del conocimiento. En la ciudad residen los talentos y la innovación.
- Los **hogares unipersonales** (solteros, jóvenes y los de mayor edad) se concentran en el centro de las ciudades, porque allí tienen más accesibles los servicios comerciales, sanitarios y de ocio.
- En las ciudades del centro y norte de Europa hay mayores facilidades para el **cuidado de los hijos,** lo que ha permitido una mayor incorporación de las mujeres al mercado laboral.
- Hay grandes diferencias de **tasas de desempleo** entre los barrios. En la ciudad los ciudadanos más formados podrán aprovechar las oportunidades.
- Los **hogares unifamiliares** cada vez conviven con una mayor diversidad de vecinos, lo que supone un reto para la construcción de una sociedad multicultural.
- La **inmigración de población extranjera** es mayor en los centros urbanos de mayor tamaño. Las ciudades pequeñas reciben población de regiones más próximas.

Los "contras" de la vida urbana

- El 77% de la población urbana vive en **apartamentos.** La mitad de ellos son propietarios, sobre todo si la vivienda está en la periferia. El espacio vital de los residentes, es mucho mayor en la parte occidental de Europa (40 m^2) que en los países del Este (20 m^2).
- La **esperanza de vida** de los habitantes de las ciudades es de dos años menos de media que la del resto de habitantes. Los ciudadanos viven menos en Europa Central y del Este. La longevidad depende del estilo de vida, nivel económico y cuidados sanitarios.
- Pasar tiempo en el **transporte urbano.** Los nuevos estados miembros, en ciudades como Bratislava y Budapest, dos de cada tres desplazamientos se hace en transporte público, gracias a las infraestructuras de metro, tren y autobús. En Gran Bretaña, sin embargo, el 80% se desplaza en coche.
- Los ciudadanos que tienen menos estudios tienen un mayor riesgo de **exclusión social.** La cohesión social es un reto de las ciudades.
- Hay mayores **tasas de desempleo** en las ciudades que fuera de ellas, debido a las bolsas de pobreza en ciudades belgas, polacas y del sur de Italia, Grecia y España.

ACTIVIDADES

2. ¿Cuáles son las principales funciones de la ciudad?
3. ¿Qué diferencias hay entre el medio rural y el urbano respecto a la población?
4. Realizad un debate sobre las ventajas e inconvenientes de la vida en la ciudad.

¿SABÍAS QUE...?

En la actualidad las grandes ciudades europeas se han estancado a favor de las periferias, es decir, crecen las ciudades medianas y las áreas metropolitanas (alrededores de la ciudad). Estos cambios se deben a una serie de ventajas (pros) e inconvenientes (contras), propios del estilo de vida urbano.

Tranvía de Budapest (Hungría).

AYUDA

Pasos para preparar el debate:

a) Leed en voz alta los pros y contras del proceso de urbanización europeo.
b) Cada alumno toma nota en su cuaderno de los aspectos positivos y negativos.
c) Puesta en común. Cada alumno dispone de un minuto para argumentar dónde le gustaría vivir en el futuro.
d) Llegar a una conclusión única entre todos.

Las ciudades europeas

¿SABÍAS QUE...?

En los cinco mayores mercados laborales urbanos de la Unión Europea (Londres, París, Berlín, Madrid y Roma), el empleo en el sector de los servicios representa entre un 80 % y un 90 % del total de puestos de trabajo.

El mercadillo de Petticoat Lane, en Londres.

RECUERDA

Para clasificar las ciudades europeas se tiene en cuenta:

- el tamaño (n.º habs.).
- la estructura económica.
- su conectividad con lugares más o menos alejados.
- su capacidad de cambio e innovación.

La estructura del sistema urbano europeo está formada por varias categorías.

Núcleos internacionales de Europa. Tienen influencia en todo el continente y fuera de él, es decir, son **metrópolis** globales. Entre ellos destacan las que son:

- *Núcleos de conocimiento:* vanguardistas en la industria, los negocios y muy conectada a nivel global, gracias a la concentración de talentos.
- *Capitales antiguas:* consideradas las de mayor importancia y riqueza en sus países, con una economía muy diversificada.
- *Capitales reinventadas:* son los motores de actividad económica para los estados que han ingresado hace poco tiempo en la Unión Europea.

Los polos especializados. Deben su influencia internacional a determinados aspectos de la economía urbana:

- Núcleos nacionales clave, que son polos de transformación industrial.
- Puertas de entrada de mercancías y pasajeros (puertos u aeropuertos).
- Centros industriales modernos con actividades de innovación tecnológica.
- Centros de visitantes con actividades ligadas con el turismo.

Los polos regionales. Son los pilares de la economía regional:

- *Ciudades desindustrializadas:* su industria pesada está en recesión.
- *Centros regionales de mercado:* cumplen funciones regionales de servicios personales, financieros, hoteles, comercios y restaurantes.
- *Centros regionales:* ofrecen servicios públicos, desde el punto de vista administrativo, sanitario y educativo.
- *Ciudad satélite:* son pequeñas, pero tienen un papel específico respecto a otras grandes aglomeraciones, como las ciudades dormitorio.

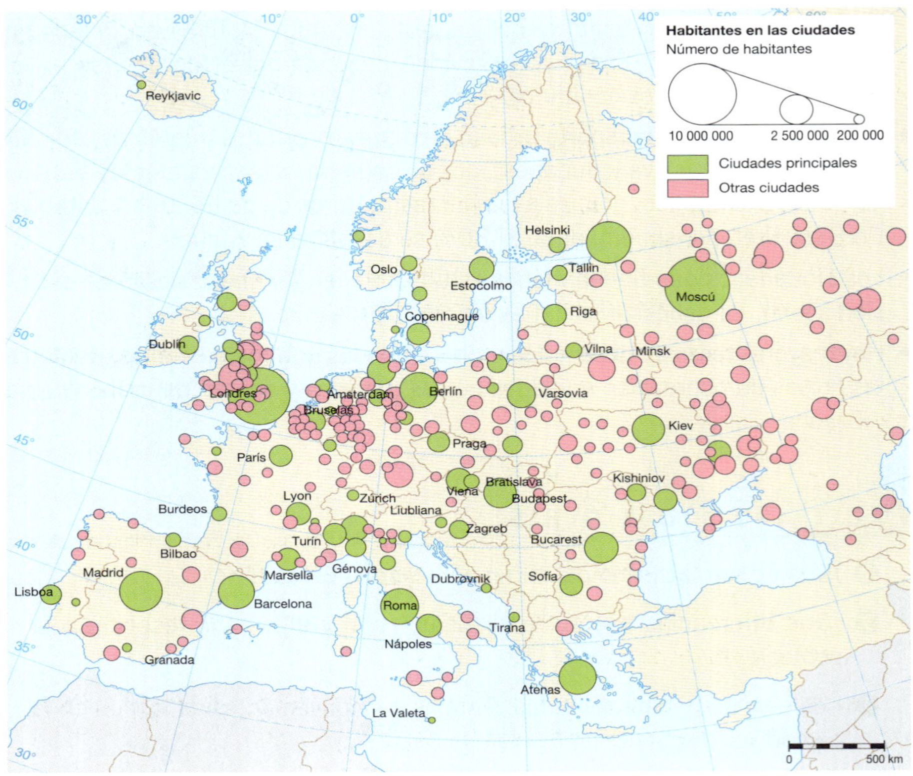

La ciudad como ecosistema

Una ciudad es un ecosistema urbano, que contiene los siguientes elementos que se relacionan entre sí:

- **Biocenosis:** es una comunidad de seres vivos, la flora y la fauna. La biocenosis urbana incluye a la especie humana, que es dominante, y otros seres vivos como los vegetales y animales adaptados al medioambiente urbano.
- **Biotopo:** es un medio físico construido y expuesto a transformaciones originadas en la actividad interna (la atmósfera, las aguas, las edificaciones y los residuos).
  - La **isla de calor** urbano supone un ascenso medio de la temperatura de dos grados sobre la ciudad y su entorno, superiores al medio rural próximo. La escasez de vegetación y la escorrentía superficial evacúan el agua de lluvia rápidamente, evitando el efecto refrescante de las precipitaciones. El aire urbano está contaminado debido a los humos del tráfico, la calefacción y la industria.

El smog o niebla urbana aparece con radiación solar alta, inversión térmica y un tráfico emisor de NO.

  - El suelo de asfalto y las construcciones de cemento y ladrillo absorben la **radiación solar,** y tardan más en soltar el calor que las plantas. Los cristales reflejan la radiación, que debido a la disposición vertical de los edificios queda atrapa, multiplicando el calor.

Además, el ecosistema urbano funciona a través de **intercambios** de materia, energía e información con el territorio externo a la propia ciudad, sobre el que tiene gran influencia.

ACTIVIDADES

5. Describe las características de las tres categorías de ciudad europea y pon algunos ejemplos de cada una, según la información del mapa.
6. Enumera los elementos de la ciudad como ecosistema, incluyendo su relación con el territorio.
7. ¿Qué tipos de contaminación existen en la ciudad? Investiga posibles medidas correctoras para cada tipología.

RECUERDA

Además de la contaminación atmosférica, existen otros tipos de contaminación urbana:

- **Acústica:** el ruido excesivo puede producir efectos nocivos como el estrés y la sordera. Su principal fuente son el tráfico, los aeropuertos, las industrias, las obras y los lugares de ocio.
- **Lumínica:** genera problemas de despilfarro energético, inseguridad vial, daños en los ecosistemas nocturnos y no permite ver el cielo.

¿SABÍAS QUE...?

Las **relaciones urbanas con el territorio** son esenciales.

- Las ciudades consumen **alimentos** producidos en el campo. Su transporte genera costes energéticos y contaminantes.
- Igualmente se genera gran cantidad de **residuos** que se acumulan en vertederos fuera de la ciudad.
- La ciudad modifica el ciclo del **agua:** necesita aportes de embalses alejados para el consumo de agua potable.

Madrid es una metrópolis nacional. Vista nocturna de la carretera de circunvalación M-30 y las Cuatro Torres Business Area (CTBA).

Las ciudades españolas

En España existen dos metrópolis importantes, **Madrid y Barcelona,** que asumen funciones administrativas, financieras, industriales, culturales... Estas dos ciudades tienen influencia internacional y nacional.

El resto de ciudades de influencia nacional se localizan en el litoral:

- El **eje mediterráneo** es el de mayor dinamismo, liderado por Barcelona y Valencia. Se extiende hacia norte donde enlaza con otras ciudades costeras, y hacia el sur (autopista del mediterráneo A-7) y el interior peninsular. Destaca por sus actividades turísticas, industriales, comerciales y portuarias, como Alicante y Palma de Mallorca.
- En el **eje del Ebro,** de reciente desarrollo, destaca Zaragoza como encrucijada entre Madrid, Barcelona y las ciudades del norte, como Bilbao, Pamplona y Logroño.
- El **eje cantábrico** se desarrolla apoyado en la gran arteria de comunicación que es la A-8 (autopista del Cantábrico). Destaca la aglomeración asturiana en torno a Gijón, Avilés, Oviedo, Mieres y Langreo.
- El **eje andaluz** dispone de dos brazos, uno al interior a través del valle del Guadalquivir: Cádiz, Sevilla, Córdoba; y otro a través de la costa del Sol: Málaga, Granada y Almería.

El sistema urbano español se caracteriza también por la ausencia de ciudades medias, lo que dificulta la vertebración de todo el territorio, así como por una débil internacionalización de las ciudades que desempeñan funciones de metrópolis regionales.

En el **interior** destaca Valladolid, capital de Castilla y León, nudo de comunicaciones. Las ciudades gallegas quedan aisladas, aunque han mejorado su conexión en especial entre A Coruña y Vigo.

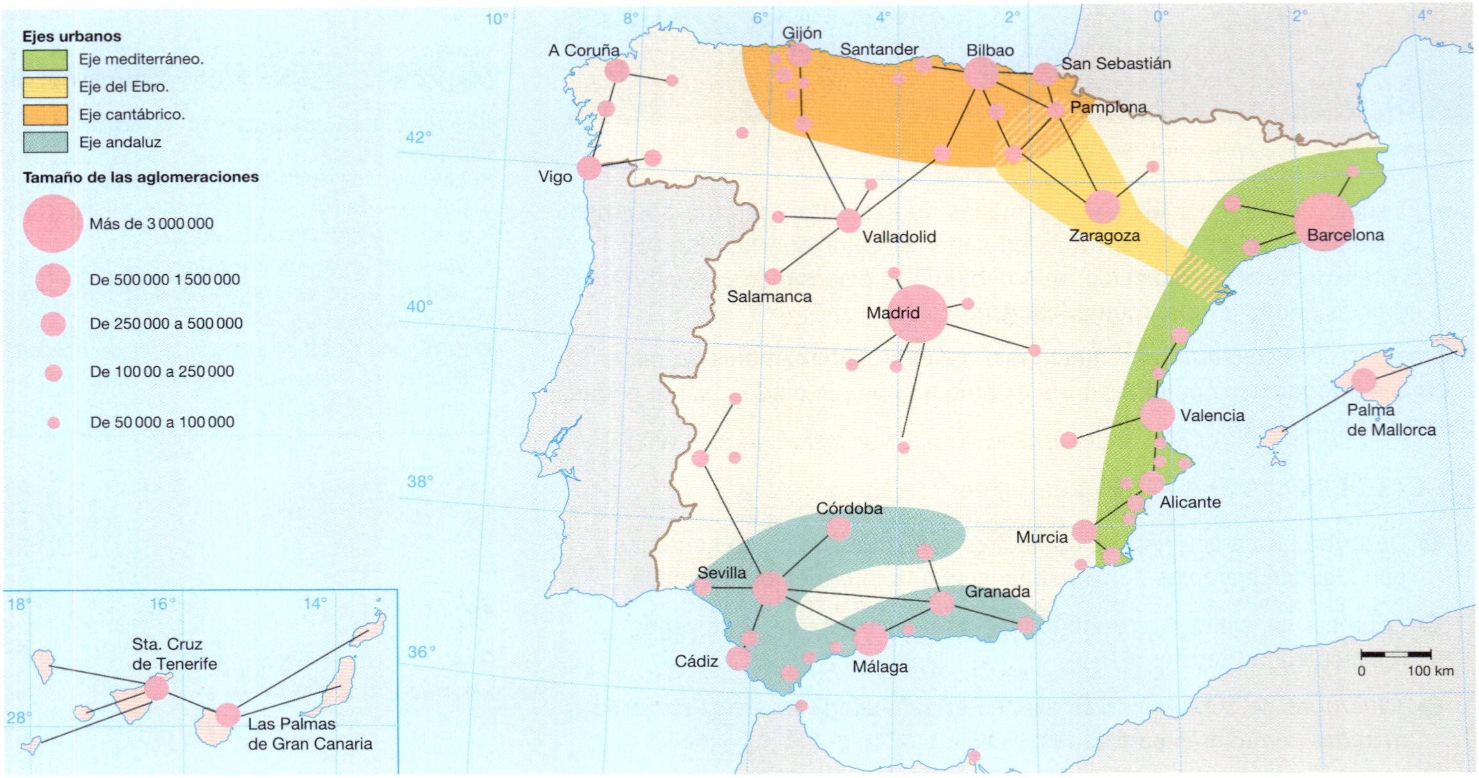

Morfología de las ciudades españolas

La morfología de las ciudades españolas se caracteriza por:

- **El centro histórico.** De plano irregular, laberíntico, trama cerrada, de calles estrechas; incluye la plaza mayor, ayuntamiento, catedral, conventos y edificios antiguos. Ofrece servicios comerciales y financieros, son centros turísticos.
- **El ensanche.** De trama abierta, calles amplias y arboladas, con plano regular de damero, o lineal, son áreas sobre todo residenciales. Aparecieron con la industrialización, pero vinculados a los grupos burgueses. En España se construyeron ensanches en Barcelona, Madrid, San Sebastián, etc.

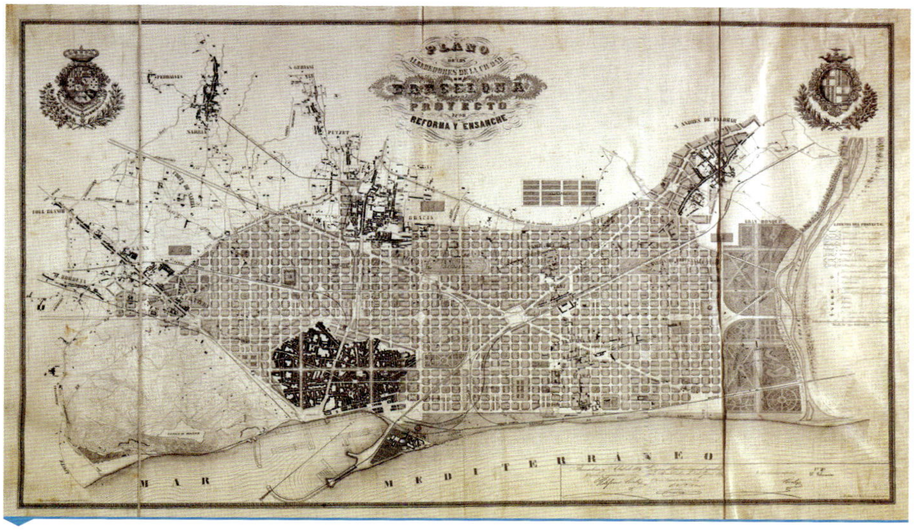

Ensanche de Barcelona, según el plan de Ildefonso Cerdá, la ciudad industrial se construyó con plano de damero y manzanas achaflanadas.

- **La periferia.** En la segunda mitad del siglo xx la población de la ciudad elige vivir en el extrarradio por ser más barato y estar menos contaminado, y gracias a la mejora de los transportes de cercanía. Los municipios de alrededor de las ciudades crecen con nuevos pobladores que trabajan en el sector servicios. Aparece la ciudad difusa.

Catedral de Jaén, en el centro histórico de la ciudad.

¿SABÍAS QUE...?

En los últimos 30 años han crecido las periferias urbanas con usos del suelo muy especializados: áreas residenciales, centros comerciales y polígonos industriales.

ACTIVIDADES

8 A partir del mapa de las aglomeraciones urbanas responde:

a) ¿Qué ciudades tienen más de 500.000 habitantes?

b) ¿Qué funciones asumen las metrópolis de ámbito internacional?

c) ¿Cómo se llama el tercer eje? ¿Qué Comunidades Autónomas recorre?

d) ¿Por qué crees que el eje urbano andaluz se divide en dos ramas?

9 Consulta el plano de tu ciudad o de la más cercana a tu lugar de residencia, y elabora un texto que explique las características de su morfología, describiendo los elementos de cada zona urbana.

10 Repartiros por grupos las 15 ciudades españolas Patrimonio de la Humanidad y elaborad una ficha tamaño folio que contenga la siguiente información: localización en un mapa, plano de la ciudad, imágenes, edificios emblemáticos y actividades turísticas. Haced una galería de imágenes en el aula y votad entre todos cuál os gustaría visitar.

TIC

Podéis buscar información en www.ciudadespatrimonio.org

Cuando tengas algo que decir, dilo; cuando no, también. Escribe siempre.

AUGUSTO MONTERROSO, escritor hondureño.

La creación literaria

El objetivo de esta unidad es proponer una serie de actividades de carácter lúdico y creativo que te permitan escribir textos con intención literaria, idóneos para desarrollar tu imaginación, para expresar tus propias ideas y para disfrutar de la satisfacción que ofrece el trabajo bien hecho, único y personal.

Aprender a inventar

La *invención* es la creación de algo que se produce por primera vez. Para inventar se puede empezar por generar pequeñas ideas, a partir de las cuales puede que surjan grandes historias.

ACTIVIDADES

1. En grupos de cinco haréis un rompecabezas: cada uno se encargará de responder brevemente a una de estas cuestiones pero sin ver las respuestas que hacen los demás. Al terminar, organizaréis vuestras respuestas en el mismo orden con que se proponen y construiréis una historia completa, aunque breve. Podéis realizar varias rondas para crear diferentes relatos:

   1.ª) ¿Quién era?
   2.ª) ¿Dónde estaba?
   3.ª) ¿Qué hacía?
   4.ª) ¿Qué dijo?
   5.ª) ¿Qué dijo la gente?
   6.ª) ¿Cómo acabó todo?

Desarrolla la imaginación

La *imaginación* es la capacidad para concebir ideas o creaciones innovadoras. Una actividad creativa similar a la anterior permitirá desarrollar un poco más tu imaginación.

ACTIVIDADES

2. De un sorteo saldrán cuatro números (respectivos a cada rasgo narrativo: *espacio, tiempo, personaje* e *intención*) y a partir de ahí, escribirás una historia.

Intención comunicativa	**1** Crear comicidad	**2** Crear intriga	**3** Crear terror	**4** Crear emoción
Espacio	**1** Un oasis	**2** Planeta Y218	**3** Nueva York	**4** Una cueva
Tiempo	**1** Futuro muy lejano	**2** Edad Media	**3** Actualidad	**4** Prehistoria
Personaje	**1** Un perro	**2** Yo	**3** Tu mejor amigo	**4** Tu ídolo

Por ejemplo, 3-1-2-2 corresponde a “una historia de terror que tiene lugar en un oasis durante la Edad Media y la protagonizo yo”. Solo deberás inventar el acontecimiento narrable y añadir algunos diálogos teniendo siempre en cuenta la intención comunicativa que te ha tocado.

RECUERDA

Antes de ponerte a escribir, es conveniente respetar las exigencias de cada género literario pues dependerán de tu intención comunicativa: *¿Quiero contar una historia?* o *¿Quiero expresar mis sentimientos?*

El minimalismo del microcuento

Este texto de Rosa Montero te ayudará a entender qué es un **microcuento** a partir de una metáfora:

Preparando el otro día una clase de literatura me vino a la cabeza el concisísimo microcuento de Augusto Monterroso titulado *El dinosaurio*: "Cuando despertó, el dinosaurio todavía estaba allí". Siete palabras. Si piensas, como yo, que la literatura te puede salvar la vida, entonces estarás de acuerdo en que los microrrelatos son como ese pequeño comprimido de paracetamol que llevas en el bolsillo por si un día te duele la cabeza. Es decir, las grandes obras tipo *Guerra y paz, Lolita, En busca del tiempo perdido* y demás novelones monumentales serían operaciones a corazón abierto, pongamos. O un doble trasplante de hígado y riñón. Pero los microrrelatos son eso, una aspirina, un omeprazol, una pastilla de miel y limón para chupar aplicadamente cuando te raspa un poco la garganta.

Rosa Montero: *elpaís.com*, 5 de julio de 2015.

Un microcuento es un texto narrativo que "anda de perfil"; es fruto del ingenio de un escritor. Pero lo mejor de un microcuento es su impactante final. A pesar de las pocas palabras que algunos tienen, la capacidad de sugerencia que esconden es la de una gran historia: *Se venden zapatitos de bebé, nunca usados.*

Ernest Hemingway

Para escribir un microcuento se han de *minimizar* todos los detalles narrativos:

- Los personajes elegidos son muy "planos".
- Los espacios se pueden nombrar pero no se describen.
- Solo habrá un hecho narrable, concreto, puntual y breve.
- El diálogo escasea.
- El tiempo de la narración es indeterminado.
- El narrador puede ser interno o externo.

Comprueba estos rasgos en este microcuento de Luis Mateo Díez:

El pozo

Mi hermano Alberto se cayó al pozo cuando tenía cinco años.

Fue una de esas tragedias familiares que solo alivian el tiempo y la circunstancia de la familia numerosa.

Veinte años después, mi hermano Eloy sacaba agua un día de aquel pozo al que nadie jamás había vuelto a asomarse.

En el caldero descubrió una pequeña botella con un papel en su interior.

Este es un mundo como otro cualquiera, decía el mensaje.

Luis Mateo Díez: *Los males menores*. Espasa Calpe.

ACTIVIDADES

3. Trata de inventar un microcuento siguiendo estos consejos:
   - Piensa antes de escribir en el final qué quieres que interpreten tus lectores.
   - Utiliza pocas palabras: deja al lector que construya en su mente lo que tú no has escrito.
   - Olvida la estructura tradicional planteamiento-nudo-desenlace.
   - Escríbelo en un borrador y dalo a conocer a alguien de confianza. Cuando lo esté leyendo, observa su rostro para descubrir si le ha impactado el final.
   - Después pregúntale qué ha interpretado. Si su opinión coincide con la tuya, reescríbelo y hazlo público; probablemente será muy bueno.

No existen más que dos reglas para escribir: tener algo que decir y decirlo.

ÓSCAR WILDE

El cuento: un mundo narrativo cargado de valores

Desde la más antigua tradición, los cuentos siempre han estado al servicio de la educación. Por ejemplo, *el cuento de la lechera* se ideó para demostrar que las ilusiones vanas pueden quebrarse; *el de los siete cabritillos*, para no fiarse de los desconocidos; *el de los tres cerditos*, para creer en la eficacia del trabajo bien hecho... Los cuentos vienen a solucionar nuestros problemas cotidianos porque muchos de ellos son ejemplos que ayudan a entenderlos.

Lee el cuento que proponemos y relaciónalo con el refrán "la avaricia rompe el saco"; podría servir para resolver las dudas de alguien al que se le ofrece enriquecerse muy pronto pero, a costa de ello, pasará grandes peligros y riesgos:

El hombre cargado de piedras preciosas

Un hombre llevaba a cuestas una gran cantidad de piedras preciosas; tantas eran que pesaban mucho. Sucedió que tenía que pasar un río y como llevaba una carga tan grande se hundía mucho más que si no la llevara; al llegar a la mitad del río se empezó a hundir aún más. Un hombre que estaba en la orilla le comenzó a dar voces y a decirle que si no soltaba aquella carga se ahogaría. Aquel majadero no se dio cuenta de que, si se ahogaba, perdería sus riquezas junto con la vida, y, si las soltaba, perdería las riquezas pero no la vida. Por no perder las piedras preciosas que traía consigo no quiso soltarlas y murió en el río.

DON JUAN MANUEL: El conde Lucanor.

AYUDA

Podrás leer completo el marco en el que se inserta este cuento, y otros similares, en:
Don Juan Manuel, *El conde Lucanor*.
www.cervantesvirtual.com

ACTIVIDADES

4. Elige un cuento de la tradición folclórica y piensa cuál es su utilidad o a qué tipo de problema actual podría responder. Después escribe un diálogo con un compañero. Plantéale el problema; tu compañero, además de darte algunos consejos, los ilustrará narrando el cuento.
5. Entre toda la clase podréis crear una colección de cuentos similares (insertados en un marco dando respuesta a un problema actual), si los reescribís en un mismo formato, los ilustráis y los encuadernáis.

Adentrarse en el relato de misterio

Los relatos de misterios son textos narrativos –más amplios y desarrollados que los cuentos– en los que suelen aparecer pistas, a veces policiacas, que llevan al lector a presagiar el desenlace con un final sorprendente.

ACTIVIDADES

6. Entre toda la clase podéis reconstruir un relato de misterio, con la particularidad de que vuestro profesor ya lo conoce de antemano. Os proporcionará unos cuantos datos básicos. Por ejemplo:
   - Lo protagoniza una mujer, pero la acción repercute en un hombre.
   - La intriga sucede dentro de una casa.
   - Hay un crimen (...).

   Después, le iréis formulando preguntas para que os responda *sí* o *no:*
   - ¿El hombre en cuestión es su marido? – Sí.
   - ¿Aparece la policía? – Sí.
   - ¿El arma del crimen es una pistola? – No (...).

   Con todas las informaciones recogidas por escrito, construiréis una misteriosa historia con su planteamiento, su nudo y su desenlace.

Haikús

Un *haikú* es un minipoema de origen japonés que capta la esencia de las sensaciones obtenidas a partir de la contemplación de la naturaleza. Se construye con tan solo 17 sílabas, que suelen organizarse en tres versos (5-7-5 o 5-5-7 sílabas cada uno). *El haikú*, por su gran sugerencia, sencillez y belleza, ha sido cultivado por grandes escritores como Jorge Luis Borges, Antonio Machado, Mario Benedetti, Luis Cernuda...

Flores de inicio
rezan bajo la sombra,
perfilan zarzas

Exhausto olvido
y elegía en cerezas:
mimbre de otoño

J. ANTONIO GONZÁLEZ FUENTES:
Haikús sin estación. Carena.

Un romance, un rap

¿Qué es un **romance?** Un romance es un sencillo poema de versos octosílabos creado para ser cantado o recitado. Es fácil de idear porque su rima es asonante y solo riman los versos pares; basta con tener algo que decir.

¿Y qué es un ***rap*?** Es una canción creada con un ritmo monótono, en un largo monólogo, sobre temas candentes de la actualidad. Como verás, se parecen bastante.

TIC

Encontrarás muchos romances como este en: http://www.cervantesvirtual.com/obra-visor/romancero-viejo--0/html/
Y, además, puedes descargarte bases de rap en: www.hhgroups.com/bases/

ACTIVIDADES

7. Crea tu propio *haikú*. Inspírate en un detalle que te asombre de la naturaleza de tu entorno o en cualquier otro sentimiento; escribe sobre ello y busca la esencia de tu escrito descartando todo lo desechable. Organiza estas ideas en 3 versos, de tal manera que hayas cubierto en total solo 17 sílabas.

8. Recita en voz alta este romance; después métele un ritmo de rap para poder cantarlo: comprobarás que es posible lograr esa similitud. A partir de ahí, crea tu propio *romance-rap* dedicado a tu chico o chica, o al valor de la lealtad, de la verdad o del compañerismo:

La misa de amor

Mañanita de San Juan
mañanita de primor,
cuando damas y galanes
van a oír misa mayor.
Allá va la mi señora,
entre todas la mejor;
viste saya sobre saya,
mantellín de tornasol,
camisa con oro y perlas
bordada en el cabezón.
En la su boca muy linda
lleva un poco de dulzor;
en la su cara tan blanca,
un poquito de arrebol,
y en los sus ojuelos garzos
lleva un poco de alcohol;
así entraba por la iglesia
relumbrando como el sol.
Las damas mueren de envidia,
y los galanes de amor.
El que cantaba en el coro,
en el credo se perdió;
el abad que dice misa,
ha trocado la lición;
monaguillos que le ayudan,
no aciertan responder, non,
por decir amén, amén,
decían amor, amor.

Dramatizar

La dramatización es un recurso relacionado también con la creación literaria. Recuerda que los autores cuando escriben obras de teatro, lo hacen pensando en que esa obra puede ser representada encima de un escenario. Por ese motivo, dramatizar exige algunos aspectos muy creativos a tener en cuenta:

- Conocer el contexto en que se escribió la obra y pensar en la posibilidad de adaptarlo a otros tiempos, por lo que tal vez habría que retocar el lenguaje del texto.
- Conocer algunas técnicas para lograr una dramatización ideal (el lenguaje de los gestos, la recitación, la vocalización, la proyección de la voz...).
- Tarea creativa será también el diseño de unos decorados acordes con el texto, así como los bocetos del vestuario.
- Y contar con una buena música, adaptada a la obra, y con otros efectos sonoros, así como visuales o lumínicos.

ACTIVIDADES

9 Observa los consejos que se proponen para dramatizar este fragmento de un paso de Lope de Rueda e intentarlo en clase. Después podéis atreveros con la obra entera:

ÁGUEDA: Mira, marido, ¿sabes qué estoy pensando? Que yo cogeré las aceitunas y tú las acarrearás con el burro, y Mencigüela las venderá en la plaza. Y cuidado, hija, no se te ocurra dar el kilo por menos de veinte duros.

TORUVIO: ¿Cómo a veinte duros? ¿No ves que es un cargo de conciencia pedir tanto dinero y que nos podrían denunciar? ¡Con catorce o quince duros ya vale!

ÁGUEDA: ¡Callad, marido, que las aceitunas son del mejor olivar!

TORUVIO: Pues a pesar de esto, basta pedir lo que yo he dicho.

ÁGUEDA: Ya está bien, no me quiebres ahora la cabeza. Mira, hija, que te mando no cobrar el kilo por menos de veinte duros.

TORUVIO: ¿Cómo que a veinte duros? Ven aquí, hija, ¿cuánto has de pedir?

MENCIGÜELA: Lo que tú mandes, padre.

TORUVIO: Catorce o quince duros.

MENCIGÜELA: Así lo haré, padre.

ÁGUEDA: ¿Cómo «así lo haré, padre»? Ven aquí, hija. ¿Cuánto has de pedir?

MENCIGÜELA: Lo que tú mandes, madre.

ÁGUEDA: No a menos de veinte duros.

TORUVIO: ¡Te aseguro que si no lo haces como yo te mando, cojo el cinto y te doy más de doscientos correazos! ¿Cuánto has de pedir?

MENCIGÜELA: Lo que tú mandes, padre.

TORUVIO: Catorce o quince duros.

MENCIGÜELA: Así lo haré, padre.

ÁGUEDA: (Cogiendo a Mencigüela por un brazo en plan amenazante.) ¿Cómo «así lo haré, padre»? Toma, toma y toma. ¡Harás lo que yo te mando...!

TORUVIO: ¡Pero deja a la muchacha! (Ambos tiran de Mencigüela, cada uno de un brazo.)

ÁGUEDA: ¡Ay, madre! ¡Ay, padre! ¡Que me matan...!

(Adaptado de LOPE DE RUEDA: *Las aceitunas*. Cátedra)

AYUDA

Puedes leer el paso entero y otros similares en: LOPE DE RUEDA: *Pasos*, ed. Cátedra.

Evolución del carácter de los personajes:

Águeda (madre): dominante → caprichosa → intransigente → violenta.

Toruvio (padre): razonable → cabezota → violento

Águeda (hija): obediente → temerosa

Lenguaje gestual: importancia de los gestos y movimientos (amenaza de correazos, tirones del brazo de la hija, collejas...).

Entonación: Acorde con el carácter de los personajes en cada momento:

1. soñador de la madre.
2. recriminación del padre.
3. obediencia de la hija.
4. enfado de la madre
5. cabezonería del padre
6. amenaza de la madre
7. temor de la hija y llanto.

Decorado: interior o exterior de una casa de pueblo; objetos rurales.
Vestuario de aldeanos.

Organizar un concurso literario

La creación literaria se merece un reconocimiento. En principio, todo escritor escribe para ser leído y, si su obra es lo suficientemente buena, merece ser leído y, si es oportuno, premiado por ello. Los principales premios literarios son el *Nobel*, el *Príncipe de Asturias* y el *Nacional de las Letras Españolas*.

En un centro escolar se puede organizar un concurso para premiar la labor literaria creada por los alumnos. Es suficiente con promocionar la creación durante algún tiempo y redactar una convocatoria para hacerlo público.

ACTIVIDADES

10 La convocatoria de un concurso es un texto de carácter formal que tiene exigencias lingüísticas. Completad la vuestra propia con este modelo:

CONCURSO LITERARIO

Los alumnos y alumnas de (...) invitan a participar a (...) en el I Concurso Literario, bajo el tema:

Juntos aprendemos a convivir (u otro similar)

BASES:

- Los trabajos podrán estar escritos en verso o en prosa.
- Los trabajos en verso serán de (número de versos mínimo y máximo) y en prosa de (número de páginas mínimo y máximo).
- Todos los trabajos se entregarán en sobre cerrado, firmado con pseudónimo, dentro del cual habrá otro sobre con los datos personales de su autor o autora.

PLAZO DE ENTREGA: Los trabajos se entregarán a cualquier alumno del aula (...) antes del día (...) a las (...).
PREMIOS: Se establecen (...) premios, que consistirán en (...); uno para (...); otro (...). La entrega tendrá lugar el día (...) en (...).
JURADO: El jurado estará constituido por los alumnos y alumnas de (...), un profesor de Lengua y Literatura (...) y (...).

Fecha (...).

Si os animáis a organizar un concurso, podéis amenizar la entrega de premios con una representación teatral o con la recitación de algunos raps.

¿SABÍAS QUE...?

Los premios más importantes de literatura son el **Premio Nobel,** que desde 1901 se otorga a los escritores que han contribuido de manera notable a la sociedad a través de la literatura; el **Premio Príncipe de Asturias,** que desde 1981 se concede en España a las personas que han contribuido a la cultura desde la Literatura; el **Premio Nacional de las Letras Españolas,** que desde 1984 reconoce el conjunto de la obra de un escritor en cualquiera de las lenguas españolas.

El Día del Libro

Se celebra el veintitrés de abril, fecha en la que falleció Miguel de Cervantes, y se conmemora en los centros escolares con diversas actividades enfocadas a la promoción de la lectura en general y, en particular, de la obra cervantina.

ACTIVIDADES

11 Imagina que te han nombrado responsable para organizar alguna actividad especial en el Día del Libro en tu centro escolar. Aquí tienes algunas actividades singulares; con ayuda de tu profesor o profesora conviene antes analizar los "pros" y los "contras" para elegir la mejor:

Actividad	Ventajas	Inconvenientes
Bookcrossing: intercambio de libros particulares.		
Cuentacuentos: para los más pequeños del centro.		
Dramatización de fragmentos literarios.		
Concurso de cortos publicitarios: bajo el tema "promoción de la lectura".		
Trailerbook: vídeos que promocionan la lectura de libros insinuando sus argumentos.		

¿SABÍAS QUE...?

Durante el Día del Libro en el Círculo de Bellas Artes en Madrid, se hace una lectura de *El Quijote:* personas muy conocidas (del mundo político, del espectáculo, del deporte...) y otras anónimas se prestan a realizar la lectura en voz alta de un fragmento. Al acto pueden asistir todas las personas que lo deseen, niños, jóvenes o adultos.

Aplica lo aprendido

LENGUA

COMUNICACIÓN

1 ¿Qué es un texto expositivo? Explica las semejanzas y las diferencias entre una enciclopedia, un diccionario, un manual de instrucciones y un reglamento deportivo.

GRAMÁTICA

2 Identifica en estas oraciones parecidas las funciones semánticas de cada uno de sus sintagmas:

a) Juli ha sacado ya la basura.
b) A Juli le han sacado ya la muela del juicio.

3 Copia en tu cuaderno estas oraciones y subraya los nexos o conjunciones en estas oraciones compuestas y señala dónde empieza y dónde acaba cada predicado con su respectivo sujeto:

a) El abuelo hablaba y el nieto le escuchaba emocionado.
b) Dos no riñen si uno no quiere.
c) Es importante que siempre digas la verdad.
d) Buscaron a Rosa en la fiesta pero no la encontraron.

CULTURA LINGÜÍSTICA

4 Nombra en qué territorios españoles se hablan los dialectos estudiados.

5 Selecciona algunos rasgos lingüísticos que distinguen a los dialectos frente al castellano.

ORTOGRAFÍA

6 Escribe la tercera persona del singular del pretérito perfecto del verbo *haber* y *hacer*, y del presente de indicativo de los verbos *corregir* y *proteger*. Y justifica el uso de *h* y *g/j*.

7 Justifica la regla ortográfica en la escritura de estas palabras: *extraterrestre, hidrógeno, geotérmico, explosivo, ropaje, filología, hallaron, arcilla, trajéramos.*

HISTORIA

8 Redacta en diez líneas los motivos que explican el resurgmiento de las ciudades a partir del siglo XI.

9 Describe la ciudad medieval cristiana utilizando estas palabras: muralla, catedral, ayuntamiento, gremios, plaza mayor y mercado. A continuación, compárala con los principales elementos de la ciudad musulmana.

10 ¿Por qué los reyes tenían interés en el desarrollo de las ciudades? ¿Cómo favorecieron a los burgueses?

11 Señala cuáles eran las principales rutas comerciales europeas durante el medievo, señalando las áreas de dominio más importantes.

12 ¿Cómo surge la banca durante la Baja Edad Media?

13 Indica si las siguientes afirmaciones son verdaderas o falsas y corrige estas últimas en el cuaderno:

- Las ciudades se convirtieron en sedes del poder religioso.
- La fundación de universidades se debió al grupo de los burgueses.
- Los fueros permitieron fundar ayuntamientos y comunas.
- A finales del siglo XIII surgieron las universidades de Bolonia y Oxford.

GEOGRAFÍA

14 Observa la fotografía y describe la ciudad española que aparece desde el punto de vista de su morfología, origen histórico y funciones. Con la descripción obtenida, deduce si se encuentra en alguno de los ejes regionales de las aglomeraciones urbanas o, por el contrario, en un área de interior. Justifica tu respuesta.

15 ¿Cómo era la ciudad industrial?

16 ¿Cuáles son las principales ciudades europeas? ¿Qué ventajas e inconvenientes tiene vivir en ellas?

17 ¿Por qué es importante mejorar la calidad de los ecosistemas urbanos? ¿Cómo podemos hacerlo?

18 ¿Cuáles son las ciudades españolas más importantes y dónde se sitúan?

19 ¿Qué tres partes características podemos distinguir en las ciudades españolas? Descríbelas.

LITERATURA

20 Define en tu cuaderno *microcuento, cuento, relato, haikú, romance, rap* y *drama.* ¿En cuál de ellos crees que se desarrolla más la capacidad creativa de la literatura?

21 Escribe una redacción, con coherencia y bien cohesionada, opinando acerca de si "el escritor nace o se hace".

Técnicas de trabajo

● Cómo preparar una exposición oral

Imagina que tienes que exponer oralmente en clase un tema. Primero deberás prepararlo por escrito, organizar tus ideas con coherencia, estudiar el escrito y practicarlo oralmente, ejercitando la vocalización y la entonación.

Pero para que tu exposición oral sea más amena y clara puedes acompañarla de un documento visual. La presentación más común y sencilla es ***PowerPoint***, un programa que permite incluir textos, imágenes y sonido en diapositivas para proyectarlas al mismo tiempo que se lleva a cabo la exposición oral.

●● Pasos a seguir para realizar una presentación en *PowerPoint*

1. **Diseño:**
   - Haz clic en "presentación en blanco" y selecciona un diseño para incluir el texto y las imágenes.
   - Haz clic en "formato" y elige un estilo de diapositiva.
   - Decide qué tipo, tamaños y colores de letra vas a utilizar.
2. **Contenido.** Esquematiza las ideas de tu escrito y organízalas para distribuirlas en varias diapositivas:
   - En la primera escribe el título de la presentación y el nombre del autor o autores.
   - En el resto, que serán tantas como quieras, incluye las ideas que has elegido y un breve apunte de cada una. El texto que se incluya en cada diapositiva debe ser muy breve.
   - Prevé una última diapositiva para incluir las fuentes que has utilizado, si es necesario.
3. **Imágenes.** Selecciona imágenes para ilustrar las ideas principales y guárdalas en la carpeta de archivo de imágenes. Las insertarás en cada diapositiva haciendo clic en "insertar" > "imagen" > desde archivo.

Cuando hayas terminado la última diapositiva, no olvides cliquear en "guardar". Ya tienes lista la presentación en *PowerPoint*.

●● Un ejemplo de presentación en *PowerPoint*

Veamos, como ejemplo, las cuatro primeras diapositivas de la presentación para una exposición sobre el tema "Imágenes por la paz":

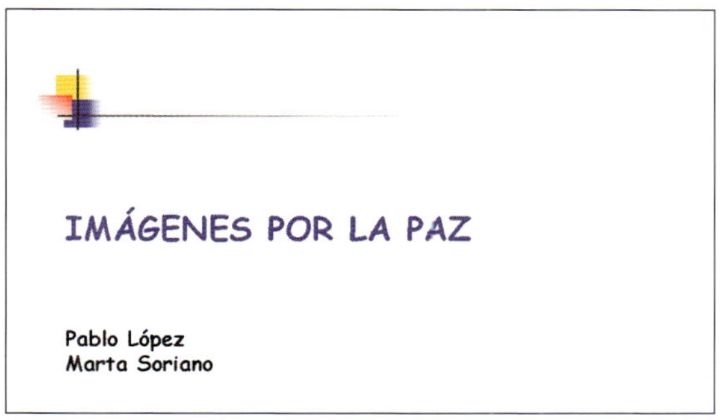

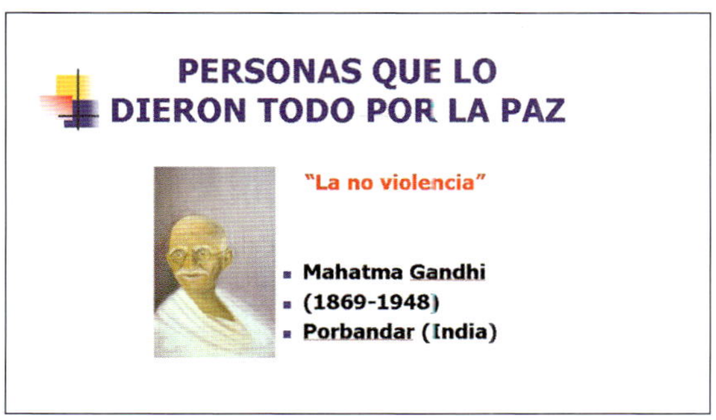

Proyecto final

Entrevista con un experto en medio ambiente urbano

Objetivos del proyecto

- Partiendo de los conocimientos adquiridos sobre textos expositivos y dialogados, los alumnos crearán un programa de televisión: una entrevista a un experto en urbanismo medioambiental.

Metodología

- En grupos de dos alumnos, uno será el *experto entrevistado* y el otro, *el periodista entrevistador*.
- Ambos se documentarán, primero, en algún aspecto sobre el tema propuesto (experto en recogida de basuras, en seguridad urbana, en residuos urbanos y puntos limpios, en parques y jardines, en tráfico, en contaminación acústica o atmosférica...) y después lo escribirán.
- A partir de ahí, se escribirán los diálogos para la entrevista, que habrá que prepararla oralmente con antelación a su grabación.

En este proyecto se pueden evaluar todas las inteligencias. A continuación se ofrece una paleta de inteligencias múltiples con herramientas idóneas para su realización.

INTELIGENCIAS	HERRAMIENTAS
 Lingüística-Verbal	**Hablar y escribir de manera formal** Escribir un texto expositivo, a partir del cual se escribirá un texto dialogado para crear el guion de una entrevista, que se llevará a cabo oralmente.
 Naturalista	**Conservación del medio** El contenido del texto expositivo versará sobre diversos aspectos sobre la protección del medio ambiente urbano.
 Lógico-Matemática	**Esquemas temporales** Controlar los tiempos en el guión de la entrevista para estructurar cada una de sus partes: sintonía – saludos - presentación del programa ("nombre inventado") – presentación del invitado – saludos – desarrollo de la entrevista – agradecimientos y cierre – despedida – sintonía.
 Cinética-Corporal	***Role Play*** Asumir y representar un papel, el de un experto y el de un periodista, utilizando los recursos corporales, como son la entonación de la voz, las posturas, los gestos y la vestimenta.
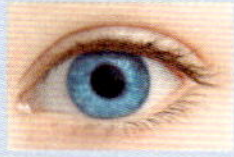 Visual-Espacial	**Simular** Crear escenarios divertidos para simular la entrevista: un decorado, un lugar elegido, unas sillas, una mesa, objetos singulares, iluminación idónea... Todo preparado para filmar la entrevista.
 Musical	**Sonidos instrumentales** En el montaje de la entrevista, introducir una banda sonora idónea, que será la sintonía que abra y cierre el programa de TV.
 Interpersonal	**Ofrecer *feedback*** Dar una respuesta honesta a la actuación u opinión de alguien. (En la entrevista: capacidad de improvisación, respeto, no ridiculizar, no interrumpir, hacer fluir el diálogo, manifestar el interés por la exposición de las ideas del otro).
 Intrapersonal	**Procedimientos de autoconocimiento** Encontrar las implicaciones personales del tema aprendido para aplicarlas a la vida personal de cada uno.

6 Vivir al aire libre

Para empezar

1. Describe brevemente lo que observas en la imagen: protagonistas, acciones, lugar, etc.
2. ¿Conoces el término *deportes de aventura*? ¿Dónde suelen realizarse? ¿Por qué crees que se les llama así?
3. Nombra todas las actividades de ocio que conozcas relacionadas con el disfrute de la naturaleza.
4. Con ayuda de un calendario, haz un cálculo aproximado para averiguar si hay más días de clase o de vacaciones al año. Después reflexiona sobre las actividades de ocio a las que dedicas tu tiempo libre.
5. ¿Qué diferencias hay entre las alternativas de ocio que ofrece la ciudad y el campo?

Propuestas lúdicas

6. Imagina que vas a recibir en tu casa a un estudiante extranjero. ¿Qué propuestas de ocio se te ocurren para pasar un fin de semana en la ciudad y en el campo? Elabora una tabla en la que se reflejen, por horas, tus propuestas para un viernes, un sábado y un domingo. Ten en cuenta que es un chico de tu edad y que no conoce apenas nada de nuestro país.
7. Después, tienes pensado invitarle a comer. Demuéstrale que la gastronomía es también cultura. Diseña en tu cuaderno un menú típico de tu región. Si os atrevéis, podéis organizar entre todos una jornada gastronómica con vuestras propuestas. Podéis invitar a otros compañeros y profesores a degustar vuestras especialidades y les explicaréis cómo se han elaborado, con qué ingredientes y de qué regiones o países son originarias.

Miguel Delibes

Es uno de los grandes novelistas (Valladolid, 1920-2010) de la historia de nuestra literatura. Tiene publicadas más de sesenta novelas *(El camino, Cinco horas con Mario, Los santos inocentes...)* y es autor también de relatos breves. Ha recibido casi veinte premios y ha sido propuesto como candidato al Nóbel en dos ocasiones.

Mi vida sobre ruedas

Mi padre, que todos los veranos leía el Quijote y nos sorprendía a cada momento con una risotada solitaria y estrepitosa, me había dicho durante el desayuno, atendiendo a mis insistentes requerimientos para que me enseñara a montar:

— Luego; a la hora de comer. Ahora déjame un rato. (...)

Así que esperé pacientemente hasta que, sobre las dos de la tarde, se presentó en el cenador, con chaleco y americana pero sin corbata, negligencia que caracterizaba su atuendo de verano:

— Bueno, vamos allá.

Temblando enderecé la bicicleta. Mi padre me ayudó a encaramarme en el sillín, pero no corrió tras de mí. Sencillamente me dio un empujón y voceó cuando me alejaba:

— Mira siempre hacia adelante; nunca mires a la rueda.

Yo salí pedaleando como si hubiera nacido con una bicicleta entre las piernas. En la esquina del jardín doblé con cierta inseguridad, y, al llegar al fondo, volví a girar para tomar el camino del centro, el del cenador, desde donde mi padre controlaba mis movimientos. Así se entabló entre nosotros un diálogo intermitente, interrumpido por el tiempo que tardaba en dar cada vuelta:

— ¿Qué tal marchas?

— Bien.

— ¡No mires a la rueda! Los ojos siempre adelante. (...)

Le cogí el tranquillo y perdí el miedo en menos de un cuarto de hora. Pero de pronto se levantó ante mí el fantasma del futuro, la incógnita del «¿qué ocurrirá mañana?» que ha enturbiado los momentos más felices de mi vida. Al pasar ante mi padre se lo hice saber en uno de nuestros entrecortados diálogos:

— ¿Qué hago luego para bajarme?

— Ahora no te preocupes por eso. Tú, despacito. No mires a la rueda.

Daba otra vuelta pero en mi corazón ya había anidado el desasosiego. Las ruedas siseaban en el sendero y dejaban su huella en la tierra recién regada, pero la incertidumbre del futuro ponía nubes sombrías en el horizonte. Daba otra vuelta. Mi padre me sonreía.

— Y cuando me tenga que bajar, ¿qué hago? (...)

— Eso es bien fácil, hijo. Dejas de dar pedales y pones el pie del lado que caiga la bicicleta.

Me alejaba otra vez. Sorteaba el cenador, topaba con la casa, giraba ahora a la izquierda, recorría el largo trayecto junto a la tapia hasta alcanzar el fondo del jardín para retornar al paseo central. Mi padre iba ya caminando lentamente hacia el porche:

— Es que no me atrevo. ¡Párame tú! —confesé al fin.

Las nubes sombrías nublaron mi vista cuando oí la voz llena de mi padre a mis espaldas:

— Has de hacerlo tú solo. Si no, no aprenderás nunca. Cuando sientas hambre subes a comer.

Y allí me dejó solo, entre el cielo y la tierra, con la conciencia clara de que no podía estar dándole vueltas al jardín eternamente, de que en uno u otro momento tendría que apearme, es más, con la convicción absoluta de que en el momento en que lo intentara me iría al suelo. En las enramadas se oían los gorjeos de los gorriones y los silbidos de los mirlos como una burla, mas yo seguía pedaleando como un autómata, bordeando la línea de la tapia, sorteando las enredaderas colgantes de las pérgolas del cenador. ¿Cuántas vueltas daría?

¿Cien? ¿Doscientas? Es imposible calcularlas pero yo sabía que ya era por la tarde. Oía jugar a mis hermanos en el patio delantero, las voces de mi madre preguntando por mí, las de mi padre tranquilizándola, y persuadido de que únicamente la preocupación de mi madre hubiera podido salvarme, fui adquiriendo conciencia de que no quedaba otro remedio que apearme sin ayuda, de que nadie iba a mover un dedo para facilitarme las cosas, incluso tuve un anticipo de lo que había de ser la lucha por la vida en el sentido de que nunca me ayudaría nadie a bajar de una bicicleta, de que en este como en otros apuros tendría que ingeniármelas por mí mismo. Movido por este convencimiento, pensé que el lugar más adecuado para el aterrizaje era el cenador. Había de llegar hasta él muy despacio, frenar ante la mesa de piedra, afianzar la mano en ella, y una vez seguro, levantar la pierna y apearme. Pero el miedo suele imponerse a la previsión y, a la vuelta siguiente, cuando frené e intenté sostenerme en la mesa, la bicicleta se inclinó del lado opuesto, y yo entonces di una pedalada rápida y reanudé la marcha. Luego, cada vez que decidía detenerme, me asaltaba el temor de caerme y así seguí dando vueltas incansablemente hasta que el sol se puso y ya, sin pensármelo dos veces, arremetí contra un seto de boj, la bicicleta se atoró y yo me apeé tranquilamente. Mi padre ya salía a buscarme:

— ¿Qué?

— Bien.

— ¿Te has bajado tú solo?

— Claro.

Me dio en el **pestorejo**[1] un golpe cariñoso:

— Anda, di a tu madre que te dé algo de comer. Te lo has ganado.

MIGUEL DELIBES: *Mi querida bicicleta*. Miñón.

[1] **Pestorejo:** detrás de la oreja.

ACTIVIDADES

1. En este texto el narrador utiliza la primera persona. ¿Quién es? ¿Qué efecto crees que produce en una novela o en un relato este punto de vista?
2. En el proceso de aprendizaje, el personaje muestra de vez en cuando su inseguridad. Elige algunos enunciados en los que esta se refleje.
3. ¿Qué es lo que, casi al final, le preocupa realmente al protagonista?
4. **Propuestas de expresión.** En este texto se compara, de alguna manera, el aprendizaje de montar en bici con otras experiencias de la vida. Partiendo de una experiencia personal, escribe en tu cuaderno una redacción en la que se recojan ideas relativas a:
   - la importancia de aprender una experiencia al lado de un experto,
   - enfrentarse a realizarla solo,
   - experimentar los primeros temores sobre la incertidumbre de si “lo estaré haciendo bien o mal”,
   - la satisfacción de alcanzar por uno mismo, el objetivo inicial.

¿SABÍAS QUE...?

Un **ensayo** es un texto escrito en prosa que puede tratar de cualquier tema en el que el autor adopta un estilo muy cuidado y literario.

Argumentar

Un **texto argumentativo** es aquel en el que el emisor pretende crear opinión en el receptor o convencerlo de una idea.

Cuando un emisor argumenta, lo hace apoyándose en razones convincentes porque pretende defender una idea personal. Esta idea se llama **tesis.**

Clases de textos argumentativos

La argumentación puede hacerse a través de un canal oral o escrito. Son textos argumentativos orales los *mítines políticos* y los *debates*. En el periodismo encontramos la argumentación escrita en los *artículos de opinión* y en las *cartas al director*. Y en el mundo literario muchos *ensayos* son también textos argumentativos.

La argumentación suele ir acompañada de la exposición, pues para opinar conviene demostrar nuestros conocimientos sobre el tema.

Estructura de un texto argumentativo

La estructura del contenido de una argumentación suele organizarse en estas partes:

a) **Introducción**: el emisor propone la tesis sobre la que va a argumentar.

b) **Desarrollo**: defiende esa tesis con diversas razones, a partir de ejemplos concretos, de su propia experiencia, de datos concretos que aseguran la realidad de su afirmación, de lo que piensa la mayoría o de lo que opinan los expertos...

c) **Conclusión**: el emisor, antes de cerrar su texto, puede resumir o recordarnos cuál es la tesis que pretendía defender.

Cómo se prepara un texto argumentativo

Para presentar oralmente o por escrito una argumentación, conviene conocer algunos rasgos lingüísticos:

- Puedes mantener el orden lógico de la oración, pero lo más frecuente cuando argumentamos es alterarlo *(Me parece un error hacer barbacoas en el campo).*
- Utiliza verbos en cualquier tiempo y modo verbales; son frecuentes el uso del imperativo, del subjuntivo y del condicional. Y la primera o segunda persona *(Si todos colaboráramos, las playas no estarían tan sucias; me gustaría que esa decisión fuera una realidad; comprométete para un mundo más limpio).*
- Si muestras subjetividad a la hora de describir algunos conceptos, utiliza adjetivos que valoren esos conceptos *(playas tan sucias, mundo más limpio).*
- Además de utilizar expresiones que te permitan organizar la información, ordenarla o concluir tu escrito, usa también otras para aclarar tus ideas *(es decir, por ejemplo),* para dejar muy clara tu actitud ante lo que pretendes comunicar *(desde mi punto de vista, según mi opinión...)* o para contrastar tus ideas con otras *(en cambio, sin embargo, pero...).*

ACTIVIDADES

1 En este texto, un emisor se dirige a un amigo a raíz de una noticia que le acaba de llegar con la que no está de acuerdo. ¿De qué pretende convencerlo? ¿Qué razones y ejemplos le ofrece para convencerlo?

Acabo de enterarme, Juan, de que este fin de semana te vas a atrever con el *bungee jumping*, o sea, que vas a hacer "puenting". No sé por qué, pero uno de los afanes del hombre que a mí me llama más la atención es su deseo por superar a la naturaleza: el ansia de volar, por ejemplo, como parece ser tu caso. Piensa que la práctica de algunos de estos deportes tienen consecuencias irreversibles; la peor: la muerte. Según he leído en la prensa, el fallecimiento del jovencísimo y gran chef Darío Barrio se produjo practicando "caída libre" y la muerte de Álvaro Bultó, aficionado a las motos y a los deportes de riesgo, tuvo lugar en una exhibición de *wingfly*. Estos son casos famosos, pero ¿cuántos jóvenes "anónimos" habrá hoy que estén padeciendo las secuelas de estos deportes de riesgo? Piénsatelo.

2 Lee este ensayo de Antonio Machado y después responde:

Siempre he sido —habla Mairena a sus alumnos de Retórica— enemigo de lo que hoy llamamos, con expresión tan ambiciosa como absurda, educación física. No hay que educar físicamente a nadie. Os lo dice un profesor de Gimnasia.

Para crear hábitos saludables, que nos acompañen toda la vida, no hay peor camino que el de la gimnasia y los deportes que son ejercicios mecanizados, en cierto sentido abstractos, desintegrados, tanto de la vida animal como de la ciudadana. Aun suponiendo que estos ejercicios sean saludables —y es mucho suponer—, nunca han de sernos de gran provecho, porque no es fácil que nos acompañen sino durante algunos años de nuestra efímera existencia. Si lográsemos, en cambio, despertar en el niño el amor a la naturaleza, que se deleita en contemplarla, o la curiosidad por ella, que se empeña en observarla y conocerla, tendríamos más tarde hombres maduros y ancianos venerables, capaces de atravesar la sierra de Guadarrama en los días más crudos de invierno, ya por deseo de recrearse en el espectáculo de los pinos y de los montes, ya movidos por el afán científico de estudiar la estructura y composición de las piedras o de encontrar una nueva especie de lagartijas.

ANTONIO MACHADO: *Juan de Mairena*.

- ¿Qué idea defiende el profesor Mairena ante sus alumnos? ¿En qué parte del texto se defiende? Cópiala en tu cuaderno.
- Para confirmar su postura, el autor ofrece otra idea. ¿Dónde? Para localizarla, te ayudará encontrar en el texto un verbo condicional y una expresión que le sirve al escritor para contrastar su idea inicial.
- Localiza las primeras personas verbales que utiliza Mairena para dejar claro que expresa sus propias opiniones.
- Señala en tu cuaderno algunos adjetivos que aportan una valoración subjetiva y personal a lo que se está argumentando.
- Organizad entre todos un debate para defender una de estas dos posturas, pensando, entre otras cosas, en las ventajas y en los inconvenientes: a) la educación física en los gimnasios; b) la educación física en la naturaleza.

AYUDA

El debate es una dinámica argumentativa en la que dos o más personas exponen sus ideas y opinan sobre un tema. Exige la presencia de un moderador que controle los turnos y los tiempos de intervención de cada participante.

El texto

El **texto** es la unidad lingüística, oral o escrita, máxima de comunicación que posee **sentido**. El sentido de un texto hay que buscarlo en su **contexto** o **situación,** es decir, en las circunstancias externas al mensaje (momento, a quién se dirige, lugar...) que ayudan a comprender el significado completo de su comunicación.

Los textos se clasifican, según la **intencionalidad** comunicativa del emisor, en **dialogados**, **narrativos**, **descriptivos**, **expositivos** y **argumentativos**.

Además, un texto puede ser **oral** (si con él podemos comunicarnos con otras personas mediante el habla) o **escrito** (si se crea para comunicarse con otras personas a través de la palabra impresa).

Imagina este mensaje *La excursión de fin de curso se aplaza al día 5 por el mal tiempo* en el escaparate de una zapatería: no se entendería su sentido. Pero si aparece escrito en la pizarra de una clase, se convierte en un **texto.** ¿Por qué?:

- Se ha escrito con una clara *intención* comunicativa: informar.
- Su *contexto* es el idóneo: el lugar es la clase, los destinatarios son los alumnos, en el centro se organiza una excursión a fin de curso y el curso está a punto de acabar.
- Ese mensaje tiene forma de **oración** pero es un **texto** porque lo hemos dotado de **sentido.**

El **texto** puede estar formado por una sola palabra *(Silencio)* o por una oración *(Se prestan libros de historia).*

Pero lo más frecuente es que un texto esté constituido por muchos enunciados en forma de oraciones relacionadas entre sí con **coherencia**, con **cohesión** y con **adecuación.** Observa este ejemplo:

La palabra *silencio* puede convertirse en un **texto** si encontramos este cartel en las paredes de un hospital pero no en un concierto de rock.

El anuncio en la corchera da lugar a equívocos por tratarse de una oración ambigua: ¿presta libros a alumnos que estudian historia o presta libros de historia a cualquier alumno? Se trata por eso de un texto sin coherencia.

La adolescencia

La adolescencia es el periodo en la vida del ser humano en el que se realiza la transición de niño a adulto.

Es una etapa de grandes cambios. Los más visibles son los biológicos, como el aumento de talla o el desarrollo hormonal. También se producen transformaciones en el carácter, que se manifiestan a veces con actitudes de rebeldía y de rechazo ante lo convencional. Además, en las relaciones sociales del adolescente se observan otros cambios; por ejemplo, el gran valor que en él adquiere la amistad.

Como la adolescencia es un periodo de formación hacia la vida adulta, la educación desempeña un gran papel.

La información es la precisa y está bien ordenada en tres párrafos. Es ***coherente****.*

De principio a fin sabemos de qué trata el texto porque se repiten palabras importantes (*adolescencia* y *cambios*). Y se utilizan expresiones como *también* y *además* que permiten añadir unas ideas a otras. Está **cohesionado**.

El lenguaje utilizado es preciso y sencillo: está ***adecuado*** *a un destinatario muy amplio.*

ACTIVIDADES

1. Inventa dos situaciones o contextos diferentes para dotar de sentido estos mensajes:
   - Francisco tiene un corazón muy grande.
   - Hoy no está el horno para bollos.
   - Me han roto todos los esquemas.

2. En estas imágenes encontramos textos escritos. Analiza cómo están formados: número de palabras, oraciones... ¿En qué contexto tienen sentido estos textos? ¿Cuál es su intencionalidad?

3. Este texto no es un texto como tal: algo falla. Léelo con atención, averigua qué informaciones sobran y cópialas en tu cuaderno:

   Mi amiga Camino pasará sus vacaciones en la sierra madrileña. Seguro que Camino acabará pasándoselo muy bien. Sus padres que así lo han decidido, creen que es un lugar saludable y en el que no se pasa mucho calor. La temperatura media diaria de la Comunidad de Madrid oscila entre 18 y 20°C, aunque experimenta una gran amplitud térmica diaria debido a su clima mediterráneo continentalizado. Probablemente, Camino encuentre allí amigos nuevos y tendrá todo el día para disfrutar de la piscina y del monte. En los montes de la sierra madrileña predominan las encinas, los pinos silvestres y los robles o rebollos; en las zonas de umbría pueden localizarse bosques de hayas y acebos.

4. Lee este texto expositivo y responde a las cuestiones:

   A partir de 1970 la Unesco selecciona áreas geográficas que representan los diferentes hábitats y ecosistemas del planeta: se llamarán Reservas de la Biosfera. Se trata de zonas reconocidas internacionalmente, que se han elegido por su interés científico.

   La función principal de la creación de estos espacios no es solo la conservación y protección de su biodiversidad; también el desarrollo económico y humano propio de estas zonas. Además, la Unesco promueve la investigación, la educación y el intercambio entre las diferentes reservas, que forman una red mundial.

   (Adaptado de www.wikipedia.es)

   - ¿Cuántos párrafos forman este texto?
   - Toda la información que expone es la necesaria y está bien organizada. Señala en qué parte se define el concepto *reserva de la biosfera*, y en qué parte se explican las funciones y las propuestas de la Unesco.
   - Destaca en el texto qué expresiones utiliza el escritor para unir unas ideas con otras. ¿Cuál crees que es la palabra más importante en el texto? ¿Utiliza el autor algún sinónimo para referirse a ella?
   - Es un texto expositivo publicado en una enciclopedia virtual. ¿A qué tipo de receptor crees que va dirigido? ¿Es difícil de entender su lenguaje?

Las propiedades de los textos

¿SABÍAS QUE...?

Muchas veces, los fallos de coherencia dan como consecuencia oraciones ambigüas, es decir, que se pueden interpretar de diferentes maneras. Es necesario evitarlas para que nuestra información se entienda bien:
Por ejemplo:
*Rubén y Rosa se encontraron con **sus** padres. (¿Con los padres de quién?)*

La coherencia

La coherencia es la propiedad textual que permite organizar las informaciones con referencia siempre al tema que trata el texto. Para escribir un texto con coherencia es conveniente:

- Desechar toda la información innecesaria, es decir, la que se sale del tema.
- Evitar las ambigüedades.
- Organizar bien la información utilizando párrafos.
- Usar correctamente los signos de puntuación.

Observa cómo en este ejemplo el uso de los signos de puntuación condiciona la información que se ofrece. Carlos pasa de ser el agente de la acción a una llamada de auxilio:

Carlos me está molestando frente a *¡Carlos!, ¡me está molestando!*

La cohesión

La cohesión es la propiedad textual que permite relacionar unas ideas con otras a partir del uso de algunos recursos lingüísticos, como por ejemplo:

- La repetición, pero no abusiva, de una palabra importante o clave relacionada con el tema que trata el texto.
- La sustitución de esta palabra por algunos sinónimos para enriquecer, de paso, el lenguaje.
- La sustitución de palabras importantes por pronombres o por adverbios.
- La utilización de *marcadores del discurso*, que son expresiones que permiten cohesionar unas ideas con otras o manifestar la actitud del emisor:

Organizan la información	*En primer lugar, a continuación, por último, para terminar...*
Añaden unas informaciones a otras	*También, y, además, incluso...*
Mejoran las ideas expresadas con anterioridad	*Es decir, por ejemplo, en otras palabras...*
Dejan clara la actitud del emisor	*Desde mi punto de vista, lamentablemente, según mi opinión...*
Presenta el tiempo o el modo en que tienen lugar las informaciones	*Entonces, por aquel tiempo, de repente, así, de aquella manera...*
Permiten al escritor mostrar causas, consecuencias, condiciones...	*Porque, por lo tanto, por consiguiente, en tal caso, con la condición de que, si...*

La adecuación

La adecuación es la propiedad textual que permite crear textos con un lenguaje asequible a los destinatarios, al canal de transmisión, al tema que se va a tratar y al contexto. Por ejemplo:

Un joven diría a su madre que le *duele la garganta*. La madre, después de mirarle la garganta, le diría al médico que su hijo tal vez tenga *anginas*. Pero el médico escribiría en un diagnóstico que padece *amigdalitis*.

En la adecuación de un texto interviene el conocimiento de los registros de la lengua (coloquial, culto y especializado), que estudiarás en la siguiente lección.

ACTIVIDADES

5 Lee este divertido texto en el que Cortázar juega con el lenguaje. Tal vez te cueste comprender la historia porque el escritor ha manipulado una de las propiedades de la lengua. ¿Cuál crees que es?

Por escrito gallina una

Con lo que pasa es nosotras exaltante. Rápidamente del posesionadas mundo estamos hurra. Era un inofensivo aparentemente cohete lanzado Cañaveral americanos Cabo por los desde. Razones se desconocidas por órbita de la desvió, y probablemente algo al rozar invisible la tierra devolvió a. Cresta nos cayó en la paf, y mutación golpe entramos de. Rápidamente la multiplicar aprendiendo de tabla estamos, dotadas muy literatura para la somos de historia, química menos un poco, desastre ahora hasta deportes no importa pero: de será gallinas cosmos el, carajo qué.

JULIO CORTÁZAR: *La vuelta al día en ochenta mundos*.

6 Lee este texto y analiza cómo la autora ha organizado la información y qué procedimientos lingüísticos utiliza para cohesionar sus ideas:

Tiempo de mudanza

La primera gran cita del otoño tiene lugar en el estrecho de Gibraltar. Como si alguien les hubiera convocado a un gran baile, miles de aves atraviesan en unas pocas semanas los quince kilómetros que separan España de África. Con sus mejores pelajes y la tripa bien llena, porque no hay convite para todos, van pasando las tórtolas, los abejarucos, las golondrinas, el milano negro y una larga lista de invitados de dos alas. Es la época de la migración para las aves. Sin embargo, el campo no se queda vacío de píos y cuacs, del norte de Europa llegan muchas otras especies huyendo del frío polar. Si miras al cielo al atardecer, no es raro ver pasar una bandada de pájaros aleteando afanosamente. Puede que sean los primos de las golondrinas, los aviones comunes rezagados en su viaje al sur o algún tipo de pato en busca de una lagunilla, charca o estanque donde echarse a dormir. Ya han comenzado a llegar los ánsares comunes y pronto les seguirán cercetas, gansos, garzas, petirrojos y grullas, entre otros.

(CARLOTA LAFUENTE: *El País*)

7 Te proponemos algunas ideas para que ordenándolas escribas en tu cuaderno un texto con coherencia y cohesión. Ponle un título a tu escrito:

- Hoy son las redes de comunicación las que le han quitado protagonismo a la televisión.
- Mi programa favorito es *El hormiguero.*
- Hace más de una década se cuestionaba la pérdida del hábito lector de los adolescentes.
- Me gustan más las series que las películas.
- Los adolescentes dedicaban una gran parte de su tiempo libre a ver la televisión.
- Las nuevas necesidades de los adolescentes han hecho que las redes sociales ocupen gran parte de sus horas libres.
- En mi casa el poder del mando a distancia lo tiene mi padre.
- Las redes sociales más populares son Facebook, WhatsApp, Twitter, Instagram, Linkedin...

¿SABÍAS QUE...?

Algunos escritores han utilizado la falta de coherencia para sorprendernos con sus textos literarios, como este ejemplo del teatro del absurdo:

PAULA: ¡Te casas, Dionisio!
DIONISIO: Sí. Me caso, pero poco...

(MIGUEL MIHURA: *Tres sombreros de copa*).

Bandada de aves migratorias.

Las variedades de la lengua

Una lengua, como el español, puede tener diversas realizaciones dependiendo del lugar en donde se hable, de ciertas situaciones de comunicación y de las relaciones sociales que establecen los hablantes. Estas diferenciaciones de nuestra lengua reciben en el nombre de variedades.

RECUERDA

La **lengua** es el instrumento de comunicación de un grupo humano. Posee un modelo lingüístico propio, una **norma** recogida en una gramática cuyas características la diferencian del uso de otras lenguas. Todos los hablantes tienen el derecho de reconocer esa **lengua normativa** o **estándar,** aprenderla e imitarla.

Variedades geográficas

Estas variedades son las diferencias que presenta una misma lengua en distintos territorios, generalmente por razones históricas, y que han dado lugar a la aparición de **dialectos** (andaluz, murciano, extremeño, canario...) y de **hablas regionales** (panocho, ribagorzano, mallorquín, baturro, sayagués...).

El español que se habla en América se considera también variedad geográfica. Aunque no se habla de la misma manera en todos los países hispanoamericanos, algunos rasgos peculiares son:

- El seseo, pronunciación de la *c* y la *z* como la *s.*
- El yeísmo, pronunciación de la *ll* como *y.*
- Alternancia de *l* por *r* y en algunos países *r* por *l;* pérdida de la *d* final
- Voseo, uso de *vos* en lugar de *tú.*
- Y un rico vocabulario procedente de las lenguas que se hablaban en América antes de la llegada de los españoles como el quechua, el maya, el náhualt...

Variedades situacionales

Estas variedades provienen de los distintos usos que se hacen de la lengua en diferentes situaciones comunicativas y dan lugar a los **registros**:

- **Registro coloquial o informal.** Propio de la comunicación oral entre iguales y en situaciones cotidianas. Se caracteriza por la espontaneidad, el desorden en la oración u oraciones incompletas, abundantes preguntas y exclamaciones, y por el uso de palabras y expresiones coloquiales *(lo que hay que ver, tú dirás lo que quieras, te voy a decir una cosa...).*
- **Registro culto o formal.** Propio de personas con un buen nivel cultural que conocen el uso correcto de la lengua. Es propio de la lengua escrita y se caracteriza por una correcta ortografía, empleo de frases bien construidas y un vocabulario muy rico.

¿SABÍAS QUE...?

Hablar con los amigos o la familia es diferente que hablar en el trabajo, en un juicio, ante el médico, ante el profesor... La capacidad que tienen las personas para adaptar la forma de hablar a distintos registros medirá en buena medida su cultura.

Variedades sociales

Son las que están relacionadas con la edad y con la pertenencia a un grupo social o a una profesión. Dan lugar a las **jergas:**

- Las **jergas juveniles.** Son variedades de la lengua utilizadas por los jóvenes cuyas palabras y construcciones sintácticas permiten identificarlos y diferenciarlos de otros grupos *(malote, choni, ser un bocas, no pillo, me raya, ser un crack, pokera, tronco...).*
- Las **jergas profesionales.** Son variedades de la lengua que se refieren a diversas profesiones o actividades. Por ejemplo, pertenecen a la "construcción" palabras como *enfoscar, encofrar, forjado...,* que se llaman **tecnicismos.** Y al "mundo del toreo", palabras como *calmochear, suerte, verónica, burladero...*

ACTIVIDADES

1 Lee este fragmento del escritor argentino Manuel Puig y reconoce en él algunos rasgos propios del español de América.

Estas son cosas que te digo a vos nomás, a la vieja no le digo nada, pero acá no aguanto más, porque acá no se cura nadie. Si vos hablás con alguno, ninguno te va a decir que se piensa volver a la casa, lo único que piensan es en los gastos [...]. El otro día me dio un viraje raro el balero y me fui a verlo, qué sé yo, las cosas de puro aburrido que uno hace acá, mi vida.

MANUEL PUIG: *Boquitas pintadas.*

2 En este texto el autor ha reproducido la lengua oral de la protagonista. ¿A qué registro de la lengua pertenece? ¿Por qué?:

A la niña no la tiran los libros y yo la alabo el gusto, porque en definitiva, ¿para qué va a estudiar una mujer, Mario, si puede saberse? ¿Qué saca en limpio con ello, dime? Hacerse un marimacho, ni más ni menos, que una chica universitaria es una chica sin femineidad, no le des más vueltas, que para mí una chica que estudia es una chica sin sexy, no es lo suyo, vaya, convéncete. ¿Estudié yo, además? Pues mira, tú no me hiciste ascos.

MIGUEL DELIBES: *Cinco horas con Mario.* Destino.

3 Escribe en tu cuaderno un breve texto que reproduzca la manera que tienes de hablar con tus amigos y amigas. Después, reescríbelo empleando una lengua más culta y cuidada.

4 Lee este microcuento. Selecciona las palabras que pertenecen a la jerga profesional de los marineros, busca su significado en un diccionario y escríbelo en tu cuaderno:

¡Arriad el foque!, ordena el capitán. ¡Arriad el foque!, repite el segundo.
¡Orzad a estribor!, grita el capitán. ¡Orzad a estribor!, repite el segundo.
¡Cuidado con el bauprés!, grita el capitán. ¡El bauprés!, repite el segundo.
¡Abatid el palo de mesana!, grita el capitán. ¡El palo de mesana!, repite el segundo.
Entretanto, la tormenta arrecia y los marineros corremos de un lado a otro de la cubierta, desconcertados. Si no encontramos pronto un diccionario, nos vamos a pique sin remedio.

ANA MARÍA SHUA

5 **Propuesta de expresión**. En grupos pequeños podéis preparar un programa de televisión basado en una encuesta. Consiste en:

- Seleccionar unas cinco o seis palabras de la jerga juvenil.
- Preguntar el significado de cada una a personas mayores de confianza (familiares o amigos).
- Tras las respuestas, vosotros como entrevistadores diréis lo que significan.
- Podéis filmarlo y convertirlo en película; diseñad una portada con un nombre inventado para vuestro programa y una sintonía. Y no olvidéis los títulos de crédito finales.

¿SABÍAS QUE...?

La lengua **vulgar** es propia de las personas que carecen de instrucción lingüística y se alejan mucho de la lengua estándar. En la expresión dominan los *vulgarismos,* que son incorrecciones fonéticas *(estógamo, farmancia),* sintácticas *(me se ha caído, la dije)* o léxicas (como las palabras malsonantes).

AYUDA

Podéis ver algo parecido en este programa que se hizo en el País Vasco: http://www.youtube.com/watch?v=D7nUkRj2UOo

Los signos de puntuación

El uso de algunos signos de puntuación constituyen oraciones yuxtapuestas; a veces esos signos equivalen a nexos: *Temía olvidarme de los datos; llené todo de notas con apuntes* (el punto y coma es sustituible por el nexo causal *por lo que).*

La familia de Ismael suele alquilar una casa rural en la sierra de Guadalajara para algunos periodos de vacaciones. A Ismael le encanta salir a pasear por las tardes, y perderse para investigar todo aquello que le resulta diferente a su vida urbana habitual. A su madre le inquietan estas iniciativas de su hijo y, cuando sale, suele mandarle mensajes al móvil similares a este: "*Ismael vuelve pronto anochecerá en el bosque hay muchos peligros en casa estarás a salvo*". Pero no termina de entenderlos porque su madre nunca utiliza signos de puntuación.

Los puntos (.)

- Dentro de un párrafo indica que el enunciado ha quedado completo **(punto y seguido).** A final de párrafo indica cambio de idea **(punto y aparte).** A final de texto indica que este ha concluido **(punto final).**
- **Dos puntos (:).** Van delante de las enumeraciones, de una cita textual o de la explicación, causa o consecuencia de algo dicho antes. También se usan después del saludo de una carta.
- **Punto y coma (;).** Separa oraciones que tratan la misma idea dentro de un párrafo. También separa elementos de una enumeración que ya incluye comas.
- **Puntos suspensivos (...).** Indican que una enumeración podría prolongarse. Dejan en suspensión o interrumpen un mensaje.

La coma (,)

- Indica pausa dentro de la oración.
- Separa elementos dentro de una enumeración.
- Sustituye a un verbo que se omite.
- Separa incisos explicativos.

Los signos de interrogación (¿?) y de exclamación (¡!)

Estos signos se emplean al principio y al final de las oraciones interrogativas directas y de las oraciones exclamativas, respectivamente.

El guión (-) y la raya (—)

- El **guión** se usa para separar las partes de algunas palabras compuestas. También para separar las sílabas de una palabra al final de renglón.
- La **raya** enmarca observaciones complementarias acerca de algo que se hace en un texto (este uso equivale al paréntesis) e introducen los comentarios del narrador en un texto narrativo y la intervención de los personajes en el diálogo.

El paréntesis ( )

Enmarcan observaciones complementarias o comentarios marginales que se hacen en un texto. Y sirven, también, para marcar las acotaciones teatrales.

Las comillas ("")

Se utilizan para citar algo literalmente o para enmarcar títulos de libros, poemas, artículos, cuadros, obras musicales... En estos casos, podemos utilizar también el subrayado o escribir el título en letra cursiva.

También se usan para destacar una palabra empleada en un sentido que no es propiamente el suyo, o es inventada, extranjera o vulgar.

Finalmente, se usan para enmarcar las palabras textuales que dice alguien.

RECUERDA

Después de los **signos de interrogación y de admiración** no se pone punto pues ya va incluido en el propio signo de cierre **(?, !)**.

ACTIVIDADES

1. Copia en tu cuaderno el siguiente texto y coloca punto y seguido y letra mayúscula donde creas que es necesario y explica por qué:

   Las actividades turísticas han de ser respetuosas con el medio natural y cultural de una comunidad solo así se podrá disfrutar de un intercambio positivo de experiencias entre residentes y visitantes la relación entre el turista y la comunidad ha de ser justa y aportará beneficios que se repartirán de forma equitativa de esta manera los visitantes tendrán una actitud verdaderamente participativa en su experiencia de viaje.

2. Explica en tu cuaderno el uso de coma en los siguientes enunciados:
   - *Lucas estudia Derecho y Juan, Periodismo.*
   - *Han organizado una fiesta, estupenda idea para celebrar el fin de curso.*
   - *Llevaremos a la excursión botas de montaña, un impermeable, saco de dormir, una linterna y algunas otras cosillas que se nos ocurran.*

3. Explica en tu cuaderno por qué se emplean paréntesis, rayas y signos de interrogación en el siguiente texto:

   Tomé asiento y observé cómo colocaba el tablero sobre la mesa y abría la vieja caja de cartón —del uso había adquirido una tonalidad cenicienta y los cantos estaban reforzados con cinta adhesiva— que contenía los diferentes cubiletes con sus respectivas fichas y dados.
   —¿Qué color eliges? —me mostró los cuatro cubiletes (rojo, azul, verde y amarillo) en la mano, en un ritual que no me era del todo desconocido.
   —El rojo —le dije; el color que siempre elegía Eduardo cuando mi primo le preguntaba.
   —No, otro —me miró serio.
   —Pues el verde.
   —Así me gusta, el de la esperanza.

   JORGE GÓMEZ SOTO: *Colgado del aire*. Everest

4. Copia en tu cuaderno el siguiente texto y coloca los signos de puntuación necesarios para que tenga sentido: *Es increíble dicen que los jóvenes nunca se preocupan por nada será cierto el paro la vivienda la diversión la amistad no son temas que les interesan.*

5. Explica dónde deberían llevar comillas las oraciones siguientes y por qué:
   Pedro suele comprar todos los domingos El Mundo.
   Iremos al museo para ver el Guernica de Picasso.
   El profesor les dijo: El trabajo hay que entregarlo el martes.
   Compró una cocotte para asar el pavo.
   Todos rieron al oírle decir que tenía un poblema.

6. Julio Cortázar escribió: "La coma, esa puerta giratoria del pensamiento". Y para explicar esta idea propone el siguiente problema:
   ¿Dónde pondrías la coma *en este enunciado?*: ***"Si el hombre supiera realmente el valor que tiene la mujer andaría a cuatro patas en su búsqueda".***
   Si fueras una mujer, con toda seguridad colocarías la coma después de la palabra ***mujer****. Si fueras varón, con toda seguridad colocarías la coma después de la palabra* ***tiene****.*
   Compruébalo tú mismo. Razona sobre la importancia de la coma y explica en tu cuaderno la sentencia de Cortázar.

Guernica, de Pablo Picasso.

El arte en la Alta Edad Media: el románico

Entre los siglos XI y XII se desarrolló por toda Europa el **arte románico,** un estilo profundamente cristiano y pensado para reafirmar el poder del papado.

El románico se propagó a través de las **rutas de peregrinación.** Los caminos en dirección a Roma o a Santiago de Compostela se vieron inundados de monasterios y abadías que los peregrinos visitaban. Los artistas solían ser anónimos, aunque algunos de ellos firmaron sus obras.

¿SABÍAS QUE...?

El nombre de «románico» se debe a la utilización de elementos constructivos semejantes a los empleados en la época romana. El románico también recibió influencias bizantinas y germánicas.

Catedral de Angulema (Francia).

Arquitectura

La arquitectura románica siguió un proceso constructivo en busca de la altura y de la luz. Entre sus características figuran las siguientes:

- La **planta de cruz latina,** con una o varias naves que se extienden hasta la **girola.** La cabecera, en forma de **ábside,** estaba orientada al este, donde se situaba el altar (en dirección a Jerusalén). La nave principal estaba cruzada por el **transepto** o nave transversal y terminaba con el **nártex,** un atrio que daba acceso a las basílicas.
- El **arco de medio punto** en las portadas y en los ventanales.
- La **piedra** como principal material de construcción, que evitaba los incendios de los techos de madera.
- La **bóveda de cañón** otorgaba un mayor simbolismo al templo.
- El **muro** como elemento de soporte de la bóveda y de los arcos, lo que implica construcciones macizas con poca luz en el interior. Los arquitectos adosaron pilares al muro exterior, llamados **contrafuertes.**
- La **torre** era un elemento destacado y visible desde una gran distancia. Se erigía sobre el **crucero,** donde se juntan las dos naves.

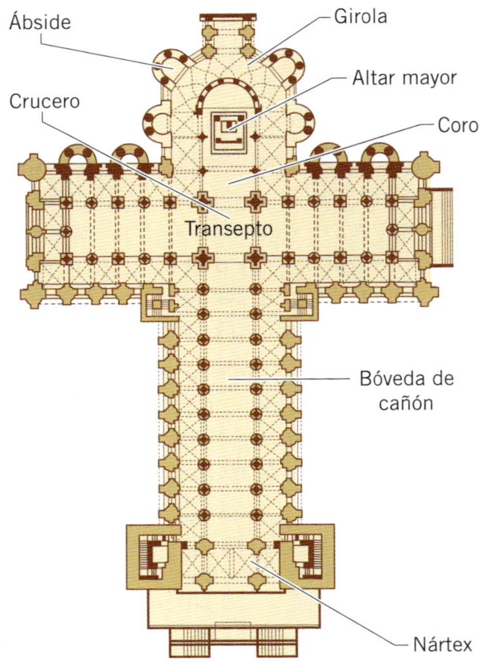

Catedral de Santiago de Compostela, de planta de cruz latina.

La escultura

La escultura románica tiene carácter religioso y se encuentra ligada a las iglesias. La figuración es esquemática, naturalista e inexpresiva. La representación del **Pantocrátor** (Cristo entronizado) responde a la de un juez todopoderoso y severo.

- Los **relieves.** Aparecen en los pórticos de los templos y en los capiteles de las columnas. Siempre estaban pintados de colores (policromía) y representan escenas de la Biblia o de la vida de los santos. A veces, se utilizaban motivos geométricos para decorar.
- Las **imágenes exentas.** Son de pequeño tamaño, sencillas y pintadas, en madera o piedra. Hay dos tipologías principales: Cristo en majestad, coronado como un rey, y las vírgenes trono, que acogen al niño Jesús.

Los relieves del pórtico de la iglesia de San Zenón, en Italia, representan escenas de la Biblia.

La pintura

La pintura servía como **decoración** mural y de las bóvecas de las iglesias. Suelen plasmar escenas bíblicas, de la vida de los santos o de la vida cotidiana. A veces se representan calendarios con las faenas agrícolas a lo largo de las estaciones, como en San Isidoro de León. Son pinturas planas, enmarcadas en negro, que no buscaban retratar la belleza, sino enseñar.

ACTIVIDADES

1. ¿Cuándo se desarrolla el arte románico? ¿Qué factores ayudaron a su propagación?
2. Enumera en tu cuaderno las características constructivas del románico y haz un pequeño listado con las partes que componen una iglesia.
3. ¿Por qué se afirma que el fin de la escultura y la pintura era didáctico?
4. Indaga en Internet si en tu municipio, provincia o Comunidad Autónoma hay algún edificio románico y realiza una ficha sobre él.

¿SABÍAS QUE...?

Las esculturas y pinturas románicas tenían una **finalidad didáctica,** pues servían para la catequesis de los creyentes, que eran analfabetos.

Pantocrátor en el ábside de la iglesia de San Clemente de Tahull (Lleida).

Catedral de Amiens (Francia).

¿SABÍAS QUE...?

La catedral gótica es de **planta basilical** con varias naves. El ábside es de gran tamaño, con **deambulatorio** y **absidiolos** o capillas. La zona del crucero se cubre con un **cimborrio** o tambor que soporta la cúpula apuntada.

El arte en la Baja Edad Media: el gótico

El arte gótico nace en la segunda mitad del **siglo XII** en el norte de Francia y se extiende por todo Occidente con la ayuda de la **Orden del Císter.**

Este estilo incorpora mejoras técnicas muy importantes que permiten elevar sus torres y llenar los muros de cristaleras de colores que invaden de luz el interior.

La arquitectura

Las ciudades enriquecidas con el comercio y las ferias, pudieron financiar grandes construcciones religiosas, como las **catedrales,** y civiles, como los **ayuntamientos,** las **lonjas** comerciales y los **palacios** burgueses.

Las principales innovaciones constructivas de la arquitectura gótica fueron:

- El **arco ojival** o apuntado, más ligero.
- La **bóveda de crucería,** cuyos nervios se juntan en la clave, piedra que soporta todo el conjunto.

- Los **arbotantes,** que permiten liberar el peso soportado por los muros y cubrirlos parcialmente con vidrieras que inundan de luz y color el interior del templo.

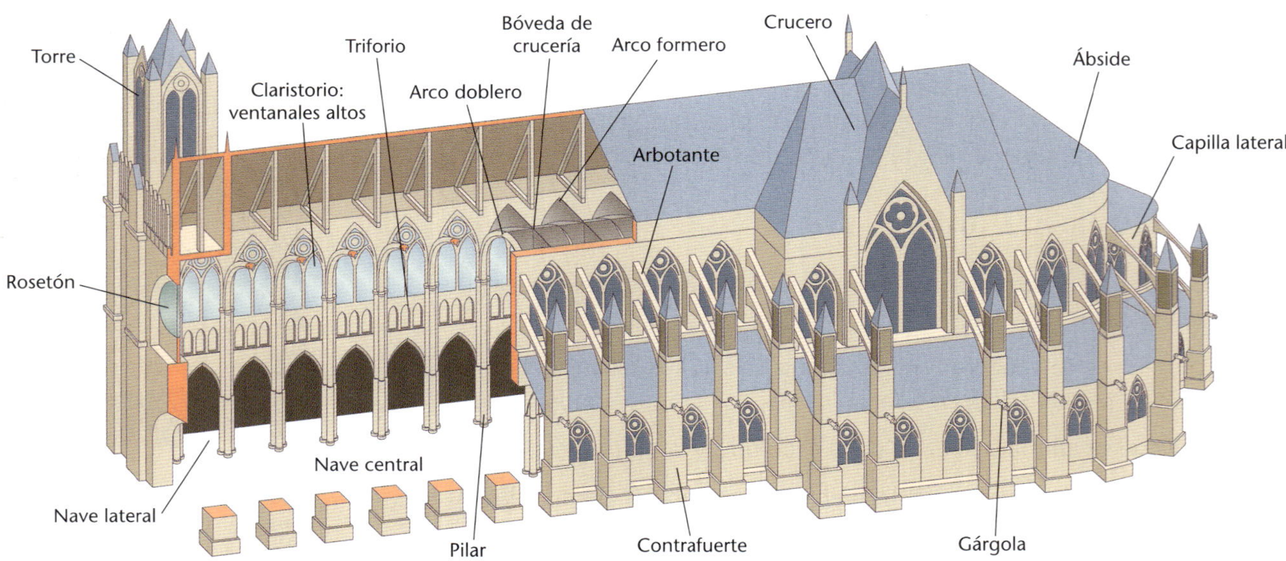

La escultura

La escultura gótica inicialmente quedaba subordinada a la arquitectura, pero fue ganando independencia del soporte, **naturalismo** en las formas, **realismo** en la expresión, y **nuevos temas** frente a la escultura románica.

Se concentra en las portadas de las catedrales, aunque también aparece en los retablos y zonas concretas de los altares o en el arte funerario decorando sarcófagos y sepulcros.

Las **portadas** de las catedrales góticas muestran de forma didáctica temáticas religiosas en el tímpano (1), el dintel (2), las jambas (3), las arquivoltas (4) y el parteluz (5). También se adornan con **relieves** los capiteles de las columnas y aparecieron los relieves en la sillería de los coros.

Aparecieron los **retablos** que adornaron los altares con figuras religiosas. El niño Jesús y la Virgen se miran, y el Cristo crucificado sufre.

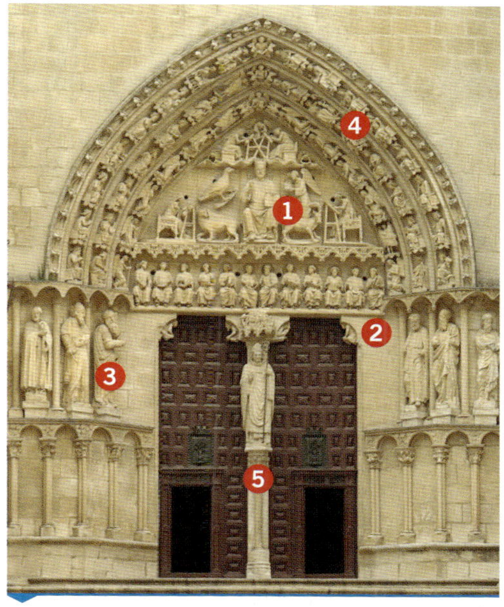

Puerta del Sarmental en la catedral de Burgos, siglo XIII; uno de los mejores ejemplos de escultura gótica en España.

La pintura

La pintura gótica se fue aproximando a la imitación de la naturaleza. Los amplios ventanales permitían la instalación de **vidrieras** que se decoraron con el denominado **estilo lineal,** donde las líneas de los dibujos adquirían gran importancia y se acompañaron de colores vivos y contrastados. Ejemplos singulares aparecen en Chartres y la Sainte-Chapelle en París, o en la catedral de León.

La pintura gótica utilizaba otros soportes: las **miniaturas** que ilustraban los códices y libros medievales, la **pintura mural** al fresco, que adquirió un gran desarrollo en Italia, y los **retablos** sobre madera. Ahora se busca la representación del volumen y la profundidad, incluyendo elementos arquitectónicos, paisajes vegetales y naturalistas. Las figuras adquieren cierto movimiento, con curvas, y ya no son tan rígidas.

La Maestà (detalle del anverso), de Duccio di Buoninsegna (1308-1311). Museo dell'Opera del Duomo (Siena, Italia).

ACTIVIDADES

5. ¿Qué edificios de arquitectura civil se construyeron en el periodo del arte gótico?

6. Localiza en la fotografía superior los diferentes elementos de una portada gótica y comenta en tu cuaderno sus esculturas.

7. Copia y completa en tu cuaderno el siguiente esquema sobre la arquitectura medieval:

Estilo	Siglos	Origen	Características	Elementos
Románico				
Gótico				

¿SABÍAS QUE...?

Las torres mudéjares de Teruel se construyeron con ladrillo y se decoraron con azulejos y cerámica vidriada. Se puede apreciar en la catedral de Santa María y las iglesias de San Pedro, San Salvador y San Martín.

El arte mudéjar

El mudéjar fue el estilo arquitectónico que se utilizó en los reinos cristianos de la península Ibérica, con las siguientes **características:**

- Tiene influencia, materiales y elementos de estilo hispano-musulmán, como el arco de herradura, la mampostería y los ajedrezados.
- Es exclusivo de España, y es una manifestación de la convivencia de las tres culturas (judía, cristiana y musulmana), que se produjo sobre todo durante los reinos de taifas.
- Se realiza entre los siglos XII y XVI, y reúne elementos románicos, gótico y renacentistas

El elemento más característico del arte mudéjar es el **uso del ladrillo** en vez de la piedra, costumbre proveniente de Mesopotamia; el **yeso** para encalar se convirtió en una costumbre que se generalizó por toda Castilla; la **cerámica,** de origen persa, se utilizó para embellecer los muros con piezas de colores y las fachadas con arquerías y ajedrezados. También usaron la **madera** para los artesonados interiores del techo.

Catedral de Teruel, de estilo mudéjar.

Cúpula de mocárabes en forma de estrella de la Sala de los Abencerrajes de la Alhambra de Granada.

El arte granadino o nazarí

El arte granadino o nazarí se desarrolló entre los siglos XIII y XV en el reino musulmán de Granada. La obra más significativa es la **Alhambra de Granada.** Constituye un recinto amurallado en el que se mezclan edificios de carácter palaciego y elementos defensivos.

En ella se pueden observar los **elementos esenciales** del arte nazarí: exuberancia decorativa; motivos de carácter geométrico y vegetal; columnas de fuste muy delgado; pilares con capitel cilíndrico o poligonal; cubiertas de madera y bóvedas de mocárabes.

La Alhambra, cuyo nombre en árabe *(Qalat al-Amra)* significa "el castillo rojo", se levantó sobre una antigua fortaleza militar que incluye torres y murallas.

Para su construcción se utilizaron el ladrillo, el yeso y la madera. Destacan los diferentes patios (los leones, los Arrayanes) y salas (Abencerrajes, de los Reyes, de las Dos Hermanas). Adjunto a la misma, como una finca de recreo de los reyes nazaríes, se encuentra el Generalife, con espléndidos jardines y fuentes.

¿SABÍAS QUE...?

El conjunto que abarca la Alhambra, el Generalife y el barrio del Albaicín fue nombrado Patrimonio de la Humanidad en 1984.

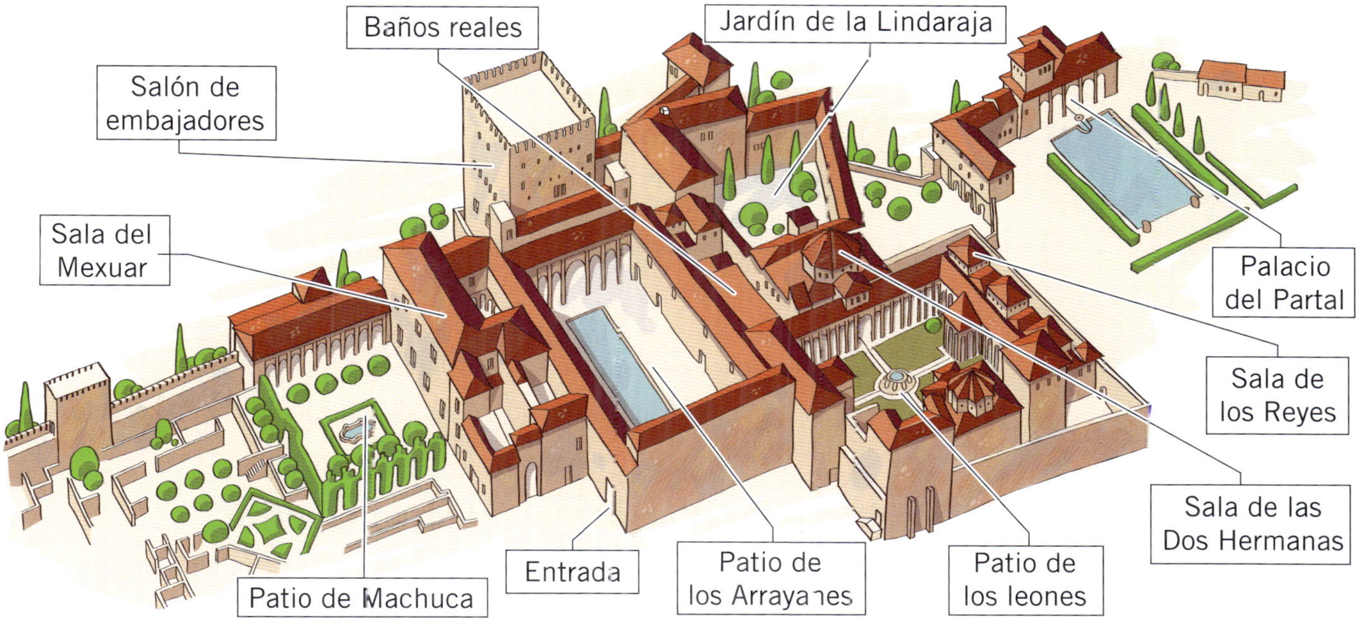

ACTIVIDADES

8 ¿En qué se parece o diferencia el arte mudéjar del arte nazarí? Explícalo en tu cuaderno.

9 Lee la siguiente noticia y contesta en tu cuaderno a las preguntas:

La Alhambra mantuvo en 2015 su posición como el monumento más visitado de España, en un ejercicio que además sirvió para batir su propia marca con un total de 2.474.231 turistas que recorrieron el conjunto monumental.

Un total de 153.921 escolares visitaron la fortaleza nazarí, dentro de los programas de difusión del patrimonio, de los que 2.700 alumnos han participado en el programa 'Vivir y Sentir la Alhambra'.

El Mundo, 28 de enero de 2016

- ¿Por qué crees que la Alhambra es el monumento más visitado de España?
- ¿Cuáles son los elementos característicos del arte nazarí?
- Haz una redacción sobre la siguiente temática: la importancia de conservar y difundir el patrimonio artístico y cultural.

10 Realiza en tu cuaderno una línea del tiempo con los estilos artísticos que has estudiado en esta unidad y elige un monumento representativo de cada uno de ellos, indicando sus características esenciales.

El medio ambiente en España

Factores medioambientales

El medio ambiente español es especialmente **rico y variado** debido a:

- **Factores geográficos:**
  - La localización de la península entre dos continentes y dos océanos y la influencia diferente de cada uno de ellos.
  - El relieve permite la especialización de ecosistemas en las distintas condiciones que genera la altura y el aislamiento.
  - Las islas Canarias suman la influencia europea, africana y americana.
  - La **fragilidad** del medio ambiente viene generado por las condiciones climáticas mediterráneas y canarias extremas, sobre todo por la aridez; además, los suelos de gran parte de la península son poco fértiles.
- **Factores humanos:**
  - La escasa y tardía industrialización permitió la conservación de grandes extensiones de territorio sin transformar.
  - La baja densidad de población y su distribución cerca de la costa, menos Madrid.

La degradación del medio ambiente

La degradación del medioambiente tiene dos orígenes fundamentales:

- **Los riesgos naturales.** Son fenómenos naturales que amenazan de manera catastrófica la vida humana. En nuestro país los más importantes son las **inundaciones** y las **sequías,** debidas a las condiciones climáticas tan irregulares, como las lluvias torrenciales o la escasez de las mismas, acompañadas de altas temperaturas.

  Otros riesgos son geológicos, y provienen de los **seísmos** en el sureste peninsular, las **erupciones volcánicas** en Canarias, y los **desprendimientos y deslizamientos** en zonas de montaña.
- **La acción humana sobre el territorio.** Las actividades humanas sobre el territorio siempre tienen un impacto medioambiental, en ocasiones generan problemas, pero también pueden ser actuaciones positivas para conservar la naturaleza. Algunas medidas positivas pueden ser a su vez:
  1. **Protección de los espacios naturales aún no dañados,** como son:
     a) La creación de **espacios protegidos** en forma de reservas o Parques naturales o nacionales.
     b) La adopción de **medidas preventivas** del daño, como los filtros para humos, la reducción del tráfico o los estudios de impacto medioambiental.
  2. **Correctores del impacto medioambiental ya sucedido**, a través de medidas de recuperación de suelos, reforestación o depuración de aguas contaminadas.

¿SABÍAS QUE...?

Los riesgos naturales no podemos evitarlos, pero si debemos disminuir sus efectos:

- construyendo infraestructuras adecuadas: embalses y edificios adaptados a los seísmos, plantando árboles para evitar el arrastre del suelo en las inundaciones...
- creando sistemas de vigilancia ante las erupciones, los seísmos y las grandes tormentas.

Protección Civil coordina en España las acciones de emergencia para proteger a la población.

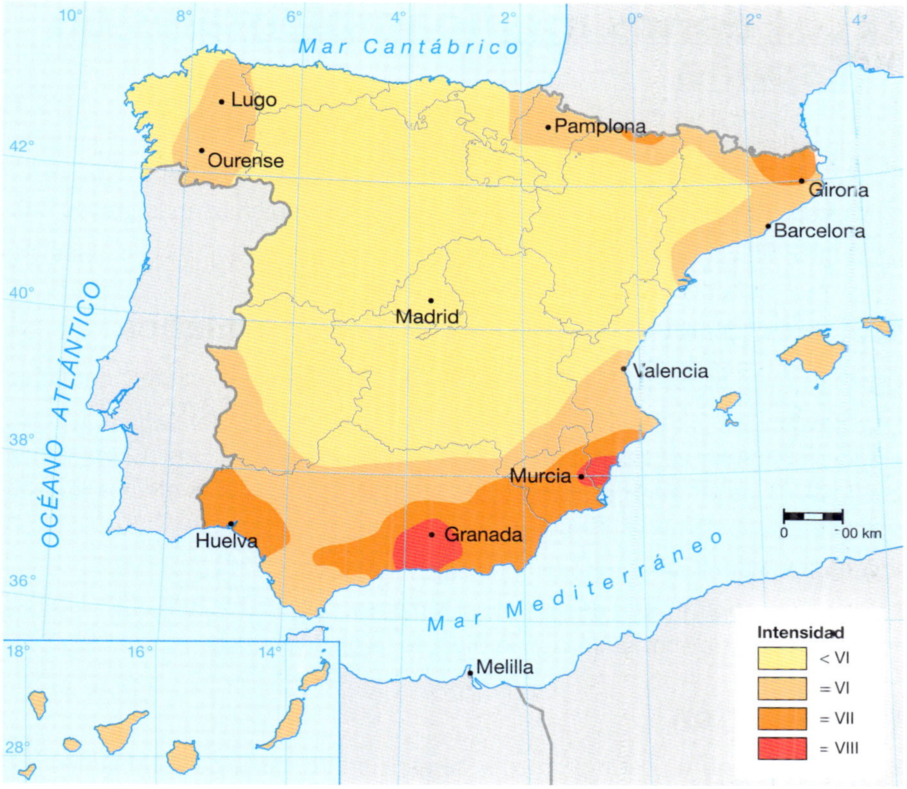

ACTIVIDADES

1. Escribe en tu cuaderno un esquema conceptual sobre el medioambiente español donde figuren sus características, factores condicionantes y riesgos y daños medioambientales.

2. Observa el mapa del riesgo de sismicidad en España: ¿qué provincias tienen mayores riesgos? Busca noticias en Internet sobre algún terremoto reciente ocurrido en nuestro país: localiza el epicentro, analiza las consecuencias que tuvo y diseña un plan de prevención de riesgos.

3. ¿Quieres conocer tu huella ecológica? Observa el ejemplo del test sobre consumo energético de electricidad.

   a) ¿Cuándo usas lavadora o lavavajillas?
   - *Espero a que esté lleno para ponerlo, sin importar su consumo.*
   - *Lo utilizo en cuanto necesito algo sin preocuparme la cantidad de ropa o vajilla que hay en el interior, ni de sus consumos.*
   - *Los compré de bajo consumo energético y los pongo en funcionamiento únicamente cuando están llenos.*

   b) ¿Qué tipo de energía utilizas?
   - *Uso la energía de la red.*
   - *Uso algún tipo de energía renovable.*

   A continuación, realiza el test completo sobre alimentación, transporte, calefacción, residuos y agua en http://www.tuhuellaecologica.org/. Anota en tu cuaderno la puntuación que corresponde a cada respuesta y entonces suma la puntuación de todas las respuestas para saber lo concienciado que estás con tu medio ambiente.

RECUERDA

La huella ecológica es un indicador del impacto ambiental generado por la demanda humana que se hace de los recursos existentes en los ecosistemas del planeta relacionándola con la capacidad ecológica de la Tierra de regenerar sus recursos.
http://www.tuhuellaecologica.org/

Los daños medioambientales en España

Cada país se ve afectado por unos **problemas medioambientales** regionales y locales, en función de las características de su medio natural, su desarrollo económico y su evolución demográfica. Los problemas más graves del medioambiente español son:

El efecto invernadero y el cambio climático

España es uno de los países de Europa más afectados por el cambio climático.

Esto se debe a su situación geográfica (próxima al desierto del Sahara) y al alto grado de emisión de gases efecto invernadero que producimos. Como consecuencia, en las últimas décadas se están produciendo algunos efectos, que sin duda se agudizarán en el futuro, como por ejemplo:

- Aumento de las temperaturas medias.
- Descenso generalizado de las precipitaciones.
- Cambios en los ecosistemas y pérdida de la biodiversidad.

¿SABÍAS QUE...?

La Cumbre de París de 2015 cerró un acuerdo contra el cambio climático: 195 países se reunieron para lograr un acuerdo para limitar el aumento de la temperatura del planeta en 1,5 °C al final del siglo XXI y crear un fondo verde de 100.000 millones de dólares al año.

La polución

En España existe un serio problema de emisión de gases contaminantes a la atmósfera.

Entre las causas que favorecen los altos niveles de polución atmosférica, se pueden citar:

- Las emisiones del tráfico.
- La insuficiente adaptación tecnológica de la industria para resultar más limpia.
- La enorme cantidad de residuos urbanos generados por la población.

Las emisiones de CO2 se producen sobre todo en entornos urbanos e industriales, consecuencia del consumo de hidrocarburos en vehículos, calefacciones y centrales térmicas de producción de electricidad.

¿SABÍAS QUE...?

Según algunos estudios recientes, en la actualidad la **emisión de gases contaminantes en España** rebasa en más de un tercio el límite fijado en Kioto.

Capa de esmog sobre la ciudad de Madrid.

La desertización

Otro de los graves problemas medioambientales que sufre nuestro país es el avance de la desertización, que presenta los niveles más preocupantes en la zona mediterránea. Entre las principales causas de este proceso se encuentran:

- El cambio climático.
- Los cultivos intensivos y de regadío.
- La deforestación.
- Los incendios forestales.

La pérdida de biodiversidad

Los efectos del cambio climático, el avance de la desertización, la contaminación de las aguas y la expansión urbanística están alterando profundamente los ecosistemas de nuestro medio natural. Ello implica que la característica e importantísima biodiversidad existente en nuestro país, gracias a su geomorfología, está perdiéndose a marchas forzadas.

La expansión urbanística

La descontrolada expansión urbanística que se ha vivido en gran parte de España en las décadas de 1990 y 2000 ha provocado la destrucción y amenaza de numerosos ecosistemas en nuestro país. La situación es especialmente grave en el litoral (con Málaga y Alicante a la cabeza) y Madrid, donde el suelo está completamente saturado, no solo de viviendas sino de todas las infraestructuras que las acompañan como carreteras, centros comerciales, etc.

Las crisis medioambientales

En las últimas décadas España ha sufrido dos importante crisis medioambientales:

- **El desastre de Aznalcóllar.** El 25 de abril de 1998 se produjo el derrame de vertidos líquidos muy contaminantes procedentes de una balsa de residuos de metales, en la localidad de Aznalcóllar. Estos vertidos fluyeron por los ríos Agrio y Guadiamar, rozando el perímetro del Parque Nacional de Doñana y contaminando toda la zona a su paso hasta el mar.
- **El desastre del Prestige.** El 13 de noviembre de 2002 el petrolero Prestige sufrió un accidente en la «costa de la muerte» gallega. Como consecuencia se produjo una marea negra cuyos efectos alcanzaron desde el norte de Portugal hasta la costa suroeste francesa, causando una auténtica catástrofe medioambiental en Galicia, en torno a la mayor zona pesquera de la Unión Europea.

El vertido de fuel del petrolero *Prestige* y su posterior hundimiento en 2002, a pocas millas de la costa gallega, provocó una marea negra con un gravísimo impacto medioambiental.

ACTIVIDADES

4. Resume en tu cuaderno el problema del cambio climático en España, la interrelación que tiene con otros problemas medioambientales que afectan a nuestro país y las consecuencias de sus efectos.

5. Busca información sobre las secuelas que han quedado en las zonas afectadas por los desastres de Aznalcóllar y del Prestige.

6. Analiza el gráfico circular de los sectores difusos de emisiones de gases de efecto invernadero y contesta en tu cuaderno a las preguntas:

   a) ¿Qué sectores describe el gráfico como responsables de emisiones de gases de efecto invernadero?

   b) ¿Qué actividades son las más contaminantes?

   c) ¿Crees que se podrá o disminuir los efectos de los GEI en el futuro? Justifica tu respuesta.

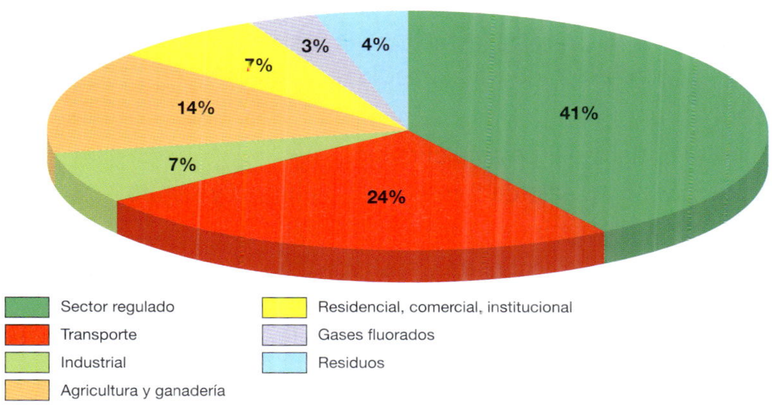

Desarrollo sostenible

Los seres humanos hemos tomado conciencia de la importancia de adoptar medidas para proteger el medio ambiente del impacto que producen nuestras actividades económicas. Ello implica optar por un modelo de desarrollo, sobre todo económico, diferente al que hemos venido experimentando en los dos últimos siglos: el **desarrollo sostenible.**

El **desarrollo sostenible** es el modelo de desarrollo que satisface las necesidades del **presente** sin comprometer el porvenir de las generaciones **futuras.**

Este modelo de desarrollo hace hincapié en la necesidad de reducir y controlar la explotación del medio, ya que todo modelo de desarrollo por el que se opte debe **mejorar la calidad de vida de la humanidad,** incluida la futura, y no solo la de un pequeño porcentaje de la población, como ocurre en la actualidad.

Para ello, se deben conjugar tres aspectos o tipos de desarrollo: social, económico y medioambiental, tal como aparece reflejado en el siguiente esquema:

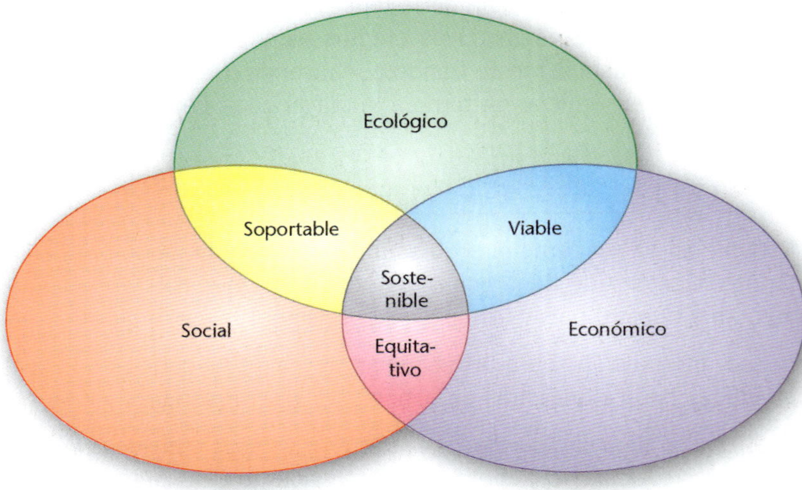

En resumen, se debe conseguir una situación de bienestar social, que sea soportable para el medio ambiente, y equitativo a nivel económico, mediante un tipo de desarrollo económico que sea viable y permita que el medio ambiente pueda recuperarse al mismo ritmo que es afectado por la actividad humana.

Para llevar a la práctica este modelo de desarrollo, la Unión Europea en concreto ha establecido varias **medidas** u **objetivos** que considera fundamentales:

- Limitar el daño del cambio climático.
- Optar por un modelo de transporte más limpio y seguro.
- Producir y consumir de forma responsable.
- Proteger el medio ambiente y sus recursos.
- Garantizar una salud pública que beneficie a todos.
- Fomentar la inclusión social de todos los grupos e individuos de la sociedad.
- Acabar con la pobreza en el mundo.
- Promover la educación y la investigación.

¿SABÍAS QUE...?

El término **desarrollo sostenible**, **perdurable** o **sustentable** fue formalizado por primera vez en el documento conocido como Informe Brundtland (1987), fruto de los trabajos de la Comisión Mundial de Medio Ambiente y Desarrollo de Naciones Unidas.

RECUERDA

Según los **principios del desarrollo sostenible:**

- Ningún recurso renovable debería utilizarse a un ritmo superior al de su generación.
- Ningún contaminante debería producirse a un ritmo superior al que pueda ser reciclado, neutralizado o absorbido por el medio ambiente.
- Ningún recurso no renovable debería aprovecharse a mayor velocidad de la necesaria para sustituirlo por un recurso renovable utilizado de manera sostenible.

ACTIVIDADES

7. Resume en tu cuaderno en qué consiste el desarrollo sostenible.
8. Agrupa las siguientes actividades en función de si coinciden o no con los principios del desarrollo sostenible:
   - Agricultura intensiva.
   - Producción acorde a los derechos de los trabajadores básicos.
   - Turismo masivo de sol y playa.
   - Producción energética con recursos no renovables.
   - Pesca tradicional.
   - Industria pesada.
   - Ecoturismo.
   - Explotación forestal controlada.
   - Agricultura ecológica.
   - Pesca industrial de altura.
   - Producción con mano de obra infantil.
   - Industria artesanal.
   - Producción energética con recursos renovables.
9. Escribe en tu cuaderno cinco actuaciones de consumo responsable que lleves o puedas llevar a cabo en tu vida diaria. Luego haced una puesta en común con las opciones seleccionadas.
10. La educación para el desarrollo sostenible es una de las apuestas más fuertes que ha hecho la ONU. Argumenta en tu cuaderno por qué crees que se considera una apuesta tan importante.
11. Lee la siguiente noticia e indica en tu cuaderno en qué aspectos se centra el nuevo plan de desarrollo sostenible de la comarca de Doñana:

NUEVO PLAN DE DESARROLLO SOSTENIBLE DE DOÑANA

El nuevo Plan de Desarrollo Sostenible (PDS) de Doñana va a potenciar la agricultura y el turismo sostenible, «dos sectores importantísimos para la generación de empleo y rentas entre la población de la comarca», según ha anunciado la consejera de Medio Ambiente de Andalucía, Cinta Castillo.

En el apartado de la agricultura se impulsará la producción ecológica y de calidad trabajando por la conservación de cultivos tradicionales como el viñedo y el olivar. Para potenciar el turismo sostenible se desarrollará un plan, que contribuya a incrementar el número de visitas a la zona y generar un tejido empresarial fuerte ligado a nuevas actividades ecoturísticas.

En materia de agua, se pretende también impulsar «un gran acuerdo sobre la sostenibilidad en sus usos, reestructurando y equilibrando el sistema hídrico natural y procediendo a la ordenación y modernización de las actividades agrícolas, todo ello enfocado a reducir la presión sobre los acuíferos».

Asimismo, la titular de Medio Ambiente destacó que se van a fomentar los trabajos de conservación y recuperación de los ecosistemas y que se continuará impulsando «la investigación para hacer de este espacio un gran laboratorio natural y un centro científico de vanguardia». Además se promoverán proyectos dirigidos a mejorar las comunicaciones, fomentando la movilidad sostenible y el transporte colectivo en la comarca.

Agroinformación

¿SABÍAS QUE...?

El desarrollo sostenible implica la defensa de unas **condiciones laborales dignas,** como una remuneración acorde al tipo de trabajo y horario, unas condiciones laborales seguras, el respeto a los derechos de los trabajadores, etc.

Parque Nacional de Doñana (Huelva).

Los espacios naturales

En España existen numerosos **espacios naturales** con distintos grados de protección. Los 15 Parques Nacionales constituyen una muestra representativa de nuestros distintos ecosistemas. Junto a ellos, hay más de un centenar de parques de rango autonómico.

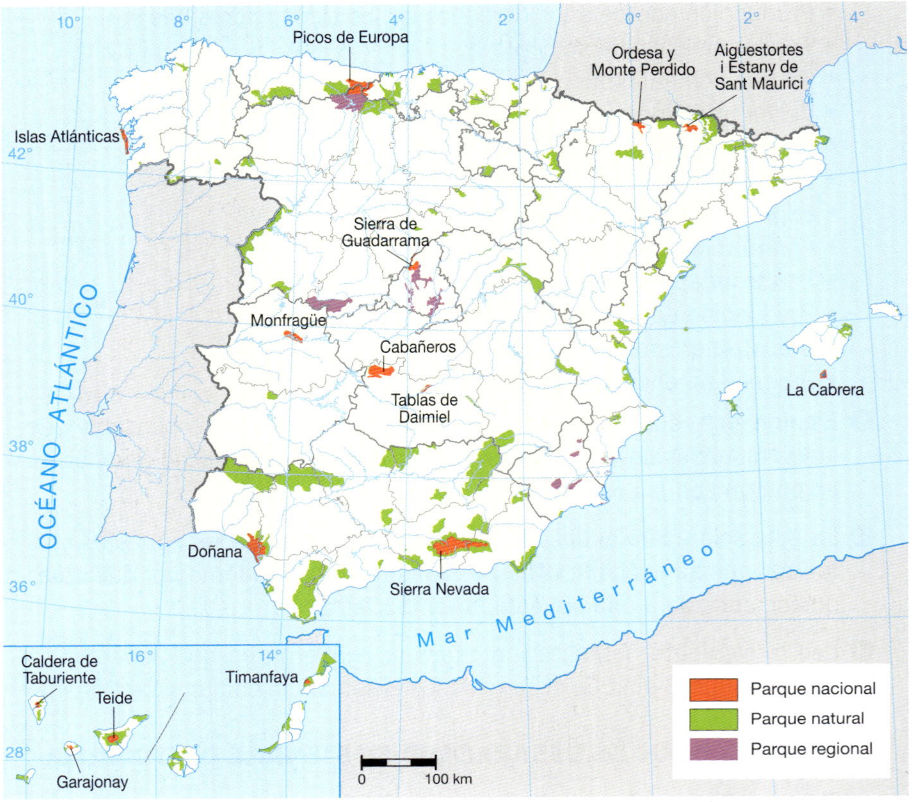

- Los **Parques Nacionales** son áreas naturales poco transformadas que, por la belleza de sus paisajes, la representatividad de sus ecosistemas, o la singularidad de su flora, su fauna o su geología, poseen unos valores ecológicos, estéticos, educativos y científicos que justifican la conservación. En ellos se busca compatibilizar el uso público con las estrategias de protección.
- Las **Reservas Naturales** son espacios que tienen por finalidad la protección de ecosistemas, o de elementos biológicos particularmente frágiles o importantes, priorizándose la conservación sobre cualquier tipo de uso. Por ello en sus planes de uso y gestión las actividades humanas están muy restringidas.
- Los **Monumentos Naturales** son espacios, o elementos concretos de carácter singular o especial belleza, que son protegidos y destacados para hacer posible su disfrute por parte de los visitantes.
- Los **Paisajes Protegidos** son territorios de alto valor estético y cultural, en los que se establecen medidas encaminadas a defender dicha calidad.

Las Comunidades Autónomas tienen **competencias en materia de protección del territorio,** y han desarrollado estas figuras de distinta forma, aunque respetando siempre las cuatro categorías anteriores. Por eso, junto a los parques nacionales, en cuya creación interviene el Gobierno del Estado, existen otras denominaciones, de ámbito autonómico, como las de "Parque Natural", "Parque Regional", "Parque Rural". Lo mismo sucede con las reservas, monumentos y paisajes protegidos.

TIC

Para investigar acerca de los espacios protegidos, consultad:
http://parquesnacionales.cnig.es/
http://reddeparquesnacionales.mma.es

ACTIVIDADES

12 Analiza el mapa de los Parques Nacionales y responde en tu cuaderno:

- ¿Qué comunidades autónomas tienen más parques nacionales? Justifícalo.
- ¿Cuáles son los más visitados? ¿Por qué?
- ¿Cuáles son los más recientes? ¿Y los más antiguos? Señala su datación.
- ¿Qué islas constituyen el archipiélago de las Islas Atlánticas? ¿Frente a qué rías se localizan? Dibuja un pequeño esquema.
- Localiza y explica el origen de Las Tablas de Daimiel. Selecciona una imagen del carrizo, junco, masiega y ova. Descríbelos.
- Localiza y describe el paisaje de Monfragüe. Destaca en tres líneas sus características.
- Describe la peculiaridad más importante de La Cabrera.
- ¿A qué provincias corresponde Doñana? ¿Qué ecosistema protege?

13 Lee la noticia y haz en tu cuaderno un comentario siguiendo estos pasos:

- ¿De qué trata el texto? Pónle un título.
- Resume cada párrafo con una frase de tu elaboración.
- ¿Crees que la fuente de la que ha obtenido los datos el autor es fiable? Justifica tu respuesta.
- Valora desde tu punto de vista la propuesta que hace el texto.

La temperatura media en España podría aumentar en España hasta 5ºC para el año 2050 al ritmo actual de emisiones de gases de efecto invernadero, según el informe "Cambio Climático en Europa 1950-2050: percepción e impactos", elaborado por el climatólogo Jonathan Gómez Cantero El incremento de las temperaturas causado por el cambio climático hará que se pierdan algunos de los cultivos más representativos de la agricultura española como los olivos en Andalucía, los viñedos en La Rioja o los cítricos en Valencia. Pero el documento, que también analiza el cambio climático desde 1950 hasta 2015, concluye que el aumento de la temperatura causado por el ser humano ya está afectando a los ciudadanos en Europa y en España. Esos aumentos de temperatura generarán «veranos más largos e inviernos más cálidos» en los que la cantidad de nevadas podría reducirse a la mitad respecto a las cifras actuales. Gómez Cantero explicó que éste es un trabajo divulgativo con el que se pretende transmitir a la población el «reto mundial» de luchar contra el cambio climático porque «no luchar contra el calentamiento global sale cinco veces más caro que tomar medidas para frenarlo», aseguró el autor. El climatólogo resumió algunas de las consecuencias directas que tendría un incremento de temperaturas en España: cambios en la migración de las aves debido a unos inviernos más cálidos, pérdida de cultivos que se secan, incremento de los desastres naturales o aparición de especies invasoras más habituales de climas tropicales, entre otras. «Está constatado que la ola de calor que afectó a Francia en el verano de 2003 y que mató a miles de personas estuvo generada por los efectos del cambio climático», dijo Gómez Cantero. Según Marcellesi, el informe tiene que servir para «presionar» a la clase política y que adopte compromisos concretos porque «transformar el modelo productivo hacia un sistema sostenible es la única solución para frenar el cambio climático».

www.elmundo.es, 8 de abril de 2015 (Adaptación)

Las Tablas de Daimiel (Ciudad Real).

La lectura personal: *El Monte de las ánimas*, de Gustovo Adolfo Béquer

El que lee mucho y anda mucho, ve mucho y sabe mucho.

MIGUEL DE CERVANTES

Gustavo Adolfo Bécquer es especialmente conocido por sus *Rimas*, muchas de ellas inspiradas por su amada Julia Espín.

El autor y su obra

Gustavo Adolfo Bécquer, escritor romántico, nace en Sevilla en 1836. A los once años queda huérfano, y ya de pequeño era ensimismado y soñador. Su juventud estuvo marcada por una frágil y delicada salud. En 1854 decide instalarse en Madrid para desarrollar su espíritu literario. Muchas de sus leyendas fueron publicadas en los periódicos *(El Monte de las ánimas* se publica en 1861 en el periódico *El contemplado).* Muere en Madrid en 1870 de tuberculosis.

Justificación del género

El texto que vas a leer es una **leyenda,** un texto narrativo y breve en el que se relata una historia cargada de imaginación y fantasía pero documentada en un tiempo y en un lugar real para dotarla de veracidad.

El punto de vista de la narración

Al comienzo, el autor se dirige abiertamente a sus lectores para ofrecerles una historia que oyó en Soria. Confirma haber sentido miedo en su recuerdo y hasta en el momento de escribirla. A partir del capítulo I los lectores podrán conocerla.

Introducción: Bécquer es el narrador-editor en primera persona *(me despertó, oí)* aunque en el desarrollo de toda la leyenda utilizará la 3.ª persona propia de un narrador omnisciente.

Capítulo I. Se inicia con un diálogo: los invitados a una cacería deciden retirarse pues se acerca la noche. De camino a Soria, Alonso relata a su prima Beatriz una terrible leyenda sobre el Monte de las Ánimas.

Historia de los templarios: narrador Alonso en 1.ª persona.

Bécquer retoma la narración *(La relación de Alonso concluyó...).*

Capítulo II. En el palacio de Alcudiel, Alonso se declara a su prima y le ofrece un regalo. Ella, a cambio, le quiere corresponder con otro, una cinta azul, pero la ha perdido en el Monte durante la cacería. Alonso sale esa noche a buscarla.

Capítulo III. Pasan algunas horas, Beatriz se retira a su dormitorio, intenta conciliar el sueño pero una serie de espantosos acontecimientos se lo impide. A la mañana siguiente Beatriz aparece muerta.

Capítulo IV. Después de todo lo sucedido se ofrece una original versión de los hechos.

Historia del cazador: narrador Bécquer en 3.ª persona.

ACTIVIDADES

1. Localiza cada una de estas partes en la leyenda y justifica en tu cuaderno la narración en primera y en tercera persona.
2. Resume en tu cuaderno la historia de los templarios que cuenta Alonso.
3. Al terminar tu lectura, interpreta en tu cuaderno el significado que aporta la historia del cazador en el desenlace de la historia.

Los personajes

Los protagonistas de la leyenda son **Alonso** y **Beatriz**. Conocemos a Alonso por lo que dice él de sí mismo: *en toda Castilla, me llaman el rey de los cazadores.* Conocemos a Beatriz por lo que dice Alonso (es su prima y acaba de llegar a Soria desde tierras francesas) y por las pequeñas descripciones del narrador: *azules pupilas, delgados labios, oscura cabellera...* Otros personajes, ocasionales, son: los condes de Borges, los condes de Alcudiel, sus pajes y servidores...

La historia que cuenta Alonso a su prima está protagonizada por los **templarios** y por los **nobles sorianos,** y se alude a un rey. Y en el final de la leyenda es decisiva la intervención de un **cazador.**

ACTIVIDADES

4. Localiza el fragmento en el que Alonso habla de sí mismo. ¿Por qué crees que realza su valentía y coraje ante Beatriz?
5. ¿Por qué motivo están enfrentados los templarios y los nobles sorianos?

La ambientación romántica

En una leyenda encontramos espacios y momentos que están ambientados en un doble sentido. Por un lado, la **realidad;** por otro, la **apariencia.** En esta última es donde se encuentran todos los **motivos legendarios**: la imaginación, la fantasía, el misterio, el terror...

- La **realidad** → Soria, el Moncayo, San Juan de Duero, la conquista árabe.
- La **apariencia** → Escena de la cacería, descripción del palacio de los condes de Alcudiel, los pajes, la capilla, los templarios, los nobles sorianos... evocan un ambiente propio de la Edad Media.
- Lo **legendario** → noche de difuntos, camino cuajado de lobos, sonido de las campanas, ánimas que se levantan de sus tumbas, ruido del viento, crujir de las maderas, voces confusas, ladridos de perros, susurros, ecos de pasos...

ACTIVIDADES

6. Describe en tu cuaderno el palacio de los condes de Alcudiel.
7. Centra tu atención en la noche que vive Beatriz. Escribe una lista con todos los elementos legendarios que acaban por enajenar a la joven.

El tratamiento del tiempo

El **tiempo de la narración** es lineal: primero conocemos el *planteamiento o la presentación* de unos hechos y de unos personajes; después, el *nudo;* y por último, el *desenlace* de la leyenda. El **tiempo histórico** se ubica en la Edad Media. El autor elige para situar la acción el día de *Todos los santos*. Por otro lado, la historia de los templarios nos sitúa en los tiempos de la conquista cristiana. El **tiempo cronológico** abarca desde unas horas antes de la medianoche hasta el día siguiente (e, incluso, un tiempo ya acaecido tras el suceso).

ACTIVIDADES

8. ¿Qué objeto es el desencadenante del nudo?
9. Resume en tu cuaderno el argumento de la leyenda organizando tu información en *planteamiento*, *nudo* y *desenlace*.

Libros, caminos y días dan al hombre sabiduría.

Proverbio árabe.

Monasterio de San Juan de Duero (Soria), en el que se inspira Bécquer para crear su leyenda.

Otras lecturas similares:
El corazón delator, Edgar Allan Poe.
El hombre de arena, E. T. A. Hoffmann.
Mitos de Cthulhu, H. P. Lovecraft
El sabueso de los Baskerville, A. Conan Doyle.
Maese Pérez, el organista, G. A. Bécquer.

Hay quienes no pueden imaginar un mundo sin pájaros; hay quienes no pueden imaginar un mundo sin agua; en lo que a mí se refiere, soy incapaz de imaginar un mundo sin libros.

JORGE LUIS BORGES

Rubén Darío influyó decisivamente en escritores españoles que hoy gozan de un gran prestigio: Juan Ramón Jiménez, Ramón María del Valle-Inclán, Manuel y Antonio Machado…

Sonatina, de Rubén Darío

El autor y su obra

Rubén Darío nació en Nicaragua en 1867. Se le considera el introductor del estilo modernista en la poesía hispana. Desde muy joven se dedicó a la poesía; después, alternó la literatura *(Azul, Prosas profanas, Cantos de vida y esperanza)* con el periodismo. Fue diplomático, lo cual le permitió viajar por países americanos y europeos. En París conoció a los grandes poetas simbolistas y en España trabó una gran amistad con algunos escritores españoles. Fue un escritor emblemático, pues en su obra pasó de reflejar un mundo de ensueño, simbólico, sensual y colorista a plantearse los más intricados misterios de la vida y de la muerte. Murió en 1916.

Justificación del género

El texto que vas a leer es un **poema-cuento**, es decir, conocerás la historia de una infeliz princesa que solo podrá ser salvada por amor en una versión poética con mucho lirismo, ritmo y sensualidad.

Una historia bien organizada

Externamente el poema se estructura en ocho estrofas de seis versos cada una, pero en su interior, un narrador cuenta la historia de una princesa (la protagonista de este cuento) en la que también interviene un hada madrina. Léelo despacio comprobando cómo progresa el contenido:

Primera parte: presentación de la protagonista y su entorno

- Una princesa, triste; su tristeza embarga también a su entorno (flor, clave).
- A pesar de las cosas bellas que la rodean (pavos reales), de la charla de su ama o de las gracias de un bufón, nada impide la tristeza de la princesa, que sueña con una ilusión.

Segunda parte: pensamientos y deseos de la protagonista

- ¿En qué piensa la princesa? En príncipes.
- ¿Qué quiere la princesa? La princesa quiere ser libre.
- Ya no quiere su mundo palaciego.
- Se siente presa en su palacio.
- Insiste en su deseo de libertad y en encontrar a su príncipe.

Tercera parte: solución esperanzadora

- La aparición de un hada madrina anuncia la llegada del príncipe que la liberará de su mal.

ACTIVIDADES

10. Reconoce en tu cuaderno cada una de estas partes en las estrofas que constituyen el poema.
11. ¿Quién es el narrador en el poema? ¿Oímos en alguna ocasión su voz?
12. ¿En qué momento podemos también oír los pensamientos de la princesa?
13. ¿Cuándo se introduce el diálogo en estilo directo?

La ambientación modernista

La poesía modernista se caracteriza, entre otras cosas, por su recreación en un mundo bello, palaciego, rodeado de cosas hermosas y envuelto en una gran sensualidad.

Los poetas modernistas contribuyeron al enriquecimiento de léxico debido a la predilección por un vocabulario raro, por el uso de palabras infrecuentes y antiguas, y por el empleo de algunos cultismos. Por este motivo, tal vez hayas encontrado en tu lectura algunas palabras que desconoces.

ACTIVIDADES

14 Completa estos campos semánticos con expresiones del texto:

- **Mundo palaciego:** princesa, jardín, bufón...
- **Animales exóticos y bellos:** pavos reales, libélula, mariposa...
- **Lugares lejanos y exóticos:** Golconda, China...
- **Sensualidad:** boca de fresa, silla de oro, rosas fragantes...

15 Busca el significado de estas palabras en un diccionario y escríbelos en tu cuaderno: *azur, hipsipila, alabardas, lebrel* y *crisálida.*

El lenguaje poético

Lo sorprendente de la *Sonatina* no es solo el lenguaje exquisito que utiliza Darío sino la riqueza poética de su expresión. Metáforas, símbolos, aliteraciones, sinestesias, paralelismos, anáforas... son, entre otras figuras literarias, las que más aparecen en el poema para embellecer el lenguaje o dotarlo de un ritmo poético sensacional.

ACTIVIDADES

16 Averigua cómo se llaman estas figuras de repetición:

- Se repite la misma palabra al principio y al final de un verso.
- Se repite la misma palabra al principio de varios versos.
- Se repite la misma estructura sintáctica en varios versos.

Ejemplifícalas en tu cuaderno con versos del poema.

17 Localiza en el texto esta metáfora y explica su significado en tu cuaderno: *En la jaula de mármol del palacio real.*

18 La sinestesia es la figura literaria que ofrece mayor sensualidad. Explica la mezcla de sentidos en la expresión *dulzura de luz.*

El ritmo

La perfección métrica y la búsqueda de la musicalidad es una constante en los poemas modernistas. Las ocho estrofas que componen el poema son idénticas: cada una tiene seis versos alejandrinos con rima consonante.

ACTIVIDADES

19 Elige una estrofa y haz su medida. Descubre, además, cómo la mayoría de los versos tienen una pequeña pausa en el medio, llamada cesura.

20 Recita el poema en voz alta prestando especial atención a los cambios de entonación y a las interjecciones.

Dibujo modernista de Alfonse Mucha para un cartel.

Otras lecturas similares:
Romance de la luna, luna, F. García Lorca.
A Margarita Debayle, R. Darío.
Abril florecía, A. Machado.
La rosa azul, J. R. Jiménez.

Aprender a leer es lo más importante que me ha pasado en la vida.

MARIO VARGAS LLOSA

El dramaturgo E. Jardiel Poncela trabajó en conocidas revistas de humor *(Buen humor, Gutiérrez)* y en 1932 fue guionista de cine en Hollywood.

Cuatro corazones con freno y marcha atrás, de Enrique Jardiel Poncela

El autor y su obra

Enrique Jardiel Poncela estrena esta comedia en Madrid en 1936, con un gran éxito de público. El autor, con esta obra y otras muchas *(Los habitantes de la casa deshabitada, Eloísa está debajo de un almendro...),* llenó los escenarios por su novedoso y original sentido del humor, "a veces mal entendido por la crítica" basado en juegos de palabras y en situaciones inverosímiles. En *Cuatro corazones con freno y marcha atrás,* la risa está garantizada en los momentos más incoherentes y absurdos, aunque propone temas de especial trascendencia humana como, por el ejemplo, el deseo de inmortalidad.

Justificación del género

El texto que vas a leer es una obra de teatro (diálogos entre personajes, acotaciones, apartes, actos...). Concretamente es una **comedia** porque la intención básica del autor es provocar la risa y la diversión en el espectador, aunque también le deja una puerta abierta para la reflexión sobre algunos temas existenciales.

Una acción en tres actos

Acto I

1861. Casa de Ricardo Cifuentes.

- Ricardo, arruinado, recibe una extraña herencia que no podrá cobrar hasta dentro de 60 años. Pero su amigo, el doctor Bremón, ha descubierto las sales de la eterna juventud.

Todo se resuelve: Ricardo, junto con su novia Valentina, su amigo Bremón y su amada Hortensia toman esas sales. Ricardo podrá disfrutar de su herencia en el futuro siendo joven.

Acto II

1920. Isla desierta en el Pacífico.

- Los personajes son infelices; el aburrimiento pesa sobre ellos; quieren morir pero no pueden.

Todo se resuelve: Bremón ha descubierto las sales que restan años de vida; existe, pues, la posibilidad de retroceder en el tiempo hasta llegar al nacimiento, momento en el que creen que por fin "desaparecerán" del mundo.

Acto III

1935. Casa de los hijos de Ricardo y Valentina

- Los protagonistas conviven con sus hijos y su nieta, que son mucho más mayores que ellos. Y aparecen los problemas generacionales: Ricardo y Valentina, aun siendo abuelos, actúan desenfrenadamente como adolescentes que son. Pero Valentina se queda embarazada...

Final abierto.

ACTIVIDADES

21. Acabamos de describir la acción principal, pero en la obra hay otras acciones secundarias: ¿cuál es la historia de Emiliano? ¿Y la de Hortensia?
22. Presta atención al final del Acto II, en donde se explica el título de la obra. Escribe la explicación en tu cuaderno.
23. Los temas singulares de *Cuatro corazones* son el deseo de la eterna juventud, el valor y el despilfarro del dinero, la desesperación de la inmortalidad, la pérdida de las ilusiones... Localiza algunos momentos de la obra en los que queden patentes estos temas.

Unos personajes muy peculiares

Ya sabrás qué personajes son los *cuatro corazones* a los que alude el título. Sin embargo, la comedia está protagonizada por cinco. Y en torno a ellos muchos y variados personajes secundarios.

Protagonistas	Secundarios
Emiliano Ricardo Valentina Bremón Hortensia	**Acto I** Catalina, Adela, Doña Luisa, María, José, Elías Corujedo, Juana. **Acto II** Oliver Meighan, dos americanos armados con fusiles, Heliodoro. **Acto III** Elisa, Federico, Margarita, Fernando, Florencia, Corujedo.

ACTIVIDADES

24. La obra comienza con un monólogo de Emiliano. ¿Qué función desempeña en este trepidante comienzo?
25. ¿Por qué Emiliano no es un *corazón con freno y marcha atrás*?
26. En el acto I abundan los personajes relacionados con la servidumbre de la casa. ¿Crees que el autor les concede especial importancia? ¿Cuál es su función?

La puesta en escena

Las acotaciones en las obras de Jardiel Poncela suelen ser muy ambiciosas. El autor es capaz de dedicar páginas enteras para describir un decorado. En *Cuatro corazones con freno y marcha atrás* son, además, especialmente importantes porque hay que ambientar la obra en tres momentos históricos (1861, 1929 y 1935). Este detalle también condiciona al vestuario.

ACTIVIDADES

27. Imagina que eres el encargado del atrezo del acto I: haz una lista en tu cuaderno con todos los objetos que tendrías que fabricar o comprar para montar ese decorado.
28. Localiza la escena del boomerang: ¿cómo se puede crear ese efecto en el escenario?

El lenguaje del absurdo

Como hemos comentado al principio, el humor radica también en el lenguaje. Son muchos los equívocos, los juegos de palabras, los poemas ripiosos, las ironías... Pero el rasgo más singular es la proximidad del lenguaje a la incoherencia o el absurdo:

ACTIVIDADES

29. Localiza algunos diálogos que te hayan parecido especialmente absurdos o graciosos y cópialos en tu cuaderno.
30. Después de haber conocido a fondo esta divertida obra, reflexiona sobre su trasfondo: ¿crees que el hombre sería más feliz si fuera inmortal?

El teatro del absurdo
En los años 40 se desarrolló esta tendencia teatral que recreaba situaciones insólitas y descabelladas con diálogos absurdos e incoherentes:
HORTENSIA.— ¡Desventurado!
BREMÓN.— ¿Cuántos hijos tiene usted?
EMILIANO.— Ninguno. Por eso digo que me encuentro sin poder dar de comer a mis hijos.

Otras lecturas similares
Los habitantes de la casa deshabitada, E. Jardiel Poncela.
Eloísa está debajo de un almendro, E. Jardiel Poncela.
Tres sombreros de copa, Miguel Mihura.

Aplica lo aprendido

LENGUA

COMUNICACIÓN

1. Define qué es un texto argumentativo, qué es la tesis y qué razones se pueden utilizar para defenderla.
2. ¿Qué rasgos lingüísticos te pueden ayudar para presentar una argumentación?

GRAMÁTICA

3. Completa en tu cuaderno estas definiciones:
   a) La coherencia es la propiedad que permite que un texto...
   b) Para buscar la cohesión entre las ideas de un texto se pueden utilizar recursos lingüísticos como...
   c) La adecuación es la propiedad que se refiere a...
   d) Las oraciones ambiguas son aquellas que...

CULTURA LINGÜÍSTICA

4. Nombra las lenguas, los dialectos y algunas hablas del territorio español.
5. ¿A qué registros pertenecen estos enunciados? Escríbelos de nuevo pero adecuándolos a otros destinatarios:

   ¡Oye tú! ¿Qué pasa, tío? ¡Ni saludas ni ná!

   Ruego justifique la ausencia de mi hija a clase debido a un problema familiar grave.

   ¡Estate quietecito de una vez, por Dios!

   Algunas infraestructuras perfilan el desarrollo urbanístico.

   La dices a la jefa que por hoy s'acabó el curre.

ORTOGRAFÍA

6. Justifica el uso de los signos de puntuación en este texto:

   La semana próxima se celebran las fiestas de San Martín en mi pueblo. Hay buenas excusas para asistir: las rosquillas y los pestiños de las abuelas, la matanza, los "Gigantes y Cabezudos"... Estas fiestas suponen también para mí el encuentro con los amigos de toda la vida. Por cierto, ayer me encontré con Andrés:

   –¿Vendrás este año a las fiestas de mi pueblo?

   –No sé –me respondió–, ¡ojalá me den permiso en el trabajo!

   –Si llegas el viernes antes de la seis, probarás la limonada en la dehesilla.

7. Puntúa de formas diferentes para obtener enunciados con significados distintos:

   No llegará pronto lloverá esta tarde habrá atasco.

HISTORIA

8. Describe en tu cuaderno las características del arte románico, gótico e islámico (mudéjar y nazarí) completando las siguientes fichas:

Estilo:
Siglos:
Lugar de origen y expansión:
Características generales:
Elementos:
Realizaciones:

9. Elabora en tu cuaderno un informe de 15 líneas sobre "la finalidad del arte cristiano medieval", teniendo en cuenta los siguientes aspectos:
   - el simbolismo de la iglesia y la catedral.
   - las representaciones de la escultura y la pintura románica.
   - los elementos constructivos.

GEOGRAFÍA

10. El mayor problema al que se enfrenta el medio ambiente a nivel global es el cambio climático. Resume en tu cuaderno cuáles son las causas que lo han provocado, qué consecuencias tiene y qué medidas se están tomando para frenarlo.
11. ¿Qué medidas positivas adoptadas han favorecido la conservación de la naturaleza?
12. Infórmate y pon un ejemplo en tu cuaderno de cada tipo de espacio protegido que hemos visto que pueda encontrarse en España.
13. Nombra en tu cuaderno al menos tres Parques Nacionales y señala en qué Comunidad Autónoma se encuentran. Explica sus características, ¿qué paisajes protegen?

LITERATURA

14. ¿Cuál es tu género literario preferido: la poesía, la novela, la leyenda o el teatro? Justifica tu respuesta.
15. Recomienda una lectura trabajada en este curso a algún amigo; hazlo con razones convincentes y cuidando la coherencia, la cohesión y la adecuación.

Técnicas de trabajo

¿CÓMO ORGANIZAR UN DEBATE?

Aunque existen muchas técnicas de debate (botella medio llena/medio vacía, a favor o en contra, asamblea, lluvia de ideas, comisiones de trabajo...), aquí vamos a desarrollar el **debate a partir de casos concretos.**

Objetivo: fomentar la participación, la expresión y el voto de todos los alumnos sobre un tema medioambiental.

Papel del profesor/a: Dirigirá el debate, garantizará la participación de todos, controlará el tiempo de las exposiciones, dará la palabra para evitar situaciones caóticas.

Procedimiento:

- **Sesión preliminar o preparatoria.** ¿Me planteo cambiar mis hábitos de consumo en el día a día para la preservación del planeta? Todos los alumnos manifiestan libremente su opinión durante un minuto. Diez minutos.
- **Representación de escenas.** Se hacen pequeños grupos que representarán las siguientes escenas ante los demás. Empiezan según el guion dado y añadirán una improvisación hasta que el profesor/a les pare. Diez minutos.

Escena 1

Dos amigos entran en una tienda y al pagar el dependiente saca una bolsa de plástico para meter la compra. Uno de los amigos dice: "¡oh, gracias!, no necesito bolsa, lo llevaré en la mano hasta casa". Al salir, su compañero le dice, "¡pero qué incómodo, se te va a caer, tampoco es para tanto, solo es una bolsa!"

(continúan improvisando)

Escena 2

Tres amigos se van de excursión al monte y se llevan un bocadillo envuelto en papel aluminio y una botella de agua, una lata de refresco y uno de ellos se lleva una cantimplora de su madre, rellena con agua del grifo. Sus amigos le dicen: "¡pero hombre dónde vas con eso, menudo peso!"

(continúan improvisando)

Escena 3

Tres amigos van a disfrutar de un día juntos y así aprovechan para hacer un "maratón" de películas de la saga que más les gusta. Es invierno, pero al entrar en la casa se nota un agradable calor que les obliga a quedarse en mangas de camisa para no sudar. Uno de ellos dice: "aquí sí que se está a gusto, no como en mi casa que tenemos que ir con jersey para no pasar frío".

(continúan improvisando)

- **Debate propiamente dicho, debe girar en torno a las cuestiones siguientes. Quince minutos.**
  - Nuestros hábitos de consumo, ¿tienen impacto significativo en el medioambiente?
  - ¿Cómo puedo saber si mi consumo es responsable?
  - ¿qué pudo hacer para cambiar mi manera de consumir?
- **Recogida de propuestas: foro de propuestas. Diez minutos**
  Cada grupo elabora una propuesta a partir de los documentos de la unidad: test de huella ecológica y el desarrollo sostenible en España.

Conclusiones: se votan las propuestas finales, teniendo en cuenta:

- La reflexión de los alumnos sobre la información de los debates.
- Los objetivos que pretende conseguir cada propuesta.
- El respeto a las opiniones de los demás.
- El sentido democrático de la propuesta.
- El sentido democrático de la propuesta.
- La creatividad.
- La viabilidad de la propuesta.
- La implicación de otros jóvenes como actores de cambios positivos en el medio ambiente.

Proyecto final

Diseñamos un folleto sobre espacios protegidos

El **turismo** *ocupa gran parte del* **tiempo libre** *de las personas. Son muchas las maneras de practicar actividades turísticas (turismo de sol, de montaña, hotelero, circuitos, cruceros...), pero, debido al fuerte impacto que han producido algunas de estas actividades en el* **medio ambiente,** *la tendencia actual de los amantes de la naturaleza es practicar el llamado* **ecoturismo** *o turismo sostenible, enfocado al disfrute respetuoso del medio natural y cultural.*

- **Objetivo:** *diseñar en un folleto una ruta de fin de semana para la práctica de turismo verde en un espacio protegido de tu comunidad autónoma.*
- **Tema:** *turismo sostenible.*
- **Recursos mínimos:** *conexión a Internet e impresora, pegamento, tijeras y rotuladores.*
- **Condiciones:** *trabajo individual y en grupos de dos o tres personas.*
- **Organización del trabajo:** *tres reuniones de grupo, una sesión de trabajo individual y una presentación oral.*

1. **Primera reunión de grupo.** *Trabajo en grupo, en el que se decidirá la elección del espacio protegido. Conviene consultar los parques nacionales, parques naturales y otros espacios protegidos de tu comunidad autónoma. Los grupos deben ponerse de acuerdo para no repetirse. Cada persona se responsabiliza de una tarea (lugares, paisaje, gastronomía, alojamientos, centros de interpretación de la naturaleza, accesos...).*
2. **Trabajo individual.** *Búsqueda de información de lo que ofrece el sitio elegido. Cada persona debe tener claro lo que le corresponde buscar y selecciona lo que considera de mayor interés. Selección de imágenes.*
3. **Segunda reunión de grupo.** *Trabajo en grupo para decidir cómo incluir los distintos contenidos en el folleto. Diseño previo o borrador del folleto.*
4. **Tercera reunión de grupo.** *Maquetación final del folleto.*
5. **Última sesión.** *Presentación escrita y oral a la clase.*

Algunas ideas *para abordar en las reuniones de grupo:*

- *Forma que va a tener el folleto: de tríptico, de díptico...*

Díptico
(doblado en dos partes)

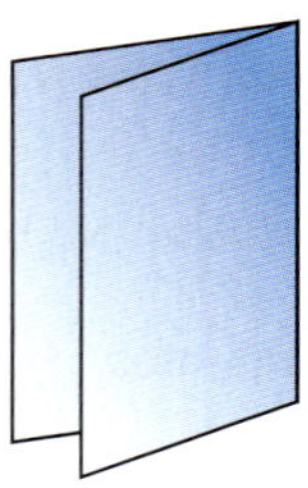

Tríptico
(doblado en tres partes)

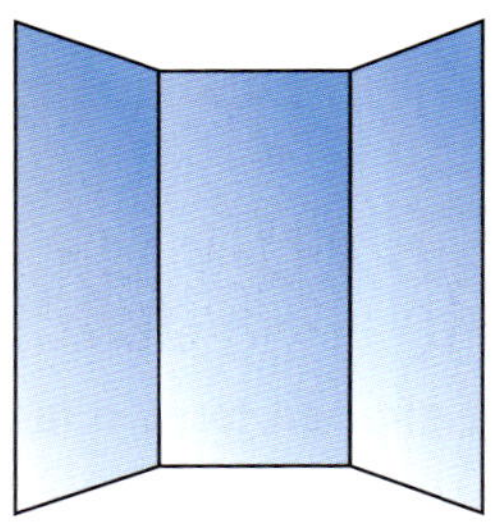

- *Organización de una ruta de fin de semana: desde viernes tarde a domingo mañana.*
- *Oferta de distintas rutas según la duración.*
- *Mapa. Cómo llegar (medios de transporte).*
- *Definir el punto de partida y el punto de llegada.*
- *Delimitar el recorrido: lugares de visita, paradas, vistas panorámicas.*
- *Alternativas para pernoctar (alojamientos, albergues, vivac, acampada...).*
- *Actividades para niños y mayores.*
- *Ofertas de senderismo, cicloturismo, y otros deportes.*
- *Comidas: gastronomía típica de la zona.*
- *Publicación en varios idiomas.*

Si disponéis de los medios necesarios, podéis utilizar el programa Audacity para elaborar una audioguía.

Anexo

Principales figuras literarias

Principales estrofas y composiciones poéticas

FIGURA	SIGNIFICADO	EJEMPLO
Aliteración	Repetición de sonidos que evoca un significado.	*En el silencio solo se escuchaba* *un susurro de abejas que sonaba.* (Garcilaso de la Vega)
Anáfora	Repetición de la misma palabra, generalmente al principio del verso o del enunciado.	*Érase un hombre a una nariz pegado,* *érase una nariz superlativa…* (Francisco de Quevedo)
Antítesis	Oposición de ideas contrarias.	*Vivo sin vivir en mí,* *y tan alta vida espero,* *que muero porque no muero.* (Santa Teresa de Jesús)
Asíndeton	Omisión de las conjunciones.	*Para la libertad sangro, lucho, pervivo.* (Miguel Hernández)
Hipérbaton	Alteración del orden sintáctico habitual de la oración.	*Caído se le ha un clavel* *hoy a la Aurora del seno.* (Luis de Góngora)
Hipérbole	Exageración de una idea.	*Érase un hombre a una nariz pegado.* (Francisco de Quevedo)
Interrogación retórica	Pregunta formulada que no espera respuesta.	*¿Para qué llamar caminos* *a los surcos del azar?* (Antonio Machado)
Ironía	Expresión de lo contrario de lo que se piensa.	*¡Soy el primer poeta de España!* (Ramón M.ª del Valle-Inclán)
Metáfora	Identificación de un término real por otro imaginario.	*Mi verso es un ciervo herido* *que busca en el monte amparo.* (José Martí)
Paralelismo sintáctico	Repetición de la estructura sintáctica.	*Los suspiros son aire y van al aire* *las lágrimas son agua y van al mar.* (Gustavo Adolfo Bécquer)
Personificación	Atribución de cualidades humanas a animales o seres inanimados.	*Si tú quisieras, Granada,* *contigo me casaría;* *darete en arras y dote* *a Córdoba y a Sevilla.* (Anónimo)
Polisíndeton	Repetición de las conjunciones.	*Soy un fue, y un será, y un es cansado.* (Francisco de Quevedo).
Símil	Comparación de un término real con otro imaginario.	*Mi corazón sereno se abre, , un tesoro,* *al soplo de tu brisa.* (Juan Ramón Jiménez)

PRINCIPALES ESTROFAS Y COMPOSICIONES POÉTICAS

Estrofas de dos versos

- **Aleluya:** aa
- **Pareado:** AA

Estrofa de tres versos

- **Terceto:** ABA

Estrofa de cuatro versos

- **Redondilla:** abba
- **Cuarteta:** abab
- **Copla:** -a-a
- **Cuarteto:** ABBA
- **Serventesio:** ABAB

Estrofas de cinco versos

- **Lira:** 7a 11B 7a 7b 11B.
- **Quintilla:** (cinco versos de arte menor): abbab, aabba.
- **Quinteto:** (cinco versos de arte mayor): ABBAB, AABBA.

Quintilla y quinteto han de observar estas normas:
No debe haber tres versos seguidos con la misma rima. No debe quedar ningún verso suelto.
No deben terminar en pareado.

Estrofas de ocho versos

- **Octava real:** 11A 11B 11A 11B 11A 11B 11C 11C.

Estrofas de diez versos

- **Décima o espinela:** abba(ac)cddc, o variantes: abab(cc)deed, etcétera.

Otras composiciones

- **Soneto:** composición formada por dos cuartetos y dos tercetos con versos generalmente endecasílabos y rima consonante.
- **Estancia:** combinación libre de versos heptasílabos y endecasílabos.
- **Silva:** combinación libre de versos heptasílabos y endecasílabos que puede variar en cada una de las estrofas.
- **Romance:** serie de versos octosílabos que riman los pares en asonante y quedan libres los impares.

GÉNEROS LITERARIOS	SUBGÉNEROS	
	En verso	**En prosa**
NARRATIVO	• **Epopeya:** poema extenso que narra los hechos heroicos de un pueblo. • **Poema épico:** poema con un número indeterminado de versos cuyas hazañas se centran en un héroe. • **Romance épico:** poema breve con versos octosílabos asonantes inspirados en los grandes héroes medievales.	• **Cuento:** relato breve de ficción que desarrolla una única acción que acontece a unos personajes en un breve periodo de tiempo. • **Novela:** relato extenso que presenta un mundo imaginario más o menos cercano a la realidad y que narra acontecimientos que suceden a unos personajes en diferentes espacios durante un cierto tiempo. • **Leyenda:** relato breve basado en acontecimientos históricos o en tradiciones. Poseen elementos fantásticos e imaginarios.
LÍRICO	• **Oda:** poema, de origen clásico, que ensalza o alaba a alguien o a algo. • **Elegía:** poema extenso que expresa sentimientos de dolor y tristeza ante la muerte de un ser querido. • **Égloga:** composición poética en la que unos pastores refinados expresan sus sentimientos de amor en un mundo bucólico idealizado. • **Sátira:** poema que ridiculiza vicios y defectos con intención moralizante, divertida o burlesca. • **Canción:** composición destinada al canto, con estribillos y paralelismos. • **Romance lírico:** composición poética con un número indeterminado de versos octosílabos y rima asonante que expresan diversos sentimientos.	
DRAMÁTICO	• **Tragedia:** presenta grandes conflictos entre un héroe y su destino abocados a un final trágico, incluso a la muerte. • **Comedia:** plantea conflictos entre personajes tratados con un tono humorístico. Su final siempre es feliz. • **Drama:** presenta graves conflictos entre personajes que no son héroes, sino seres humanos corrientes. Puede incorporar elementos cómicos, por eso, a veces, recibe el nombre de **tragicomedia.**	

Dirección del proyecto editorial
Jesús Hinojal

Autoras
Ana María del Pino Solana y **Dolores Gómez Regalón**

Coordinación del proyecto editorial
Estrella Marinas

Edición y realización editorial
Demipage

Coordinación de diseño
Cristóbal Gutiérrez

Ilustración
Ángel Ovejero y **Ángel Guerrero**

Fotografía
Dreamstime y **Shutterstock**

Todas las actividades de este libro deben realizarse en un cuaderno aparte, nunca en el mismo libro.

Este libro corresponde al Programa de Mejora, Ámbito Lingüístico y Social, de Educación Secundaria Obligatoria, y forma parte de los materiales curriculares del proyecto del Grupo Editorial Bruño, S. L.

Juan Ignacio Luca de Tena, 15
28027 Madrid

ISBN: 978-84-696-1417-4
Depósito legal: M-6243-2016
Printed in Spain

BS007946/1E-4I – 7120243